GOLDMANN ESOTERIK

W0054692

Buch

Wen hat noch nicht der Gedanke angezogen, aus der Routine eines wohletablierten Lebens auszubrechen und noch einmal ganz von vorn anzufangen? – Ulla Sebastian ist aus ihrem festgefügten Leben als Professorin und Psychotherapeutin ausgebrochen und hat sich auf der Suche nach Sinn und Wahrheit nach Indien begeben. Ausgestattet mit einer gesunden Portion Skepsis begegnete sie in Sai Baba einem Mann, der die Welt durch seine Wundertaten auf sich aufmerksam gemacht hat und der über die Gabe verfügt, die Herzen der Menschen zu öffnen. Die Autorin taucht ein in den Lebensrhythmus des Ashrams in Puttaparthi und erlebt an sich selbst und an vielen anderen mit, wie sich Sehnsüchte und Ängste durch Sai Babas Ausstrahlung in Hoffnung und Liebe wandeln.

Autorin

Dr. Ulla Sebastian, geboren 1946, lehrte Soziologie, Geschichte und Politik in der Erwachsenenbildung und hatte von 1979 bis 1986 eine Professur in Klinischer Psychologie und Psychopathologie an der Fachhochschule Dortmund inne. Außerdem arbeitete sie in freier Praxis als Psychotherapeutin und Trainerin für Bioenergetische Analyse. Sie ist Autorin zahlreicher Fach- und Sachbücher. Nach ihrem Aufenthalt bei Sai Baba in Indien lebt sie als Mitglied der Findhorn Foundation im Nordosten Schottlands.

Ulla Sebastian

Erfahrungen bei Sai Baba in Indien

Unterwegs zum eigenen Selbst

GOLDMANN VERLAG

Das Buch erschien unter dem Originaltitel
»Das Leben – ein erfüllter Traum. Unterwegs zum eigenen Selbst«

Umwelthinweis:
Alle bedruckten Materialien
dieses Taschenbuches
sind chlorfrei und umweltfreundlich.
Das Papier enthält Recycling-Anteile.

Der Goldmann Verlag
ist ein Unternehmen der Verlagsgruppe Bertelsmann

Made in Germany · 2. Auflage · 12/92
Genehmigte Taschenbuchausgabe
© 1989 by Ariston Verlag, Genf
Umschlaggestaltung: Design Team München
Umschlagfoto: Padmanaban
Druck: Elsnerdruck, Berlin
Verlagsnummer: 12109
DvW · Herstellung: Heidrun Nawrot/sc
ISBN 3-442-12109-4

Inhalt

Gewidmet

SRI SATHJA SAI BABA

und all seinen Manifestationen,
die an diesem Buch mitgewirkt haben,
freiwillig und unfreiwillig,

und

all denen,
für die
Liebe, Wahrheit, Schönheit, Glück und Frieden
nicht nur leere Wort sind.

**DAS LEBEN IST EINE
HERAUSFORDERUNG —
BEGEGNE IHR!**

**DAS LEBEN IST EIN SPIEL —
SPIELE ES!**

**DAS LEBEN IST EIN TRAUM —
VERWIRKLICHE IHN!**

**LEBEN IST LIEBE —
TEILE SIE!**

Statt eines Vorworts —
ein Brief an meine Leser

Überlegen Sie gerade, ob Sie dieses Buch kaufen oder lesen sollen? Warum haben Sie zu diesem Buch gegriffen?

Fasziniert Sie SAI BABA?

Möchten Sie mehr über einen Mann wissen, der zu den tiefgründigsten, beeindruckendsten Gestalten dieses Jahrhunderts zählt?

Sai Baba, der die Welt durch seine Wundertaten, durch seine übernatürlichen Kräfte auf sich aufmerksam machte und der doch über eine viel größere Gabe verfügt: die Herzen der Menschen zu öffnen?

Sai Baba, der den Menschen den verlorenen Sinn und die Fülle des Lebens zurückzugeben vermag?

Sai Baba, der uns an die menschlichen Werte der Liebe, Wahrheit, Redlichkeit, an Frieden und Gewaltlosigkeit erinnert, Werte, die wir in unserem Alltag »vergessen« haben?

Sai Baba, der so handelt, wie er spricht, und so spricht, wie er denkt?

Ich muß Sie warnen. Dies ist *kein* Sachbuch über ihn. Sind Sie ein Mensch, der die Systematik liebt, so finden Sie sein Leben, seine Wundertaten, seine spirituellen Lehren in anderen Büchern geordneter dargestellt.

Oder hat Sie der Titel angesprochen, und Sie möchten wissen, wie ein erfüllter Traum aussieht? Nein, er ist nicht das Paradies, sondern die Herausforderung, unser Leben in die eigene Hand zu nehmen, der Schöpfer unserer Wirklichkeit zu sein. Der Traum ist ein Spiel, in dem eine größere Kraft Regie führt als unser kleines individuelles Selbst. Wir können unsere Rollen darin mehr oder weniger bewußt ausfüllen. Doch je tiefer wir uns in sie versenken, je näher wir unserem wahren Selbst kommen, desto geringer wird der Abstand zu anderen, und um so mehr verwirklichen wir unseren eigenen Traum. Das Leben wird zur geteilten Liebe. Wenn Sie teilhaben wollen an den Wagnissen, Irrungen, Qualen und Freuden, in die uns das gelebte Leben verwickeln kann: vertiefen Sie sich in das Buch!

Oder gehören Sie zu den Weitgereisten oder solchen, die es werden wollen, und das Stichwort »Indien« hat Sie angezogen?

Ich muß Sie enttäuschen. Über das weltliche Indien werden Sie in diesem Buch nicht viel erfahren. Auch wenn der Aschram in Indien liegt, bildet er mit seiner Disziplin und seinen Bräuchen doch eine eigene Welt. Sollten Sie an dem spirituellen Indien interessiert sein, an seinen religiösen Ursprüngen und Ritualen, ja dann mag sich das Buch für Sie lohnen, sieht SAI BABA doch seine Aufgabe darin, die Grundlage aller Religionen unserer Welt wieder zu Gehör zu bringen. Und der Aschram spiegelt seine Lehren wider.

Oder sind Sie ein Skeptiker, so wie ich es zu Beginn meiner Reise war?

Haben Sie von anderen erfahren, daß da wieder jemand so eine Verrücktheit begangen hat und eine sichere Beamtenstellung auf Lebenszeit, gar eine Professorenstelle, aufgegeben hat, und Sie möchten wissen, wofür? Sträuben sich Ihnen die Haare bei dem Gedanken, daß jemandem in Ihrem Bekanntenkreis oder gar Ihnen selber solches widerfahren könnte?

Ich kann Sie beruhigen. Jede Lebensreise verläuft anders. Jeder folgt seinem Weg. Kein Weg gleicht dem anderen. Die Begegnung mit Sai Baba bedeutet nicht den Abbruch aller Brücken zum bisherigen Leben. Sie hat auch meine nicht zerstört. Eingerissen waren sie schon, bevor ich nach Indien ging. Die Möglichkeiten der Auseinandersetzung mit meinen bisherigen Tätigkeiten, die mir die Begegnung mit Sai Baba eröffnete, haben eher zur Stützung als zum Abbruch der Brücken beigetragen. Doch kann eine solche Begegnung für Sie auch bedeuten, daß Sie beginnen, über Ihr Leben nachzudenken, nach dem Sinn Ihres Lebens zu forschen, die eigenen Selbstverständlichkeiten in Frage zu stellen.

Oder tun Sie das sowieso schon und suchen nach Antworten?

Ich kann Ihnen nur die Antworten weitergeben, die ich selber in meinem Leben entdeckt und bei Sai Baba gefunden habe, dessen Lehren voll tiefer Weisheit und Mitmenschlichkeit stecken. Die Auswahl ist so subjektiv wie jeder Weg. Und mein Weg ist kein Ersatz für *Ihre* Erfahrungen.

Doch wenn Sie zu denen gehören, die nach Antworten suchen, wissen Sie das bereits.

Wenn Sie gerne Reiseberichte lesen, Berichte von äußeren und inneren Reisen — von unbekanntem Gelände, das wir dabei durchstreifen und erforschen, von Sackgassen, in denen wir manchmal landen, von Irrgärten, in denen wir uns wiederfinden —, und wenn Sie erfahren wollen, wie die Kraft, die Sai Baba verkörpert, uns auf dieser Lebensreise leitet, dann sind Sie herzlich eingeladen, an dieser Reise zu mir teilzunehmen.

Erstes Kapitel
Die Spur der Kraft

Du kannst mich nur begreifen,
wenn du dich selbst verstehst,
deine eigene grundlegende Wahrheit.
Du mußt sehen, hören, lernen, beobachten,
reflektieren.
Nur dann kannst du mich verstehen.
Es genügt,
wenn du mich von dort rufst,
wo du bist.
Für mich brauchst du
keine großen Entfernungen zurückzulegen
und hart verdientes Geld auszugeben.
Ich werde deine Wünsche dort erfüllen,
wo du bist.

Es gibt Ereignisse im Leben, deren Tragweite sich erst im Laufe der Jahre enthüllt, ja, die uns zum Zeitpunkt ihres Geschehens nicht einmal ahnen lassen, daß sie zum Drehpunkt der eigenen Geschichte werden sollen. Als solch eine Wendung sollte sich eine Begebenheit herausstellen, die sich drei Jahre zuvor an einem kleinen See inmitten der Parkanlage eines Ferienzentrums in der Nähe von New York ereignete.

Auf der Wippe

In tiefer Verzweiflung war ich dem nächtlichen Tanzvergnügen entflohen, das das Ende der Konferenz des Internationalen Instituts für Bioenergetische Analyse ankündigte, meinem »Mutter«-Institut, dem ich meine Ausbildung zur Psychotherapeutin verdanke. Hilflos hatte ich zugesehen, wie sich zum soundsovielten Male mit dem soundsovielten Manne die gleiche Geschichte wiederholte.

»Kommst du mit in mein Zimmer?« hatte er am ersten Abend siegessicher gefragt, nachdem die geschmeidigen Bewegungen unserer Körper im harten Rhythmus der Musik einander Bereitschaft versprochen hatten.

»Nein.«

»Warum nicht?« Sein enttäuschter Blick haftet an meinen Augen.

»Weil du mich morgen nicht mehr kennen wirst, wenn ich heute mir dir gehe.« In meinem Lächeln schwingt das Bedauern über den Verzicht mit. Das Aufblitzen seiner Augen verrät Überraschung und ein plötzliches Erkennen. Ertappt.

»Dennoch . . . schade.«

Wir sehen einander wieder während der Tage der Konferenz, nähern uns einander an, er forsch, ich zögernd, tastend, klärend in dem Bemühen, der soundsovielten Wiederholung des gleichen Geschehens vorzubeugen. Doch will es die Paradoxie solcher Abläufe, daß gerade das Befürchtete eintritt. Aus dem spontanen körperlichen Begehren des ersten Abends wird eine verfahrene Beziehung. Je stärker ich mich mit diesem Mann auseinandersetze, um so mehr zieht mich die Beziehung in ihren Bann und um so stärker weicht er zurück.

Wende ich mich ab, versuche ich mich aus dem fatalen Geflecht her-
auszulösen, kommt er auf mich zu. Ehe ich mich versehe, sitze ich
auf der vertrauten Wippe. Mal sitzt der eine oben, mal der andere.
Die verbindende Schiene garantiert gleichbleibende Distanz.

An jenem letzten Abend demonstriert er seine Unabhängigkeit. In
männlicher Gesellschaft trinkt er sein Bier an der Bar, umwirbt und
bezaubert andere Frauen. Und ich? In verletztem Stolz wende ich
mich dem nächsten Manne zu. — »Was du kannst, kann ich schon
lange.«

Ich sehe mich lachen, flirten, tanzen, schaue mir fassungslos zu,
wie ich ein vertrautes Repertoire abspule. Das Kinoprogramm läuft.
Der Film knarrt vor Altersschwäche, die Bilder flimmern, und doch:
Ich finde den Knopf zum Abschalten des Vorführgeräts nicht. Mir
bleibt nur die Wahl, dem Kino zu entfliehen, mich in die schützende
Dunkelheit des kleinen Bootshauses am See zurückzuziehen. Die
Verzweiflung überrollt mich. Ein vertrauter Schmerz steigt vom
Bauch zur Kehle hoch. Ich öffne sie, so daß das tiefe Schluchzen sich
Bahn brechen kann. In diesem heftigen Schmerz über die Unmög-
lichkeit, dem abgegriffenen Filmprogramm zu entrinnen, finde ich
mich wieder. Der Ausbruch ist vorüber.

Erschöpft lehne ich an der Wand des Bootshauses, schaue über
den glatten See in den nächtlichen Himmel, ratlos, fragend. »O
Gott, wie ist das möglich?« Wieviel an Geld und Zeit habe ich in Therapien investiert, um diesem grausamen Spiel ein Ende zu bereiten:
vier Jahre analytische Gruppentherapie, zwei Jahre Transaktions-
analyse, vier Jahre Psychoanalyse, sechs Jahre bioenergetische Analyse. Sicherlich, ich hatte gelernt, diese Spiele in allen Variationen zu
analysieren, ihren biographischen Hintergrund zu verstehen, die
Spieler zu durchschauen. Ich konnte mich selbst beobachten, wie ich
in einer solchen Situation plötzlich in das Verhalten einer gekränk-
ten, beleidigten Vierzehnjährigen zurückfiel, wie ich wider besseres
Wissen den Part übernahm, ohne den dieses Spiel unmöglich war.
Ich konnte schuldbewußt dem mahnenden Drängen meines analytischen Wissens lauschen, mich so souverän zu verhalten, wie es einer
erwachsenen, doch sonst selbständigen Frau gebührte. Und ich
konnte hilflos zusehen, wie mein verletzter Stolz und das analytische

Wissen miteinander in Kampf gerieten, der mich noch stärker in die Situation verstrickte, statt sie zu lösen. Dies alles konnte ich. Doch das Entscheidende konnte ich nicht: die Situation im Moment des Geschehens verändern, den Abschaltknopf betätigen, das Spiel beenden.

Erschöpft und geschlagen schaue ich gen Himmel, ratlos, fragend. Wie war dies nur möglich nach so vielen Jahren Analyse? War dies die Grenze der Therapie oder die Grenze meiner Fähigkeiten? Was verstrickte mich wider besseres Wissen in Beziehungen zu Männern, die die Sehnsucht nach Einheit, die Sehnsucht nach Verschmelzung nicht erfüllten, die mich auf die Wippe zwangen? Wählte ich den falschen Mann? Oder setzte ich mich selber auf die Wippe? Oder war die Sehnsucht unerfüllbar?

Offensichtlich konnte ich die Antwort nicht finden, denn hatte ich nicht all diese Fragen in vielen Stunden Analyse zu klären versucht?

Es war nicht zu übersehen, daß mich immer wieder Männer in ihren Bann zogen, die als jugendliche Liebhaber oder Supermann auftraten und sich dann schnell als kleine Jungen entpuppten, die nach einer liebenden, verstehenden »Mama« Ausschau hielten oder die die Geliebte für eine Nacht suchten. Sie teilten mit mir die Angst vor mitmenschlicher Nähe, garantierten die Unerfüllbarkeit der Sehnsucht.

Ich hatte gelernt, diese Männer unter den vielen Gesichtern, die sie trugen, zu erkennen, wenn nicht immer auf den ersten, so doch auf den zweiten Blick. Doch konnte ich wenig daran ändern, daß gerade diese Männer die tiefe Sehnsucht nach Liebe in mir auslösten, die mich in Bewegung brachte.

Wir hatten nach meinen eigenen Motiven geforscht, die mich zu solchen Männern hinzogen. Wir hatten den Familienroman auf die Sehnsucht nach dem unerreichbaren Vater hin abgeklopft, den wir — wie SIGMUND FREUD ausführlich erörtert hat — aufgeben müssen, um im Wettstreit mit der Mutter nicht unterzugehen. In vielen Jahren gemeinsamer Arbeit in der Frauenbewegung hatte ich die Konkurrenz zu Frauen abgebaut, enge freundschaftliche Beziehungen geknüpft, diese Seite des »ödipalen« Dreiecks überwunden.

Ich hatte verstanden, daß ich die Spannung, die in der Unerreich-
barkeit des Mannes lag, viel attraktiver fand als die Sicherheit einer
Alltagsehe. Doch waren dies die einzigen Alternativen?

»Das Leben besteht nicht aus Flitterwochen. Die Ehe ist kein Ho-
niglecken, sondern Alltag, Pflicht«, war mir zu Hause eingeschärft
worden.

Nach zehn Jahren entzog ich mich der Ehepflicht. Ich war nicht
bereit, mich mit dieser Realität abzufinden. Ich begab mich auf die
Suche: auf die Suche nach einem Gefährten, mit dem mich nicht das
Band der neurotischen Kindheit, sondern die Liebe verbinden würde, nicht die Liebe, geboren aus der Bedürftigkeit, sondern die Liebe,
die der Fülle einer gemeinsamen Aufgabe entspringt. Ich wollte
einen Lebensgefährten, dessen Spur zu meiner Spur parallel lief. Für
diesen Mann war ich bereit, mich zu entwickeln, mich selber von
den Schatten der Vergangenheit zu befreien, die der Erfüllung der
Sehnsucht im Wege standen. Mit Hilfe der Psychoanalyse wurden
die unerreichbaren Männer erreichbar, doch die Sehnsucht erfüllte
sich nicht.

»So geht es uns allen«, sagten die Freundinnen. »Der Mann, den
du suchst, ist ein Phantom. Es gibt keine erwachsenen Männer
mehr. Schau dich doch um.«

Nein. Ich war nicht willens, mich damit zu trösten, daß ich den
immer gleichen Ablauf meiner Beziehungen zu Männern mit Tausenden von Frauen teilte. Zwar konnte ich ohne Schwierigkeiten erkennen, daß wir, meine Partner und ich, die Rollen spielten, die uns
unsere Kultur als Männlichkeit und Weiblichkeit vermittelt hatten,
doch litt ich deswegen nicht minder unter der Wippe, die die ersehn-
te Nähe verhinderte. Ich war nicht gewillt, am Ende meines Lebens
nur die Kerben zu zählen, die die Enttäuschung der unerfüllten
Sehnsucht in das mürbe werdende Holz meines Lebens schnitzen
würde.

Wie war es möglich, daß sich mein Wissen nicht in Handlung um-
setzte? Wie war es möglich, daß der Film vor meinen Augen abroll-
te, ich den Ablauf auswendig kannte und den Film doch nicht abstellen, geschweige denn in ihn eingreifen konnte? Ehe ich mich versah,
verwickelte mich irgend etwas Ungreifbares unterhalb der Schwelle

meiner Aufmerksamkeit, meines Bewußtseins in dieses Spiel, und ich verlor die Distanz. Lag es am Ende gar nicht an dem Mann oder an mir, sondern war die Sehnsucht selber die Falle, in der ich mich verfing? War die Sehnsucht nach Einheit, nach Verschmelzung die Täuschung, die zur Ent-täuschung führte? Suchte ich nach einem verlorenen Paradies?

In vielen Analysesitzungen erforschten wir das frühe Paradies, die Zweieinheit, die Symbiose zwischen Mutter und Säugling, aus der heraus wir unsere eigenständige Persönlichkeit entwickeln. Suchte ich in dem Manne nach der frühen Mutter?

In einem Traum verschmolz ich mit meiner psychoanalytischen Mutter. Ich saß in einer grünen Flasche, nur durch das Glas von ihrer mächtigen Gestalt getrennt, die die Flasche umgab. In einem Blitz weißglühenden Lichts zerschmolz das Glas, und ich floß in sie über.

Die im Traum erfahrene Einheit löste den Widerstand. Ihre stützende Wärme ließ mich auftauen. Ihr Lachen und ihr Humor machten das Elend erträglich. Ihre Kraft und Stärke gestatteten mir, kraftvoll und stark zu sein. An ihrer Klarheit und Unbestechlichkeit konnte ich mich klären, meine Grenzen, meinen Raum abstecken. In ihrem Spiegel entdeckte ich neue Seiten an mir, die mir unbekannt waren. Das wiedergefundene Paradies wurde der Boden, von dem aus ich noch einmal wachsen konnte, mich wie bei einer Zellteilung neu formte, gestaltete und von ihr löste.

An ihrer Hand wagte ich die ersten Schritte in unbekanntes Gelände. Mit ihrer Hilfe wurden die unerreichbaren Männer erreichbar. Doch landete ich mit ihnen zu meiner Verblüffung auf der Wippe statt im siebten Himmel. Die Märchenprinzen entpuppten sich als Frösche.

Rannte ich nur einem Phantom hinterher? Suchte ich nach dem »Prinzen auf dem weißen Pferd«, der das schlafende Dornröschen erkennt und erweckt? War ich lediglich nicht bereit, »erwachsen« zu werden, zu akzeptieren, daß der Alltag eines Paares aus Kompromissen besteht, wie die Freunde behaupteten, und nicht aus »romantischer Sehnsucht«?

Doch hatte ich diesen Alltag nicht in all seinen Facetten erlebt?

Mit zwanzig traf ich meinen künftigen Mann. Zehn Jahre lang

teilten wir viel Gemeinsames: Wir studierten und arbeiteten zusammen, entwarfen und bauten unsere Wohnungseinrichtungen, reisten durch die Welt. Wir bewältigten den Alltag spielerisch. Unsere Konflikte versuchten wir so ehrlich und aufrichtig wie möglich zu lösen. Die Freunde bewunderten uns als »ideales« Paar.

Doch fühlte ich mich in den Bildern, die wir voneinander entworfen hatten und in die die Freunde uns einfügten, gefangen. Staunend beobachtete ich, wie meine Selbständigkeit Jahr um Jahr dahinschwand, wie bereitwillig ich mich in Abhängigkeiten fügte, wie sehr ein Teil in mir es genoß, versorgt zu werden.

Meine Seele hungerte in dem goldenen Käfig, in den mein Bedürfnis nach Sicherheit sie eingeschlossen hatte. Ihr Drang nach Befreiung zerbrach schließlich die Gitter. In einem langen, mühsamen Prozeß eignete ich mir die innere Stärke an, mich aus der selbst auferlegten »Sicherheitsverwahrung« zu entlassen. Getrennt konnten wir zu dem finden, was uns verband: Freundschaft statt Liebe. Überrascht stellte ich fest, daß ich mich zehn Jahre lang in eine symbiotische Beziehung eingebunden hatte, die von dem erträumten Paradies der Einheit jedoch weit entfernt war.

Gewiß, ich verstand, was sich ereignet hatte. Mir waren Theorien über die Frauen, die ihr Sicherheitsbedürfnis in einer brüderlich-schwesterlichen Beziehung leben und die romantische Liebe dem Märchenprinzen vorbehalten, nicht fremd. Doch was hilft das Wissen gegen die Qualen der Sehnsucht, die nicht erlosch, die mich unweigerlich in die immer gleiche Geschichte verstrickte.

Dieser Sehnsucht galt es auf die Spur zu kommen, um der Qual zu entgehen, die sie in mir hervorrief und die mich an diesem See in nächtlicher Dunkelheit erneut verzweifeln ließ.

Hatte ich bislang nicht tief genug gegraben? Wie tief mußten wir schürfen, um den Grund zu finden, auf dem sich die gleiche Szene von neuem aufbaute?

Kernerfahrungen

Im Verlaufe meiner therapeutischen Erfahrungen war die Einsicht in mir gewachsen, daß wir, um ein Lebensmuster grundlegend zu ändern, zu dessen Kernerfahrung vorstoßen müssen. »Systeme verdichteter Erfahrungen« nennt STANISLAV GROF solche Lebensprogramme, deren Entstehung wir bis in den Mutterleib oder bis zum Geburtsprozeß zurückverfolgen können. Schichtweise bauen sich gleichgelagerte Erfahrungen aufeinander auf, formen unsere Lebenswirklichkeit, unsere Erlebniswelt und drücken ihr den Stempel der Unausweichlichkeit auf.

Ich hatte Schicht für Schicht geprüft, analysiert, abgetragen. War ich nur nicht bis zur tiefsten Schicht vorgedrungen?

Ein hie und da auftauchendes inneres Bild während bioenergetischer Sitzungen deutete auf ein frühes Geschehen hin: ein großer Kopf mit leeren Augenhöhlen, an dem ein kleiner Körper baumelte. Solche Bilder, so hatte ich in der wissenschaftlichen Literatur lesen und an eigenem Leib erfahren können, waren Erinnerungsspuren an tatsächliche Ereignisse, die dem Erleben über Körpertechniken zugänglich gemacht werden konnten. Ich spürte den Drang, diesem Bild nachzugehen.

Ich fuhr nach New York zu einem befreundeten Bioenergetik-Therapeuten, der mit der Wirkung von Ereignissen, die vor, während oder kurz nach der Geburt unser Leben prägen können, vertraut war. Zugleich nutzte ich die Gelegenheit, das *Rolfing* kennenzulernen, ein Verfahren, bei dem die Körperform über eigens dafür entwickelte Körpertechniken neu integriert wird.

Zwei Monate lang bauten mein Bioenergetik-Therapeut und ich viermal in der Woche an der Basis des Vertrauens, von der aus wir durch die bereits bekannten Schichten in die dunklen Bereiche des Seins vordringen konnten. Der Zeitpunkt meiner Abreise näherte sich, ohne daß wir über das Bekannte hinausgekommen wären. Ich hatte die Hoffnung bereits aufgegeben, zu jenen Tiefen vorzudringen, in denen ich die Lösung des Problems vermutete. Da geriet ich plötzlich, während einer Rolfing-Sitzung, in der mein Rolfing-Therapeut das Zungenbein massierte, an eine Mauer, die mir bislang nur aus der Literatur vertraut war: die Mauer des Entsetzens. Vor dieser Mauer scheute ich zurück, wußte ich doch aus meiner therapeutischen Arbeit, daß sie einen Schutz vor den Schrecken des Todes bietet, denen wir als Embryo oder während der Geburt ausgeliefert sein können. In behutsamer Arbeit half mir mein Therapeut, mich dieser Mauer zu nähern.

Der erste Durchbruch setzte ein mir unbekanntes Gefühl frei: Demut. Demut hatte ich bislang aus meiner kirchlichen Vergangenheit als Unterwerfung unter religiöse Dogmen mißverstanden, nun erschloß sich in diesem Gefühl jedoch ein plötzliches Wissen darum, daß ich in eine höhere Ordnung eingebunden war, eine universelle Ordnung, ja sogar, daß der Familienroman, dessen Seiten ich bislang in den Therapiesitzungen gefüllt hatte, selber Teil dieser Ordnung war, Teil eines größeren Plans. Diese Erkenntnis war so überwältigend, daß mein bisheriges, wissenschaftlich gut geordnetes und allumfassendes Weltbild zu einer kleinen Insel in der Weite des Universums zusammenzuschrumpfen schien. Der Blick öffnete sich für neue Dimensionen.

Als ich zum zweiten Mal durch die Mauer des Entsetzens stieß, tauchte jenes Bild wieder auf, das mich nach New York geführt hatte: ein großer Kopf mit einem kleinen Körper, der an einer feuchten, klebrigen Masse, die auf ihn eindrang, fast erstickte. Ich spuckte Schleim, ein Handtuch voller Schleim. Ich wunderte mich, daß ich noch Luft einsog, wo ich doch längst hätte erstickt sein müssen. In der Mitte der Brust gab es eine Stelle, die mir oft wie der Verschluß einer Klammer erschien, die meine Brust umspannte und mir die Luft nahm. Nun wich sie dem Druck der Hand meines Therapeuten, öffnete sich, und eine nie gekannte Freude brach sich Bahn, ergoß sich aus meinem Herzen, riß mir die Arme auseinander. Ich wollte die Welt umarmen, die Freude mit ihr teilen, die mich in dem Bewußtsein, lebendig zu sein, untötbar lebendig zu sein, erfaßte.

Drei Jahre waren seitdem verstrichen. Wo war sie geblieben, die Qualität dieser pulsierenden, überströmenden Freude? In der Routine eines geschäftigen beruflichen Alltags nach meiner Rückkehr aus New York hatte sie sich verloren. Aber ich hatte gelernt, sie in der Stille der Natur wiederzufinden.

In den Begegnungen mit Männern, zu denen mich die Sehnsucht hinlockte, wich die Freude hinter dem Mißtrauen und der Angst zurück, den Qualen der Enttäuschung zu erliegen, wenn ich mich auf eine Beziehung einließ. Und doch konnten all die Enttäuschungen die Kraft jener Freude nicht brechen, den Druck nicht verhindern, mit dem sie mich vorantrieb.

Das stille Weinen verebbt in den Wellen des Wassers, das der Wind auf dem See kräuselt. Mein Blick streift suchend über den Horizont, verfängt sich in einer Sternenlücke zu meiner Linken am Firmament. Mir ist, als sähe ich etwas. Nein, die Tränen trüben meinen Blick. Der zunehmende Halbmond, eingehüllt in das fahle Licht eines Hofes, taucht das Bootshaus in matte Schatten, die mir Schutz gewähren.

Ich muß genau hinsehen, darf mich nicht vom Schmerz überwältigen lassen. Hat sich in den drei Jahren wirklich nichts geändert? In der Verzweiflung verschwinden die Nuancen, vermischen sich zu eintönigem Grau.

Demut. Die Erfahrung der Demut hatte mir einen neuen Bewußtseinsraum erschlossen, den ich tastend erkundete. Hie und da traf ich auf Menschen, die sich mit Graphologie, Astrologie, Tarot, dem I Ging (dem chinesischen Buch der Wandlungen), mit Pendeln und Hellsehen beschäftigten. Hie und da fiel mir ein Buch zu diesen Themen in die Hände, und ich blätterte es durch, spielerische Beschäftigung für die wenigen Lücken im straffen Zeitplan, Sprenkel in einem Lebensbereich, der von lehrenden, wissenschaftlichen und therapeutischen Tätigkeiten geprägt war. Manchmal, wenn in einer ausweglos scheinenden Situation plötzlich Hilfe auf mich zukam, oder wenn ich in privatem Vergnügen den Wagen mit hoher Geschwindigkeit durch die engen Haarnadelkurven einer Rennstrecke zog, in der Gewißheit, daß mir kein Unfall widerfahren würde, fragte ich mich verwundert, ob es wohl Kräfte gäbe, die die Hand schützend über mich hielten. Doch blieben dies Momente, die keine bewußte Spur in meinem Alltag hinterließen.

Und meine Beziehungen zu Männern?

Gewiß, auch hier veränderte sich etwas. Die Erkenntnis der Sterblichkeit des Leibes schwemmte Tabus hinweg. Es gab nichts zu verlieren. Es gab nichts zu gewinnen. Der Tod war in jedem Falle gewiß.

So folgt dem Sommer in New York ein heißer Sommer in Rom,

eine Expedition in den »Dschungel der Lust«. Ich entdecke die sündige Eva in mir, jenen Teil, der der puritanischen Jungfrau Maria der fünfziger Jahre zum Opfer gefallen war. Ich lebe, ich liebe, ohne Schuldgefühle, ohne schlechtes Gewissen, nehme und genieße, genieße, was und wer mir begegnet: die Schönheit, Elastizität und Kraft männlicher Körper. Ich pendle zwischen den Straßen und Plätzen und der dunklen, getragenen Atmosphäre der Kirchen hin und her, in denen ich für die unerwarteten Quellen der Sinnesfreuden, die sich auftun, danke, Kraft für neue Taten sammle. Und doch: Nach einem Sommer ist das Feuer der sinnlichen Leidenschaften verglüht. In der Erfahrung des immer Gleichen, der abgespaltenen Lust, die nicht zum Herzen findet, werden die Freuden schal.

Im zweiten Sommer in Rom verzweifle ich an dem engen, auf das Bett beschränkte Interesse der Römer. Nein, danach suche ich nicht. Die Seele verhungert in den einmaligen Begegnungen. Ich ziehe mich zurück und beschränke mich auf wenige Freunde.

Das Versprechen

Erschöpft und ratlos lehne ich an der Wand des Bootshauses am kleinen See in der Nähe von New York. Wie ein Sommernachtsgewitter hat der Ausbruch der Verzweiflung die Hitze der Gefühle abgekühlt. Die Stille des blauschimmernden Wassers füllt die Leere, die die Explosion des Schmerzes hinterlassen hat. Die Gedanken glätten sich.

Was haben mir all die Versuche eingebracht? Die soundsovielte Wiederholung der gleichen Geschichte. Ich bin am Ende meiner Weisheit. Sollte es eine Kraft geben, die meiner ganzen therapeutischen Arbeit bislang entgangen war? Die mein Leben von einer viel tieferen Schicht aus steuerte, als ich sie erahnen konnte? Und wenn es solch eine Schicht gab, war sie therapeutischen Bemühungen zugänglich?

Mein Blick gleitet über den Horizont, verfängt sich erneut in der Sternenlücke zu meiner Linken. Nichts unterscheidet sie von dem übrigen nächtlichen Blau, das sich am Himmel hinter dem Sternenmeer verbirgt. Und doch ist mir so, als hätte sich dort eine Gruppe von Wesen versammelt, die aufmerksam auf mich herunterschauen und den Strom meiner Gedanken verfolgen. Irritiert blicke ich zu ihnen hinauf, wende den Blick ab, um ihn im kühlen Glanz der Sterne zu klären, schweife zurück zu diesem Ort. Der Anblick fesselt und verwirrt mich.

»Ich gebe auf. Ich bin bereit für die Wahrheit«, höre ich eine Stimme, leise und schwach, aber zugleich fest und entschlossen. Sie meint es ernst. Ich schrecke zusammen vor dieser Stimme, meiner Stimme. Woher kommt sie? Was verspricht sie?

Entgeistert schaue ich nach oben. »Gut, gut«, nicken die Häupter.

Nach meiner Rückkehr aus New York entschwindet die Szene rasch aus meinem Gedächtnis. Sie ist meinem Leben zu fremd, das Geschehen zu absurd, als daß mein Alltagsbewußtsein sie als Wirklichkeit hätte annehmen können. Dafür setzt eine Kette von Ereignissen ein, die nur zum Teil meiner Kontrolle unterliegt und sich zum Teil unterhalb der Schwelle meines Bewußtseins, meines bewußten Seins vollzieht. Wir können nur das erkennen, was wir gestatten zu sein. Erst drei Jahre später, während meines Aufenthalts bei SRI SATHJA SAI BABA in Indien, werden sich diese Puzzlesteine zu einem Bild fügen, in dem ich die gestaltende Hand einer Kraft erkennen soll, die jenseits des menschlichen Willens, vielleicht sogar des menschlichen Fassungsvermögens liegt.

Die Aufgabe

Ein Freund aus USA schickt mir zu meinem 38. Geburtstag, zwei Monate nach jenem Ereignis am See, eine Kassette. Er arbeitete viele Jahre mit einem tibetanischen Medium, einem ehemaligen Offizier der britischen Armee, zusammen und übersetzte dessen innere Bilder für seine Klienten in eine verständliche Alltagssprache. Seine Erfahrungen faßte er zu einer Doktorarbeit über den Einfluß von Lesungen über vergangene Leben auf den therapeutischen Prozeß zusammen. Auf der Kassette schildert er meine Aufgabe für dieses Leben, so wie das Medium sie anhand meines Geburtsdatums gesehen hat.

»Ich weiß, daß du von vergangenen Leben nicht überzeugt bist«, höre ich Dave durch den Lautsprecher sagen. »Doch höre dir die Aussagen erst einmal in Ruhe an und prüfe, inwieweit du sie auf dein jetziges Leben beziehen kannst, bevor du sie als unsinnig abtust.«

»Nun gut«, stimme ich meinem unsichtbaren Gesprächspartner bei und lasse mich in den Sessel fallen.

»Um die folgenden Aussagen zu verstehen, mußt du etwas über die Theorie vergangener Leben wissen«, fährt die Stimme fort. »Die Erde ist die Universität, die höchste Schule im Gefüge des Universums. Zu ihr wird nur zugelassen, wer seine Aufgaben in den anderen Bereichen des Universums erfüllt hat. Auf diesem Planeten lernen wir, mit den Begrenzungen durch Materie und Form umzugehen. Wenn wir unsere Prüfungen zum Abschluß unserer Kurse bestanden haben, können wir die Erde verlassen.

Zum Verständnis deines jetzigen Lebens mußt du wissen, daß es zwei Arten von Leben gibt: Lösungsleben, in denen unbewältigte Fragen aus dem vorigen Leben zur Klärung drängen, und freie Leben, in denen deine Handlungen die Aufgaben für den nächsten Kurs auf diesem Planeten festlegen. In deiner jetzigen Inkarnation mußt du die Probleme lösen, die du in der letzten nicht bewältigen konntest.

Du warst Dienstmädchen in einem hochherrschaftlichen Haus, doch hatte deine Hausherrin eine besondere Eigenart. Sie wollte nur gut gelauntes Personal um sich sehen. Trübsal gefährdete deinen Arbeitsplatz. Denn du warst eine Frau mit starken Depressionen, die du verbergen mußtest. Da Gespräche des Personals verboten waren, konntest du deine Natur in keiner Weise leben. Diese Geschichte hat sich in dieser Reinkarnation vermutlich mit einem Elternteil, vielleicht auch mit deinem Ehemann wiederholt.«

Ich nicke sinnend. Die Rolle des stets vergnügten Sonntagskindes war mir so gut auf den Leib geschneidert, daß ich sie während der therapeutischen Prozesse nur mühsam hatte abstreifen können. Noch allzu häufig griff ich auf sie zurück, wenn mir das Leben elend schien.

Die Stimme auf dem Band gibt mir keine Gelegenheit, mich zu bemitleiden. »Doch das ist deine Aufgabe: dein wahres Selbst in Gedanken, Worten und Handlungen auszudrücken.«

»Na so etwas Triviales«, winke ich ab. »Jeder hat heutzutage Schwierigkeiten, sich auszudrücken.«

»Wie ich dich kenne«, höre ich Dave auf dem Band, »wirst du vermutlich abwinken und sagen, daß diese Probleme doch jeder habe. Das ist wahr. Doch hast du sie in besonderer Weise. Vielleicht meinst du auch, du hättest sie bei all der therapeutischen Arbeit, die du darauf verwendet hast, bereits gelöst. Dennoch wird dich die Frage des Ausdrucks dein Leben lang begleiten. Du wirst sie erst vollständig verstehen, wenn die Aussage dieses Bandes bis in deine Zellstruktur eingedrungen ist. Höre dir das Band jede Woche einmal an, so daß die Aussage hinter die Ebene deines Verstandes sinken kann.

Zur Lösung dieser Aufgabe rate ich dir zweierlei: Erstens, verlasse jede Situation, die dich an deiner Entwicklung hindert. Du mußt dich ablösen, auch wenn es dir unmöglich erscheint. Zweitens trägt deine Zellstruktur viele Krankheiten aus deinem vergangenen Leben in sich. Du mußt sie ausheilen, und zwar nicht mit chemischen Mitteln, sondern mit Naturheilverfahren.«

Ich stutze. Seit Jahren schlummert in mir ein untrügliches Gefühl, an Krebs zu erkranken, wenn es mir nicht gelingt, das Steuer meines Lebensschiffes herumzureißen. Die Bestätigung dieses Gefühls durch die Erkenntnisse der psychosomatischen Forschung haben den Entschluß in mir reifen lassen, meinen Körper nicht kampflos dem Zellverfall auszuliefern.

»Ich weiß, daß du daran arbeitest und wieviel du daran arbeitest«, fährt Dave tröstend fort. »Mein Medium sagt, daß du zu den wenigen Menschen gehörst, die so früh in ihrem Leben um ihre Aufgabe wissen.«

Von welcher Aufgabe sprach er? Wenn mich auch die Dienstmädchengeschichte nicht überzeugte, seine Aussagen zu meinem jetzigen Leben ließen tiefere Saiten in mir anklingen. War mein wahres Selbst so tief verschüttet, daß es nur dann zum Licht des Tages vordringen konnte, wenn es Gelegenheit hatte, sich mitzuteilen? Mußten die Psychoanalyse und die bioenergetische Analyse scheitern, weil der Kern des Problems jenseits der Geburt, gar jenseits der embryonalen Entwicklung lag? Konnte es sein, daß wir mit Aufgaben aus vergangenen Zeiten in dieses Leben kamen? Aber war es letztlich nicht gleichgültig, welcher Dimension das Unfaßbare entsprang?

Die Frage, wie ich die Aufgabe lösen konnte, schien von der Frage, woher sie stammte, völlig unabhängig. Hatte ich nicht die Erfahrung gemacht, daß ich trotz allen Wissens den Knopf nicht finden konnte, der das abgegriffene Kinoprogramm, das meine Beziehungen zu Männern bestimmte, ausgeschaltet hätte? Das Wissen führte nicht notwendig zu Veränderungen.

Lag das Problem in der Begrenztheit des therapeutischen Rahmens selber, darin, daß er keinen Handlungsraum bot, um Verhalten zu ändern, einen Raum, in dem das Selbst sich auf allen Ebenen, also im Denken, in Worten und in Handlungen, mitteilen konnte?

Nein, das konnte nicht der Grund sein. Ich hatte an zahlreichen Trainings teilgenommen, in denen altes Verhalten überprüft und neues erprobt wurde. Doch war nicht zu übersehen, daß viele dieser Trainings sich als Inseln der Intimität im sonstigen Alltagsgrau herausstellten, daß sie als Fluchtburg vor der Beziehungslosigkeit des täglichen Lebens dienten, statt als Experimentierfeld, in dem Neues für den Alltag getestet werden konnte.

Ebensowenig ließ sich leugnen, daß solche Gruppenerfahrungen das private Leiden häufig vergrößerten, statt es zu verringern, da sie neue Bedürfnisse weckten, ohne Befriedigungsmöglichkeiten im Alltag dafür anzubieten. Und dies betraf nicht nur kommerzielle Unternehmungen des »Psychomarktes«, die gar nichts anderes beabsichtigten, als das menschliche Elend für den eigenen Profit zu nutzen, sondern auch ernsthafte Therapeuten, die menschliches Leiden mindern helfen wollten.

War also die grundlegende Orientierung falsch? Waren die Versuche der Veränderung von daher nicht konsequent genug? Oder waren die Trainings nur zu kurz, und es bedurfte eines längerfristigen Alltagsrahmens, in dem neue Orientierungen über längere Zeit erforscht und erprobt werden konnten, um Lebensmuster grundlegend zu ändern? Ich beschloß, diesen Fragen durch eigene Erfahrungen auf den Grund zu gehen.

Die Macht des Bewußtseins

Der Prospekt der »Bauhütte«, einer Lebensgemeinschaft im südlichen Schwarzwald, liegt auf meinem Schreibtisch. Vierzig Menschen experimentieren mit und erproben dort seit Jahren Beziehungsformen, die die kulturell erworbenen Rollenklischees von Frau und Mann, die eingespielten Verhaltens- und Denkmuster durchbrechen sollen. In der Begegnung von Mensch zu Mensch sehen sie die Chance, die tiefliegenden Sehnsüchte des Herzens, der Seele zu befriedigen. Die Aussicht, mich der Beobachtung, Überprüfung und Kritik einer eingespielten Gruppe stellen zu sollen, bedroht mich, zugleich reizt mich die Möglichkeit, der Erfüllung meiner tiefsten Sehnsucht nahezukommen.

»Der Weg geht dort lang, wo die Angst ist«, drängt eine innere Stimme in mir. »Begib dich für den Sommer dorthin.«

Ich folge ihrem Drängen, stehe mit zitternden Knien vor dem Eingangsportal. »Freie Forschungsstätte für menschliche Entwicklung und Entfaltung«, lese ich auf einer Holztafel. Ich blicke durch das schmiedeeiserne Tor auf ein stattliches, geräumiges Gutshaus, dem sich Gartenanlagen und Teiche anschließen. Nicht nur die Seele wird hier erforscht, sondern auch die Umgebung, in der der Mensch sich wieder wohl fühlen soll. Ich hole tief Luft, trete durch die Pforte, tauche für sieben Wochen in eine andere Welt ein.

»Selbstdarstellung« steht auf dem Programm, das »Ja-Nein-Spiel«. Es wird mein tägliches Training. Ich gehe in die Mitte des Teilnehmerkreises, bewege mich so, wie es mir spontan einfällt, spreche, was mir in den Sinn kommt. Auf das Nein des Spielleiters hin wechsle ich die Handlung, den Inhalt. Nach ein bis zwei Minuten ist mein Repertoire erschöpft. Ich beginne mich zu wiederholen. Manchmal bricht etwas Neues, Unerwartetes durch, aber oft bleibe ich im Alten stecken. Mit Malen, Singen, Tonarbeiten versuche ich, über meine festgefahrenen Lebensmuster hinauszugelangen, dem Schöpferischen in mir Ausdruck zu verleihen, dem, was sich in mir formt, Gestalt zu geben. Die Aufgabe ist auf diesem Weg unlösbar. Zu tief scheint vergraben, was ich suche, zu sehr übernehmen die gewohnten Lebensmuster die Regie unter dem Druck, mich vor so vielen

Augen bewähren zu müssen. Doch wie sich erweist, hat mich mein inneres Wissen nicht um weiterer therapeutischer Techniken willen in diese Gemeinschaft geschickt, sondern um im täglichen Leben die ungelösten Fragen zu klären.

Das Bild eines Kopfes auf einem Silbertablett taucht auf, mitten am Tage. Das Bild ist mir vertraut. Einige Nächte träume ich von einem Kopf, nur dem Kopf des Mannes, in den ich mich in der »Bauhütte« verliebt habe. Jede Nacht begleitet ihn ein anderer Satz. »Vermeide es nicht.« »Schau dahinter.« Ich teile meine Träume mit der Gruppe. Ich will diesen Mann haben, koste es, was es wolle. Das spüre ich deutlich. Seine Weigerung ist ein Versprechen: Vielleicht. Ich kämpfe um ihn, nutze mein gesamtes Können, um ihn in mein Bett zu bewegen. Er entzieht sich. Haß flackert in mir auf, zögernd, unerlaubt.

»Es geht dir nicht um Liebe, sondern um Macht«, sagt das analytische Bewußtsein, das meine verzweifelten Versuche kühl beobachtet, mir diesen Mann gefügig zu machen.

Er entwindet sich, halb Ja, halb Nein.

»Wenn du ihn erreichen willst, mußt du die Seiten in dir zur Entfaltung bringen, die in ihm wiederschwingen«, rät mir Dieter.

Das Ausmaß an Sehnsucht, das in mir aufbricht, überwältigt mich. Mir zittern die Knie, wenn ich ihn sehe, ein Phänomen, das mir seit meiner Pubertät nicht mehr begegnet ist. Mein Repertoire ist aufgebraucht. Bitten, Drohungen, Verführungen haben ihren Zweck verfehlt.

»Ich bin am Ende«, sage ich zu Dieter. »Ich erkenne, daß die Sehnsucht mich immer wieder ins Verderben lockt.«

»Oh, nein, nein, wirf die Sehnsucht nicht weg. Sie ist die Kraft, die dir den Weg weist. Aber nimm dich nicht zu ernst. Identifiziere dich nicht mit deinen Illusionen und Gefühlen. Sei dein eigener Zeuge. Löse dich von deinen gelernten Mustern ab, probiere Neues.«

Dieses Denken ist mir fremd. Die Sehnsucht hatte ich bislang als mein neurotisches Erbe begriffen, das ich von seinen Wurzeln her ausrotten mußte, um Ruhe vor ihrem Drängen zu finden. Doch verhielt es sich genau umgekehrt? War die Sehnsucht die ursprüngliche Kraft des Lebens, deren Brennen mich auf der Suche nach Erfüllung kompromißlos vorantrieb?

Noch fremder ist mir die Tat. Doch ist das Ziel verlockend genug, Risiken zu wagen. Ich probiere Neues. Ich falle zurück in alte Verhaltensmuster. Der Kampf zwischen dem Alten und dem Neuen wogt hin und her. Unter der kritisch beobachtenden und auswertenden Anleitung meines analytischen Bewußtseins erfahre ich zum erstenmal in so konzentrierter Form, daß ich der Schöpfer meiner Handlungen bin, daß mein Wille, meine Kraft, meine Einsicht mein Lebensschiff steuern können. Die vielfachen kleinen, ein Leben lang eingeübten Wenns und Abers zerrinnen dort, wo ich etwas aus ganzem Herzen, ohne Einschränkungen will. Ich erkenne, daß ich in Situationen, in denen mir der Kampf um den Mann unerträglich wird, die Wahl habe, die Situation zu ändern oder in Krankheit auszuweichen. Zum erstenmal gelingt es mir, Krankheiten zu stoppen, ihre Symptome in Minuten aufzulösen.

Meine Annäherungsversuche an den Mann werden spielerischer, kreativer. Ich singe ihm Ständchen, entwerfe Gedichte. Es geht nicht um ihn als Person, nicht um mich als Person. Er ist Symbol, ich bin Symbol. Seine Verweigerung wird klar, standhaft. Zum erstenmal nach sechs Wochen verlasse ich den Schauplatz meiner inneren und äußeren Kämpfe. In der benachbarten Kneipe trinke ich ein kleines Bier. Innerhalb einer Minute fühle ich mich volltrunken und zugleich klarsichtig. Innerhalb dieser Minute laufen die Szenen meiner Beziehungen zu Männern wie ein Film ab.

»Siehst du, es geht um Macht, nicht um Liebe«, sagt das analytische Bewußtsein. Ich sehe. Der Kampf ist vorüber. Ich bin erschöpft. Ich kehre zurück. Unsere Augen treffen einander. Zum erstenmal begegnen wir einander von Mensch zu Mensch.

Mehr erahnend, als daß ich es zu jenem Zeitpunkt hätte formulieren können, war etwas Umwälzendes geschehen: Ich war mit der Kraft eines Bewußtseins in Berührung gekommen, das jenseits meines bisherigen Erfahrungsbereichs lag, jenseits der selbstgestrickten Bilder über mich, jenseits der Bilder, die die Umwelt mir als meine Wirklichkeit widerspiegelte. Ich empfand die Kraft von Gedankenfeldern.

Es war unverkennbar: In den Momenten, in denen meine Motive rein waren, ich nur ich selber war, liebend und annehmend statt tak-

tisch und trickreich, erreichte ich den begehrten Mann; dort, wo ich
bedürftig wurde, mich seiner Liebe versichern, ihn zur eigenen
Selbstbestätigung benutzen wollte, entzog er sich.

Die Struktur der Gedankenfelder zeigte sich aber nicht nur in der
Art der Begebenheiten, sondern sie konnte sich sogar in Krankheits-
symptomen »materialisieren«, »manifestieren«. Das Neue daran war
nicht die Tatsache, daß sich Gedanken, Motive, Wünsche des Unbewußten in Krankheiten niederschlagen können — dazu hatte die
psychosomatische Literatur genügend Beispiele geliefert —, sondern
daß ich entscheiden konnte, diese Symptome im Moment der Erkenntnis aufzulösen. Ich ahnte etwas von einer anderen Dimension,
ohne sie greifen zu können. Gespannt lauschte ich Dieters Ausführungen, der in der »Bauhütten«-Gemeinschaft den philosophischen
Rahmen solcher Erfahrungen formulierte, doch spürte ich zugleich
eine Schwelle des Verständnisses, die ich nicht überschreiten konnte.
Zu stark wehrte ich mich gegen die spirituellen Verknüpfungen, die
er herstellte.

Während meiner Aufenthalte in der »Findhorn«-Gemeinschaft,
zu der mich mein inneres Wissen als nächste Station führte, erschloß
sich allmählich ein Verständnis dieser neuen Dimension, doch sollte
sich ihre Tragweite erst in der Begegnung mit SATHJA SAI BABA während meines Aufenthalts in Indien enthüllen.

Die Zerreißprobe

Im Zentrum des Lichts, in »Findhorn«, das sich seit seiner Gründung
zum größten spirituellen Bildungszentrum und zur kontinuierlich-
sten Lebensgemeinschaft Europas entwickelt hat, begegne ich einer
Kraft, die durch alle persönlichen Interessen und Eigenheiten hindurch wirkt und die die Menschen zur Einheit führt. Halb ironisch,
halb zweifelnd höre ich zu, wie die Kraft des Lichts und die Engel
um Unterstützung für die gemeinsamen Aufgaben angerufen werden. Nein, in solchen Sphären bewege ich mich nicht. Aber die sozialen Aspekte der Gemeinschaft faszinieren mich genug, um über
solche »Schrullen« hinwegzusehen. Bei wesentlichen Entscheidun-

gen stimmen sich die Mitglieder so lange auf den gemeinsamen inneren Geist ein, bis eine Lösung gefunden ist, die alle tragen können.

Und doch: Trotz aller Skepsis kann ich nicht leugnen, daß eine Kraft am Werk ist, die selbst die härtesten Mauern um die Herzen zum Bröckeln bringt. Während des gemeinschaftlichen Kochens in der Großküche schwimme ich fast jeden dritten Tag in Tränen, eine Peinlichkeit, die ich mir in der Öffentlichkeit bislang selten gestattet habe, und nun gleich vor Hunderten von Augen. Und das Erstaunliche: Es ist völlig in Ordnung. Verwundert, zögernd gestatte ich mir, die zu sein, die ich bin, gestatte mir zu lachen, wenn mir nach Lachen zumute ist, zu weinen, wenn mir nach Weinen zumute ist, zu schweigen, wenn ich nichts zu sagen habe, zu reden, wenn mir das Herz überquillt. Meine beruflichen Tätigkeiten habe ich wohlweislich verschwiegen. Hier bin ich *Ich.* Unter der liebenden Akzeptanz der Mitglieder dieser Gemeinschaft reißt meine Mauer ein.

Während meines Aufenthalts erkenne ich, daß ein entscheidender Schritt in meinem Leben bevorsteht. Um zu mir selber zu finden, muß ich mich aus den bisherigen Bezügen meiner Umwelt lösen. Die Strukturen, die ich mir selbst geschaffen habe — als Professorin für klinische Psychologie und Psychopathologie an einer Fachhochschule, als Leiterin eines Ausbildungsinstituts für bioenergetische Analyse, als Psychotherapeutin in freier Praxis —, lassen mir keinen Raum, um zu mir selbst zu kommen. Sie halten mich fest und binden mich in das Bild von mir ein, das ich erfolgreich aufgebaut habe. In Findhorn wird mir deutlich, daß ich nicht die bin, für die die anderen mich halten, und daß ich in meinem bisherigen Lebensraum keine Chance habe, die zu werden und zu sein, die ich bin. Zu fest sind die Bilder und Strukturen gefügt.

Die Würfel sind gefallen, als ich nach Hause zurückkehre. Meine Umwelt nimmt meine Entscheidung, künftig in Findhorn zu leben, bestürzt zur Kenntnis. Ich lasse mir ein Jahr Zeit, um meine beruflichen Verbindlichkeiten aufzulösen. Ich will keinen Scherbenhaufen hinterlassen. Ein Jahr, genug Zeit, um unter dem Druck meiner Umwelt und dem Teil in mir, der sich ihr verpflichtet weiß, in die Zerreißprobe zu geraten.

Eine innere Schlacht beginnt, die mich an den Rand meiner Bewältigungsmöglichkeiten bringt: die Schlacht zwischen dem inneren Wissen, das auf Veränderungen drängt, und dem sozialen Selbst, das sich in einer beruflichen Karriere etabliert hat und nicht bereit ist, dem Erworbenen kampflos den Rücken zu kehren.

»Du wirst doch nicht alles aufgeben, was du dir hier aufgebaut hast, jetzt, auf dem Höhepunkt der Karriere«, sagt das soziale Selbst vorwurfsvoll, gestützt durch die Stimmen der Umgebung.

»Ich fürchte, wir haben keine andere Wahl«, meint das innere Wissen sanft.

»Aber bedenke doch, wie viele Vorteile dir diese Arbeit einbringt. Du hast ein gutes und sicheres Einkommen, kannst über deine Arbeit selbst bestimmen, lernst interessante Menschen kennen, wirst anerkannt und geschätzt. Wer hat das schon?«

»Das ist wahr. Doch hat diese Arbeit den Preis der Selbstverleugnung, der Überlastung, der Abhängigkeit von den geschaffenen Strukturen.«

»Die kannst du ändern. Du bist dein eigener Herr.«

»Das sieht nur so aus. Das, was ich wirklich will, nämlich die sein, die ich bin, das zu leben und zu tun, was im Moment wichtig ist, kann ich innerhalb dieser Strukturen nicht verwirklichen.«

Das soziale Selbst versucht eine neue Strategie. »Bedenke, zum ersten Mal könntest du mit deinem Wissen Geld verdienen, dir etwas Luxus leisten, jetzt, wo all die teuren Ausbildungen abgeschlossen sind.«

»Darum ging es bei den Ausbildungen nicht. Sie waren Versuche der Selbstheilung und Mittel, um anderen zu helfen.«

»Und was hast du davon?« Das soziale Selbst ist empört. »Schau, wie einfach du lebst. So ein asketisches Leben ist doch kein Leben. Du weißt nicht, was du tust. Das ist verrückt, total verrückt.«

Ich zucke zusammen. Der Satz verfehlt seine Wirkung nicht. Er klingt vertraut in meinen Ohren.

»Verrückt«: das Markenzeichen der Abwertung, des Andersseins. »Verrückt«, die Gefahr, ausgeschlossen zu werden, wenn ich mich dem nicht füge, was »man« tut. Aber was tut »man«?

Der Satz ruft schmerzhafte Erinnerungen an die Kinderzeit, die Jugendjahre, das Studium, wach. Gefangen zwischen den Werten,

den Welten einer häuslich-agrarischen und einer schulisch-mittel-
ständischen Kultur war es nicht einfach, zu wissen, was »man« tut,
gar unmöglich herauszufinden, was ich tun wollte, ich, das wahre
Selbst. Es wich vor dem sozialen Druck zurück, doch nicht, ohne
von Zeit zu Zeit an die Fassade des sozialen Selbst zu klopfen.

»Was ist verrückt, was ist normal?«

Im Versuch der Selbstrettung hatte sich das innere Wissen über
die Jahre einen Bündnispartner herangezogen, der diese Frage prüfte:
das analytische Bewußtsein. Wie oft hatte ich diesen Teil in mir ver-
flucht, diesen Teil, der sich nicht bluffen ließ, der den Dingen unerbittlich auf den Grund ging und es nicht zuließ, daß ich mich in der
Lüge eines komfortablen Lebens heimisch einrichtete.

Das analytische Bewußtsein war in historischem, soziologischem
und politischem Wissen geschult. In den Abgründen des menschlichen Seins kannte es sich aus, seinen Repräsentationsräumen, Abstellkammern und Katakomben, in denen jene Erfahrungen Unter-
schlupf gefunden hatten, die einer tödlichen Bedrohung hatten
weichen müssen. Während der zahlreichen psychoanalytischen Sitzungen fand es heraus, daß die soziale Geheimwaffe »Verrücktheit«
keinem anderen Zweck gedient hatte als dem, das innere Wissen
mundtot zu machen, es zur sozialen Einordnung zu zwingen.

Über die Jahre hatte es sich die Stellung eines unbeteiligten Zeugen aufgebaut, der die Geschehnisse beobachtete und auswertete. In
dieser Funktion hatte ich diesen Teil in mir schätzen und annehmen
gelernt. In der Schlacht, die zwischen dem inneren Wissen und dem
sozialen Selbst um die Frage entbrannte, ob ich all meine bisherigen
Tätigkeiten aufgeben sollte, nahm es die Stellung des neutralen Rich-
ters ein, der den Sachverhalt prüfte und wertete.

Die anstehende Frage war nicht leicht zu lösen. Ging es nicht um
die lebensnotwendige Absicherung der eigenen Existenz? Damit war
nicht zu spaßen. Die Entscheidung hing davon ab, wem der beiden
Kontrahenten das analytische Bewußtsein glauben konnte. Wer
sprach die Wahrheit? Konnte es dem inneren Wissen trauen? Bisher
hatten sich seine Weisungen als fruchtbarer, umwälzender, tiefgrei-
fender herausgestellt als alle therapeutischen Versuche zusammen.
Aber genügten die Erfahrungen des vergangenen halben Jahres, um

die eigene Existenz aufs Spiel zu setzen? Was, wenn sich sein Drängen als trügerische Hoffnung, als Illusion erwies? Nicht auszudenken. Das soziale Selbst war dem Spiel der äußeren Anerkennung verpflichtet — der Macht, nicht der Wahrheit, dies war unbestreitbar. Doch hatte es sich eine sichere soziale Existenz aufgebaut, sicher bis zum Lebensende, eine Beamtung auf Lebenszeit. Die gab *man* nicht auf. *Das* war verrückt. Die Schlacht spitzte sich zu. Eine innere Lähmung breitete sich aus.

»Die Frage ist am grünen Tisch nicht zu lösen«, entschied schließlich das analytische Bewußtsein. »Kehre zurück zum Ort der Tat, zum Ort der Entscheidung.«

Sai Baba, ein Gott in Menschengestalt?

Über Weihnachten und Neujahr fahre ich für zwei Wochen nach Findhorn. Das Zimmer, das mir zugewiesen wird, ist unbeheizt. Ich habe einen kühlen schottischen Sommer lang gefroren. Ich sehne mich aber nach einer warmen, kuscheligen Nische in dem großen Hotelkomplex, in dem ich untergebracht bin. Ich frage bei den anderen Neuankömmlingen nach.

»Bei mir ist noch ein Bett frei.« Zwei blaue Augen in einem offenen Gesicht strahlen mich einladend an. Ich zögere. Ein Mann?

»Damit du mich nicht falsch verstehst... In meinem Zimmer friere ich ein.«

Er lacht. »Ich habe dich richtig verstanden.«

Überrascht kehre ich zurück in das Zimmer, das ich im Sommer mit einer Frau geteilt habe, die an einer schweren Depression litt und keine geschlossenen Fenster ertragen konnte. Die Kühle des schottischen Sommers vertrieb mich aus dem Raum. Nach dem ersten Schock über meine Zimmergefährtin hatte ich beschlossen, die Herausforderung anzunehmen.

»Jede ist mir recht«, hatte ich Freunden daheim erklärt, als sie verwundert nachfragten, ob ich mir vorstellen könne, zwei Monate lang mit einer Fremden zusammenzuwohnen, »nur bitte keine seelisch Kranken.«

»In Findhorn entscheidet die Kraft, die hier wirkt, wer miteinander ein Zimmer teilt«, hatten mir die Mitglieder der Gemeinschaft erklärt. Ich akzeptierte die Entscheidung. Unser Beisammensein wurde für mich eine Lektion in mitmenschlichem Sein.

Nun beherbergt mich dieser Raum wieder. Zum Ausgleich für den kühlen Sommer hüllt er mich in der Winterkälte mit behaglicher Wärme ein. Peters Frische und Enthusiasmus stehen in wohligem Gegensatz zur verschlossenen Düsterkeit meiner Sommergefährtin. Ausgleichende Gerechtigkeit.

Peter erzählt mir von einem Mann, den er für zwei Monate besuchen will: SAI BABA in Indien. Er ist erfüllt von ihm, berichtet Tag und Nacht, eine Woche lang. Mehr aus Höflichkeit als aus Interesse höre ich zu, mit halbem Ohr.

»Er hat große Wundertaten vollbracht. Mit einer Handbewegung holt er Asche aus der Luft, Süßigkeiten, Blumen, Ringe, Bilder, alles, was dein Herz begehrt.«

»Na, Wunderheilige gibt's doch viele in Indien«, wende ich ein.

Solche Wunder beeindrucken mich nicht. Ich suche nach dem Wunder der inneren Transformation, nach der Quelle, die dem Leben Sinn und Fülle gibt, die das Leiden in Glück, die Rastlosigkeit in Frieden zu verwandeln vermag, und nicht nach Gegenständen, die ich im Kaufhaus erwerben kann.

»Darum geht's auch nicht«, beeilt sich Peter zu versichern. »Die Wundertaten sind nur Visitenkarten, Ausfluß seiner Größe. Er hat bei einem großen Fest alle Gäste aus einem kleinen Topf gespeist, der nicht leer wurde, bis alle satt waren. Er kann Kranke heilen, und er hat sogar einen Toten zum Leben erweckt. Er ist ein *Avatar*, ein Gott in Menschengestalt, ein menschgewordener Gott.«

Ich schaue ihn entgeistert an. »An Größenwahn leidet er aber nicht?«

»Nein.« Peters Enthusiasmus ist so groß wie meine professionelle Skepsis. »Er verfügt von Geburt an über alles Wissen dieser Welt. Er weiß die Vergangenheit und die Zukunft von jedem. Er taucht überall auf, wo ihn seine Anhänger brauchen. Er ist schon häufiger an zwei Orten zugleich gesehen worden.«

»Als Vision, meinst du, oder so richtig zum Anfassen?«

»Nein, nein, in körperlicher Gestalt. Zweimal Baba in Lebensgrö-
ße. Er ist allwissend und allgegenwärtig.«

»Wozu fährst Du dann nach Indien, wenn er überall ist?«

»Weil ich ihn sehen muß. Doch sagt Baba auch, daß es genügt, ihn
von dort aus anzurufen, wo du bist. Er erfüllt deine Wünsche dort,
wo du lebst.«

»Und wie macht er das?«

»Das weiß ich nicht. Er sagt, er lebt in jedem Herzen, gleichgültig
ob du an ihn glaubst oder nicht. Und wenn du ihn anrufst in höch-
ster Not, ist er da.«

Ich stutze. Sollte er mit der Kraft, die sich seit anderthalb Jahren,
seit jener Nacht am New Yorker See, immer stärker in mein Bewußtsein drängt, zu tun haben, an deren Existenz ich keinen Zweifel
mehr hege? Aber diese Kraft ist formlos. Als menschliche Gestalt
kann ich sie mir nicht vorstellen.

»Wenn er über all die Fähigkeiten verfügt, die du schilderst, wozu
kommt er dann in Menschengestalt?«

»Damit wir ihn erkennen. Baba sagt, daß wir das formlose Prinzip
nicht begreifen können, daß wir jemanden brauchen, der wie ein
Mensch handelt und doch zugleich seine übermenschlichen Fähigkeiten demonstriert, damit wir angesprochen werden, selber zu solchen Höhen aufzusteigen.«

»Wenn's nicht gerade um Wundertaten und übernatürliche Fähigkeiten ginge, klänge es wie das Konzept eines guten Lehrers.«

»Er ist ein guter Lehrer, ein großer spiritueller Lehrer. Er hat eigene Kindergärten, Schulen und Universitäten gegründet. Er sieht seine Mission darin, die Menschen zu den menschlichen Grundwerten
zurückzuführen... Warte mal«, Peter sucht nach einem Zettel, »ja,
hier sind sie: Wahrheit, Liebe, Friedfertigkeit, Redlichkeit und Gewaltlosigkeit.«

»Das klingt gut. Doch muß er deswegen nicht gleich behaupten,
Gott zu sein. Unter ›Gott‹ kann ich mir nur ein formloses Prinzip
vorstellen.«

»Ein Avatar kommt nur alle Tausende Jahre einmal, dann, wenn
sich die Menschheit in solch eine Krisensituation hineinmanövriert
hat, daß sie alleine nicht mehr herausfindet.«

»Ach, die Umweltzerstörung und die atomare Bedrohung rufen ihn? Das klingt verlockend. Aber gerade darum ist solch eine Idee gefährlich. Der Retter von außen hat sich schon manches Mal als der böse Verführer entpuppt.«

»Aber stell dir nur mal vor«, sagt Peter, und seine Augen blitzen, »Baba wäre wirklich ein Gott in Menschengestalt. Wolltest du an diesem größten Ereignis des Jahrhunderts blind vorübergehen?«

»Nein, danke«, winke ich lachend ab, »ich bin nicht sensationslüstern, und mir reichen die selbsternannten Götter im Westen. Mit diesem Mann habe ich nichts zu tun.«

»Vielleicht«, sagt Peter. »Zu Baba kommt nur, wen er ruft.«

Der Ruf

Fünf Tage später habe ich mit Baba zu tun. Sein Ruf ereilt mich.

Mein Versuch, mich einer möglichen Mitgliedschaft in der Findhorn-Gemeinschaft ab Herbst des Jahres zu versichern, ist im Sande verlaufen.

»Nicht wir entscheiden darüber, wer hier lebt, sondern der Engel von Findhorn«, hatten mir Mitglieder der Gemeinschaft erklärt.

Der Gedanke beunruhigt mich. Ein Engel als Entscheidungsinstanz? Welch unkalkulierbarer Partner. Ich bitte um ein Klärungsgespräch. Der Engel wird zu unserem Dreiergespräch zu Beginn geladen. Noch bevor ich zu einer langen Begründung ausholen kann, hat er durch seine menschlichen Vertreter gesprochen:

»Erst mußt du dich freimachen von deinen bisherigen Verpflichtungen, dann können wir entscheiden, ob hier dein Platz ist. Laß die Sicherheiten los. Eigne dir deine Macht an. Die Aufgabe kommt mit der ›Aufgabe‹.«

Ich schlucke. Sprung ohne Netz? Ich bin keine Hochseilkünstlerin.

Am Tag nach Peters Erklärung habe ich eine Hellseherlesung bei MAGDALENA. Noch von Deutschland aus habe ich um einen Termin gebeten. Ich weiß, daß sie Monate im voraus ausgebucht ist. Ich erhoffe mir eine Klärung der verzwickten Frage, wem in mir ich trauen soll: dem inneren Wissen oder dem sozialen Selbst.

Ich betrete ihr Zimmer. Zahlreiche Bilder von Sai Baba in verschiedenen Größen beleben den karg ausgestatteten Raum. Ich greife in meine Handtasche, um das Geld herauszunehmen, das ich als Spende vorgesehen habe. Magdalena verlangt kein Geld für ihre Hilfestellungen. Das Portemonnaie ist nicht da. Ich wühle hektisch in der Tasche herum. Dreimal habe ich kontrolliert, ob ich das Geld eingesteckt habe, bevor ich mein Zimmer verließ. Seit drei Tagen verfolgt mich zwanghaft der Gedanke, ich könne das Geld vergessen — eine merkwürdige Zwangsidee, da meine Korrektheit in finanziellen Angelegenheiten so etwas gar nicht zuläßt.

»Hast du eine Kassette dabei?«

Überrascht und noch völlig konsterniert über das Geld schaue ich sie an. »Von einer Kassette weiß ich nichts.«

»Ich habe dir geschrieben, daß du eine Kassette mitbringen sollst. Ohne Kassette mache ich keine Lesung. Zuviel wird hinterher davon verzerrt.«

Ich schwöre, daß auf ihrem Zettel davon nichts stand. Als ich später den Zettel wiederfinde, lese ich statt »Es wird eine Neunzig-Minuten-Sitzung sein« »Bringe ein Neunzig-Minuten-Band mit«.

Sie zögert. »Bei soviel Widerstand mache ich in der Regel keine Sitzung.«

Ihr Blick kehrt sich nach innen. Ein Moment voller Spannung vergeht. Ich bin außer mir. Was läuft hier? Ich kann keinen klaren Gedanken fassen. Ich komme mir vor, als habe mir jemand mit dem Hammer auf den Kopf geschlagen. Betäubt. Sie lächelt.

»In Ordnung, ich mache eine Ausnahme. ›Zufällig‹ habe ich heute Leerkassetten gekauft.«

Wir sitzen einander gegenüber. »Hast du spezielle Fragen?«

Mühsam setzt meine Erinnerung ein. Ja, ich habe Fragen.

»Wie finde ich heraus, was wahr und was verrückt ist? Woran soll ich mich bei meinen Entscheidungen orientieren? Und: Was bedeutet der Mann in meinem Leben, der zwar mit anderem Gesicht, jedoch in der gleichen Szene in mein Leben tritt?«

Sie schließt die Augen. »Ich werde auf deine Fragen am Schluß der Sitzung eingehen. Laß mich erst berichten, was ich aktuell sehe.

Ich sehe drei Bilder, die unverbunden nebeneinander stehen: Einen Baum in der Wüste, der von einer hohen Mauer umgeben ist. Diese Mauer mußtest du errichten, um sein Überleben zu sichern. Zugleich aber ließ sie das Land um ihn herum verwüsten. Abseits, unverbunden mit den anderen Bildern, steht ein scharfsichtiger, wohltrainierter Beobachter, eine Art Zensor, der deine Gedanken und Handlungen unerbittlich analysiert und kommentiert. Und im dritten Bild sehe ich eine ungemein geschickt aufgebaute Fassade, die dir Erfolg und soziales Ansehen beschert hat, doch bist du darin nicht wiederzufinden.

Um dich zu sehen, muß ich weit in deine Kindheit zurückgehen, zu einem spontanen, neugierigen, vom Leben begeisterten und von Lebendigkeit überschäumenden kleinen Mädchen mit einer überwältigenden Liebe zu seiner Mutter. Seine Vitalität bedrohte die Mutter in ihrem eigenen Lebensraum und in ihren Bedürfnissen nach Kontrolle. Um sich selber zu retten, mußte die Mutter die Kraft des kleinen Mädchens brechen, zügeln, in ihre Bahnen lenken. Um ihre Seele zu retten, errichtete das Mädchen eine Mauer um den Baum, paßte sich den Anforderungen an.«

Während die Bilder sich in Magdalena formen, sie ihnen sprachlich und bildlich Ausdruck verleiht, durcheile ich ein Wechselbad von Gefühlen. Kaum kann ich ihren Worten folgen. Das »vergessene« Geld, die »vergessene« Kassette haben das analytische Bewußtsein, den Zensor, der solche Veranstaltungen sonst mit kritischer Liebenswürdigkeit während des Ablaufs zu kommentieren pflegt, ausgeschaltet — so weit, daß ich dem Englischen, das mir so vertraut ist wie das Deutsche, kaum folgen kann. Das soziale Selbst, die »ungemein geschickt aufgebaute Fassade«, protestiert heftig: »Das kennst du doch alles. Schnee von gestern. Vergeude nicht deine Zeit.«

Ja, es ist wahr. Die Geschichte ist nicht neu. Dieses Puzzle habe ich in vielen Stunden Analyse zusammengesetzt. Und doch berühren mich Magdalenas Worte auf neue Weise, treffen mich im Kern meines Herzens. Die vielen Jahre der Einsamkeit, der Isolation, die

sich hinter der Berufskarriere verbergen, verbinden sich in schmerzhafter Vertrautheit mit dem Baum. Ich kämpfe mit den Tränen.

»Höre nicht auf sie«, drängt das soziale Selbst. »Die Geschichte gehört doch längst der Vergangenheit an. Verlasse diesen Raum.«

Ich bleibe wie angewurzelt auf dem Stuhl sitzen. Die Gefühle
überrollen mich. Das Bild des Baums trifft mich im Kern. Ich kann
es nicht (be)greifen.

Magdalena hat ihre Bestandsaufnahme beendet und kommt zu
meinen eingangs gestellten Fragen.

»Du möchtest wissen, woran du deine Entscheidungen orientieren
sollst. Das ist keine Frage des Inhalts, sondern des Ortes. Prüfe, aus welchem Bereich in dir die Entscheidungen kommen. Nutze die Unterscheidungsfähigkeit deines Zensors für die Ortsbestimmung. Verhei-
rate das kleine spontane Mädchen in dir mit dem höheren Selbst. Wenn
das kleine Mädchen begeistert über eine Idee in die Hände klatscht und
dein höheres Selbst die Idee für gut befindet, richte dich danach.
Kommt der Vorschlag von deinem sozialen Selbst, halte dich fern.«

Ich lausche verwirrt. Ich habe keine Ahnung, wie ich das höhere
Selbst befragen soll, noch ist mir das spontane Mädchen sehr vertraut.

»Die Männer, mit denen sich die immer gleiche Geschichte wiederholt«, fährt sie in Beantwortung meiner zweiten Frage fort, »treten im Laufe der Beziehungen in die Fußstapfen deiner Mutter zu jener Zeit. Sie werden, so wie deine Mutter in jenem kindlichen Alter,
Vermittler zur Welt. Deine Berechtigung zu sein leitest du von ihnen ab. So stellt sich die alte Geschichte immer wieder neu her. Erst
wenn du den Knoten löst, können Männer zu Gefährten an deiner
Seite werden.«

Da ich nicht verstehe, spielt Magdalena das kleine Mädchen in seiner Liebe zur Mutter. Intuitiv erkenne ich mich in der Qualität ihres
Ausdrucks wieder, erkenne die begeisterte Liebe, die ich so manchem Mann gegenüber empfunden und so sorgsam verschwiegen
habe aus Angst, ihre Offenbarung würde mich vernichten. Den
Kern dieser Liebe hatte ich bislang meinem Vater zugeschrieben.
Der mütterliche Ursprung überrascht und verwirrt mich. Doch ist
die Qualität des Ausdrucks unverkennbar.

»Die Lösung des Problems ist einfacher, als du denkst«, lächelt Magdalena. »Doch wirst du sie in den Therapien nicht finden. Du hast ihnen genug Chancen eingeräumt. Halte dich nicht länger damit auf, die Mauer um den Baum einzureißen. Doch verurteile sie auch nicht, sondern danke ihr, daß sie den Baum geschützt und bewahrt hat und verabschiede dich von ihr. Dein Zensor ist weise und erfahren genug, dich durch das Leben zu leiten. Du brauchst weder Mutter noch Mann dazu. Nimm das kleine Mädchen auf den Arm und verlasse die künstlich gebaute Welt. Und wenn dir das kleine Mädchen fremd ist, so geh auf Kinderspielplätze statt in die Therapie und entdecke dort die Unschuld und Begeisterungsfähigkeit, die Kindern in diesem Alter zu eigen ist.

Und«, sie stockt, »ja, lasse es mich auch aus esoterischer Sicht sagen: Die Aufgabe deiner Seele auf dieser Erde ist, ein Beispiel zu sein für die Macht, die aus der Begeisterung am Leben fließt. Du hast die Macht des Ichs kennengelernt, die sich auf Furcht gründet. Du wirst um den Unterschied wissen, wenn sich dir die wirkliche Macht eröffnet. Sie gründet in der Liebe.«

Sie stockt wieder. »Was ich jetzt sage, ist vielleicht gefährlich, doch spüre ich einen starken Impuls, es auszusprechen. Kein menschliches Wesen kann die Liebe des unschuldigen Kindes aufnehmen, ohne sie im eigenen Interesse zu verformen und zu verzerren. Wenn du einen klaren Spiegel möchtest, mußt du diese Liebe einem göttlichen, reinen Wesen anbieten, dessen Ich ihrer nicht bedarf.«

Mein Verstand ist verwirrt, das analytische Bewußtsein außer Gefecht, doch intuitiv weiß ich, daß sie recht hat, daß meine Sehnsucht dahin zielt. Mein Blick fällt auf ein Bild: Sai Baba.

Magdalena ist gerade aus Indien zurückgekehrt, nach einem sechswöchigen Aufenthalt, der sie verwandelt hat. Die merkwürdigen Begleitumstände dieser Lesung, die Lesung selber, die mein Herz im Innersten traf, ich betrachte sie skeptisch.

»War das eine Lesung von dir oder von Sai Baba?«

»Ich habe Sai Baba darum gebeten«, sagt sie lächelnd.

Auf dem Weg zurück zu meinem Zimmer erfüllt mich jene Freude, die mich zum erstenmal in New York vier Jahre zuvor überwältigt hat. Damals war es die Freude zu leben, die Freude zu sein.

»Ich habe geliebt«, seufzt nun mein Herz erleichtert. Die Zweifel, die mir manchmal kamen während der soundsovielten Wiederholung der gleichen Geschichte, die Zweifel, ob ich zur Liebe überhaupt noch fähig bin, entschwinden.

»Auch wenn die Liebe so oft enttäuscht wurde, ist sie doch nicht verloren.«

Ich kehre nach Hause zurück. In einem Kinderphoto entdecke ich das begeisterte lebenshungrige Mädchen. Die Kraft des Ausdrucks, die Neugierde und die Klugheit dieses Babygesichts verbinden sich mit dem Baum in der Wüste. Der Zugang zum höheren Selbst bleibt mir zunächst noch verschlossen.

Mit neuem Mut und innerer Freude beginne ich mit der Auflösung meiner bisherigen Existenz. Ich lasse mir Zeit mit dem Verkauf der Bücher, die eine Bibliothek füllen, mit dem Verkauf der Gegenstände, an denen mein Herz hängt. Ich lasse mir Zeit, den Wert zu bestimmen, den sie für mich haben. An Sonntagen lade ich Freunde und Bekannte zu »Verkaufs- und Geschenkausstellungen« ein. Ich kündige Versicherungen, Zeitungen, Versicherungen, Zeitungen. Fürwahr, es ist nicht leicht, sich eine bürgerliche Existenz aufzubauen, doch es ist auch nicht leicht, sie wieder loszuwerden.

Das Vergnügen, mit dem ich meine verkaufsoffenen Sonntage gestalte, ist meinen Freunden und Bekannten unheimlich. Das, was ich über Jahre nur mit wenigen geteilt habe, läßt sich nicht dem plötzlich erwachenden Interesse vieler vermitteln. Der Einladung zu meinem Abschiedsfest zu meinem vierzigsten Geburtstag in einem öffentlichen Park folgen viele. Ich feiere den Tag meiner Befreiung, viele meiner Freunde den Tag meiner Beerdigung.

Nur wenige wissen, wohin meine Reise im Oktober gehen wird. »Findhorn« lautet die offizielle Version. Ich schweige. Ich kann die Entscheidung, zu Sai Baba nach Indien zu fahren, selber nicht rational begründen.

Zweifel

In die innere Freude, die aufbricht, wenn ich Magdalenas Band abhö-re, mischt sich der Wermutstropfen der Skepsis. Er kommt hinzu, als ich Peter nach seiner Rückkehr aus Indien besuche.

»Du kannst dir die geballte Energie dort nicht vorstellen«, berich-tet er strahlend. Ich horche auf. Ich weiß mittlerweile, wie rasch der Aufenthalt in starken Energiefeldern die eigenen Prozesse voran-treibt. »Ihre Kraft ist zehnmal stärker als in Findhorn.«

»Du übertreibst, aber selbst wenn sie nur doppelt so stark wäre, würde es mich reizen, dorthin zu fahren.«

Er reicht mir einen Packen Fotos. »Du kannst dir zwei raus-suchen«, sagt er großzügig.

Ich blättere durch. Eine gedrungene Gestalt in orangefarbenem Gewand mit rundem Gesicht, vollen Lippen, flacher, breiter Nase sieht mich an, mit glänzend schwarzen Augen. Ein breiter Wulst zwischen den Augenbrauen fesselt meinen Blick.

»Viele Inder sehen darin eine Lotosblüte, Babas Lieblingsblume«, erklärt mir Peter.

»Na ja, wer den teuren Geschmack liebt . . .«

»O nein, nicht was du denkst.« Peter lacht. »Baba lebt anspruchs-los in einem bescheidenen Raum im Tempel. Er ißt das, was das einfa-che Volk ißt. Seine ältere Schwester kocht für ihn. Und er trägt die orangefarbene Robe und ein Untergewand. Das ist alles, was er be-sitzt. Nicht, weil sie teuer ist, liebt Baba die Lotosblume, sondern als Symbol der Reinheit. Sie wächst aus dem Schlamm empor und wird vom Wasser getragen, ohne deren Eigenschaften anzunehmen. Und so sollen wir werden: unabhängig vom Wasser des Körpers und dem Schlamm der Geburt.«

»Ach, Baba liebt die Bildersprache . . .«

». . . wie alle großen spirituellen Lehrer.«

»Und warum hat er solch einen krausen Haarkranz?«

»Damit man ihn in der Menge noch erkennen kann, wenn ihn die Zahl der Menschen, die ihn sehen wollen, verdeckt, sagt er.«

»Oh, wie viele sind denn in dem Aschram?«

»Im Durchschnitt acht- bis zehntausend, bei religiösen Festen bis zu fünfzigtausend, zu seinem Geburtstag im vergangenen Jahr waren es fast eine Million.«

Das verschlägt mir die Sprache.

». . . und du übertreibst nicht?«

»Das sind die offiziellen Zahlen.«

»Schrieb nicht eine hiesige Zeitung, er sei ein kleiner Hinduführer?«

»Du kennst doch die Presse. Ein kleiner Hinduführer ist er wirklich nicht. Er hat Millionen von Anhängern bis hoch in die Regierungsspitze hinein. Vor ihm beugen nicht nur die einfachen Leute die Knie, sondern auch Minister und Generäle.«

Die Bilder zeigen ein breites Spektrum von Ausdrucksmöglichkeiten, Kein Bild gleicht dem anderen. Auf einigen Bildern wirkt er hellhäutig, manchmal curryfarben, manchmal nahezu schwarz.

»Ist er Afro-Inder?« frage ich.

»Nein, Südinder, in Puttaparthi geboren, dort, wo sein Aschram steht, in der Mitte von Nirgendwo.«

»Hätte er sich nicht einen zentraleren Ort für seinen Aschram aussuchen können, wie Bombay oder Delhi?«

»Er wußte, daß die Menge ihn aufsuchen würde, gleichgültig, wo er ist. Und außerdem lehrt er, daß man zuerst im eigenen Haus aufräumen muß, bevor man in die Welt hinausgeht. Und das demonstriert er.«

Ich habe die Bilderserie durchgeblättert. Keines der Fotos spricht mich an.

»Die Bilder sind auf indischen Geschmack ausgerichtet«, fügt Peter schnell hinzu. »Du mußt ihn selbst erleben.«

Er drückt mir ein Büchlein in die Hand, »Informationen für Ausländer«.

»Von Frauen und Männern wird erwartet, daß sie keinen Umgang miteinander pflegen, es sei denn, sie sind verheiratet«, lese ich da.

»Das ist ja ein Kloster«, stöhne ich erschrocken.

»Das ist indische Tradition«, erklärt Peter. »In Indien bleiben unverheiratete Männer und Frauen für sich, wenn sie aus öffentlichem Anlaß zusammenkommen.«

»O Gott, was tue ich bloß«, frage ich entsetzt. Nicht nur ein Guru, sondern auch noch ein Kloster. Wohin soll das führen?

Schlagzeilen tauchen vor meinem inneren Auge auf: »Massenselbstmord in Guyana. Hunderte von Männern, Frauen und Kindern, die von ihrem erkrankten ›Führer‹ zum Selbstmord gezwungen wurden.«

Und das Dritte Reich? Sind wir nicht gebrannte Kinder des »Führers« ADOLF HITLER, der mit großem Geschick spirituelle Symbole wie das Hakenkreuz für die Befriedigung seines Größenwahns benutzte?

Und all die orangefarbenen Sprenkel, die in den letzten Jahren immer zahlreicher in meiner Umgebung auftauchten. Wie viele tauschten nicht ihre Kleidung gegen das Sanjassin-Gewand.

Peter scheint meine Gedanken zu lesen. »Er ist nicht Bagwhan. Er will die Herzen der Menschen, nicht ihr Geld.«

»Das kann jeder behaupten.«

»Er behauptet es nicht nur. Er verlangt kein Geld von seinen Anhängern. Und das Leben im Aschram ist so billig, daß jeder dort sein kann, der um seinetwillen kommt, auch die Ärmsten der Armen. Die meisten, die zu ihm kommen, sind Inder, und viele gehören zur armen Landbevölkerung.« — »Und wovon zahlt er die Unkosten? Wovon baut er Häuser, Schulen und Universitäten?«

»Von Spendengeldern, doch selbst diese nimmt er nur an, wenn sie ihm aus Liebe angeboten werden, und nicht, um sich damit einen Platz im Himmelreich zu erkaufen. Baba ist kein Guru. Er ist ein Avatar. Er warnt vor den Gurus, die ihren Schülern Anweisungen geben, die sie selber nicht leben, und die Techniken eines Joga vermitteln, die sie selber nicht beherrschen, besonders hier im Westen. Baba sagt, es gäbe heute keine Weisen mehr, die über das althergebrachte Wissen verfügten. Daher sei er selber gekommen, um uns die alten Weisheiten wieder zu Gehör zu bringen. Baba lebt, was er spricht. Sein Leben ist seine Botschaft.«

»Gehört dazu auch, daß er wie ein Gott verehrt wird? Mit Ritualen, die kein Mensch versteht?« Ein Besuch in einer Gruppe von Baba-Anhängern ist mir in trüber Erinnerung. Die Sanskritgesänge klangen meinen Ohren unvertraut. Das entzückte Glitzern in den Augen, die an einer Palette von Baba-Bildern hafteten, war mir verdächtig. Bin ich in Gefahr, auf eine neue Sekte reinzufallen?

»Er erwartet und verlangt nicht, daß du ihn verehrst. Im Gegenteil: Er fordert dazu auf, den Namen und die Rituale zu pflegen, die dir am liebsten sind. Das kann auch sein Name sein. Alle Namen führen zu ihm, sagt er. Und obwohl er selbst aus einer Hindufamilie stammt, spricht er zu Christen über Christus und zu Moslems über Allah. Er versteht sich nicht als neuer Religionsstifter, sondern betont die Einheit aller Religionen, die von derselben Quelle gespeist werden: Liebe. Und die Liebe ist sein Werkzeug, mit dem er die Menschen verändert. Er will ja schließlich, daß wir alle unseren göttlichen Ursprung erkennen, und der einzige Unterschied zwischen ihm und uns, sagt er, liege darin, daß er um unseren und seinen göttlichen Ursprung weiß, während wir davon nichts ahnen.«

»Aber du scheinst eine Ahnung davon bekommen zu haben, oder? Gehörst du nun zu den Auserwählten?«

Peter zieht es vor, meine bissige Bemerkung zu überhören. Ich schaue ihn prüfend an, während er Bilder von Baba sortiert. Sein Gesicht glüht vor Enthusiasmus. Er bestätigt meine schlimmsten Befürchtungen. So abgehoben kommt man von dort zurück? Würde es mir genauso ergehen? Oder trügt der erste Eindruck?

Ich weiß, wie verfänglich es ist, solche Phänomene wie Gurus nach dem Augenschein zu beurteilen. Das bunte Geflecht von Gerüchten kenne ich aus der Therapieszene: Phantasien, Anklagen, Schauergeschichten, die auf seiten der Hilfesuchenden Ängste binden, für unerfüllte Wünsche Trost spenden, Rachegelüste befriedigen oder unbewältigte Konflikte rechtfertigen. Wenn der westliche Therapeut schon tiefliegende Ängste vor Abhängigkeiten und Mißtrauen mobilisiert, um wieviel mehr muß dies für östliche Gurus gelten, die in einem uns fremden kulturellen Zusammenhang handeln, der mißverständlich oder unverständlich ist.

Was sollen wir beispielsweise von ihrer Behauptung halten, daß unsere Seele auf der Suche nach ihrem Ursprung, Gott, viele Leben durcheilt und unser jetziges Leben von unseren Taten aus vergangenen Inkarnationen geprägt sei? Ist sie mehr als eine Rechtfertigung des indischen Kastensystems?

Einige von ihnen beanspruchen die Fähigkeit, Einblick in die Geschehnisse vergangener Leben zu haben und in das, was uns zukünftig erwartet. Wenn den meisten von uns schon Psychotherapeuten unheimlich sind, die in uns Motive, Wünsche, Sehnsüchte zu entdekken behaupten, von denen wir selber nichts ahnen, um wieviel unheimlicher müssen uns da Gurus sein.

Das innere Dreigespann: Jivatman, Ahamkara und Buddhi

Gegen einige dieser Unheimlichkeiten fühle ich mich gewappnet: Ich habe in der Therapeutenszene gelernt, mich nur auf das zu verlassen, was ich mit eigenen Augen, Ohren und Händen prüfte. Ich habe keine Angst vor Abhängigkeiten, denn einen Teil solcher kindlichen Bedürfnisse habe ich mit meiner psychoanalytischen »Mutter« wiedererlebt — und ich bin ihr nicht verfallen. Ich traue dem Scharfblick meines analytischen Bewußtseins zu, Hingabe von Hörigkeit, Echtheit von Falschheit, weiße von schwarzer Magie zu unterscheiden. Ich verlasse mich auf die Erfahrung, daß mein Widerstand im Feld der Liebe nicht bestehen kann, sich von alleine in Kraft und Zuversicht wandelt, ohne daß ich ihn verheimlichen, verdrängen, verleugnen muß.

Doch lehrt die Erfahrung auch, daß dieser Prozeß schmerzhaft sein kann, daß Brocken vom Boden des Unbewußten aufgewühlt und an die Oberfläche gespült werden, vor denen ich lieber die Augen verschließe. Und sie zeigt, daß die Geschehnisse sich nicht nach meinem Planen und Wollen vollziehen, sondern daß ich für das Unerwartete offen und bereit sein muß.

Jivatman, Ahamkara und *Buddhi,* die drei Teile in mir, die Magdalena in ihrer Lesung so bildhaft gestaltet hat, sehen diesem Ereignis mit unterschiedlichen Gefühlen und Erwartungen entgegen.

Jivatman ist die Quelle des inneren Wissens, der unfaßbare Kern unserer Persönlichkeit, die immaterielle Substanz, mit der wir in dieses Leben treten: Jivatman weiß sich eins mit der größeren Kraft, die unser Leben steuert. Es lebt im Hier und Jetzt, im Moment des Seins, ohne eigenen Willen, eigene Pläne. Jivatman, das so lange hin-

ter der Mauer verborgen war, sieht seine Chance, die Wüste zu verlassen und Gefährten zu finden. Um den Kampf mit Ahamkara, dem
Bauherrn der Mauer, siegreich zu bestehen, braucht es Unterstützung von der Kraft, von der es selber ein Teil ist: dem kosmischen
Bewußtsein.

Ahamkara, das soziale Selbst, der Teil der Psyche, der all die Bilder
und Vorstellungen in sich vereint, die uns unsere Umwelt über uns
vermittelt hat, das über all die Strategien verfügt, mit denen wir den
Schmerzen der Entsagungen und Enttäuschungen zu entgehen suchen: Ahamkara fühlt sich im Kern bedroht. Ahamkara liebt die
Vergangenheit und die Zukunft, heftet sich an das Gewesene, plant
das Morgen. Das Unerwartete ist ihm ein Greuel. Zu groß ist die Gefahr, daß die gefügten Bilder, die es im Widerstreit zwischen den Bedürfnissen und den Anforderungen der Umwelt von klein auf geformt hat, durcheinander geraten. Zu groß ist die Angst, daß Brok-
ken vom Unbewußten nach oben gespült werden und das prekäre
Gleichgewicht stören könnten, das Ahamkara selbstgefällig als die
individuelle Persönlichkeit der Umwelt präsentiert. Die zersetzende
Kraft des Bewußtseins, Buddhi, ruft das Schreckgespenst hervor, daß
die Fassade zusammenbricht und Ahamkara zerstört wird.

Buddhi, das analytische Bewußtsein, die intuitive Intelligenz, der
unbeteiligte Zeuge, sieht den Ereignissen mit gelassener Erwartung
entgegen. Buddhi hat nichts zu befürchten, nichts zu verlieren,
nichts zu gewinnen.

Es steht Jivatman näher als Ahamkara. Es ist Sprachrohr, durch
das Jivatman sich Gehör verschaffen kann. Es verbindet das intuitive
Wissen, das aus dem Einssein mit dem universalen Bewußtsein
stammt, mit der logischen Fähigkeit des Denkens, die die Brücke zur
rationalen Verständigung mit der Welt schlägt.

Buddhi ist frei von allen Gefühlen, die Ahamkara speisen, so daß
es wie ein neutraler Beobachter Situationen analysieren und auswer-
ten kann. Diese Freiheit allerdings mußte es sich durch das Ablösen
vom Ahamkara erst erkämpfen. Dieses Ablösen begann mit der Entwicklung der Fähigkeit, sich von den Gefühlen zu distanzieren —
nicht im Sinne ihres Wegschiebens, »Vergessens« oder Abspaltens,
sondern im Sinne eines gut trainierten Beobachters, der ein zufälliges

Geschehen wahrnimmt, aufzeichnet und auswertet, ein Geschehen, mit dem keine eigenen Interessen verbunden sind.

Die Suche nach dem Märchenprinzen

Peter reißt mich aus meinen Gedanken, bringt mich in seine ästhetisch gestaltete Komposition aus kühlem Glas, Vinyl, Leder und wärmendem Holz zurück.

»Um dir ein Urteil über Baba zu bilden, mußt du ihn selbst erleben. Für jeden bedeutet er etwas anderes.«

»Das habe ich auch gerade überlegt. Was hat er denn für dich bedeutet?«

»Das Wichtigste an meinem Aufenthalt bei ihm war die Begegnung mit meiner zukünftigen Frau. Plötzlich war mir klar, daß ich in meinem nächsten ›Beruf‹ Hausvater sein werde. Und als Marianne aus dem Interview kam, ganz erbost über die Bemerkung, daß sie Hausfrau und Mutter sein werde, statt Karriere zu machen, wußte ich, daß sie meine Frau sein wird. Denn was kann es Besseres geben, als wenn der liebe Gott mir meine Frau aussucht.«

Ich horche auf. Er spricht meine tiefsten Sehnsüchte an: in meinem nächsten Lebensabschnitt Hausfrau und Mutter zu sein.

»Hast du ihn gefragt?«

»Nein, so etwas spürt man im Herzen.«

»So? Und woher weißt du, daß dies alles kein Produkt deiner Phantasie ist statt Gottes Wille?« Ich kann mich der Bemerkung nicht enthalten. All die Märchenprinzen, von denen ich meinte, sie seien die Auserwählten und Vorhergesagten, hatten sich bei näherem Hinsehen als Frösche erwiesen. Warum sollte es ihm besser ergehen?

Peter spürt meinen abwertenden Neid. Er »rächt« sich mit dem Wissen um meine intimsten Wünsche.

»Du willst Hausfrau und Mutter werden? Dazu bist du viel zu alt, und außerdem wäre das bei deinem Wissen und Können die reinste Verschwendung.«

»Wieso zu alt?« frage ich erbost. »So lebendig und gesund wie heute war ich in meinen Zwanzigern nicht. Und was meine sozialen Pflichten anbelangt, so habe ich in meinem Leben bisher so viel gearbeitet wie andere Leute bis zu ihrer Pensionierung.«

»Kannst du dir vorstellen, Mutter zu sein?« hakt er nach.

»Nicht in einer Zweieinhalb-Zimmer-Wohnung, wo ich zum Mittagessen Sauerkraut und Eisbein koche und abends auf die Rückkehr des Mannes warte. Aber im Rahmen einer größeren Gemeinschaft, in der wir gemeinsam an einer besseren Zukunft arbeiten, in die die Kinder hineinwachsen, kann ich mir das vorstellen.«

Wir scheiden in Unstimmigkeit. Ich habe den Zweifel in sein Herz gepflanzt, er mir die Hoffnung.

»Suchst du immer noch nach deinem Phantomgefährten?« fragt mich eine Freundin, die weiß, daß ich zu Sai Baba fahre.

»Vielleicht ist er ein Phantom. Vielleicht ist er nur das Lockmittel, damit ich alle Anstrengungen unternehme, um mich aus den Fallstricken zu befreien, die mich an solch einer Beziehung hindern. Aber dann habe ich eine andere Aufgabe in dieser Welt zu tun, die mich erfüllen wird. Auch dafür bin ich offen.«

»Weißt du«, sagt meine Freundin schwärmerisch. »Ich habe von einem Therapeuten in den USA gehört, der auf einem Fest eine Frau traf, sie ansah und fragte: ›Wo warst du die vergangenen fünfhundert Jahre?‹ ›Im Training‹, lächelte sie. Und seitdem leben sie glücklich auf einer Insel.«

»Ein modernes Märchen, was?« lache ich. »Aber vielleicht gibt es ja wirklich den einen, den wir suchen, und weil wir uns selber nicht glauben, weil wir der Liebe nicht glauben, gehen wir die faulen Kompromisse ein, nicht aus Überzeugung, sondern aus fehlendem Mut. Und vielleicht war mein einziger Fehler der, daß ich ihn am falschen Ort gesucht habe, da, wo er nicht zu finden ist.«

»Aber du hast ihn doch überall gesucht.«

»In den weltlichen Zentren: in New York, in Rom. Doch wenn ich ihn selbst dort nicht finden kann, muß Baba wissen, wo er steckt, wenn er Gott ist, und mich mit ihm in seinem Aschram zusammenbringen, im geistigen Zentrum der Welt, wenn ich ihn im weltlichen schon nicht finden kann.«

Das Spiel der Transformation

Meine Wohnung ist gekündigt, der Haushalt ist aufgelöst. Ich bin frei von meinen bisherigen Verpflichtungen. Drei Monate bleiben bis zu meiner Abreise nach Indien. Zwei davon verbringe ich in Findhorn, um meinen Dank für die Hilfe abzustatten, die mir bei der schweren Entscheidung zuteil wurde, meinen bisherigen Lebensbereich aufzugeben. »Zufällig« wird mir für die Dauer meines Aufenthalts ein Wohnwagen zugewiesen, den seine Inhaberin mit vielen Kleinigkeiten aus Indien und mit Bildern von Sai Baba ausgestattet hat. Schon der erste Anblick ruft Ahamkaras heftigen Widerstand hervor. Dieser Teil in mir, das soziale Selbst, hat sich mit der Auflösung meiner bisherigen Lebensform noch nicht abgefunden. Ich hänge die Bilder ab, bis auf eines im Schlafzimmer: ein Blick von ihm, der mich begleitet, wo immer ich liege, sitze, stehe.

Ich habe mich für das »Spiel der Transformation« angemeldet, das zwei Mitglieder der Findhorn-Gemeinschaft in meditativer Einstimmung auf die kosmische Kraft, auf Gott, entwickelten. Es soll den Teilnehmern helfen, den eigenen Lebensmustern auf die Spur zu kommen, den tieferen Sinn des Lebens zu finden.

Ein Tag vor Spielbeginn liege ich auf meinem Bett, erschöpft und verzweifelt über die soundsovielte Wiederholung . . . Gerade bin ich dem Tanzlokal entflohen und schaue vom Bett aus auf Baba.

»Soll ich bis an mein Lebensende auf der Wippe sitzenbleiben? Reicht es nicht? Muß ich da noch mal durch?«

Die Frage verblüfft mich selber, war ich doch bislang davon ausgegangen, daß wir unsere ungelösten Situationen so lange neu durchleben müssen, bis wir *in* der Situation zu anderem Handeln fähig sind. Das Verlassen des Handlungsfelds hatte ich bislang als Niederlage erlebt. Zum erstenmal kommt mir der Gedanke, daß der Schlüssel darin liegen könne, meine Energien von den Bedürfnissen und Sehnsüchten abzuziehen, die diesen Film einschalten. Keine Flucht, sondern eine bewußte Entscheidung: Verzicht. Ich frage den Blick: »Reicht es? Ist dies die Lösung?« und falle in Schlaf. Eine Stunde später erwache ich mit einer klaren Antwort. »Es reicht.« Der Verzicht ist der Schlüssel. Getröstet rolle ich mich unter der Bettdecke zusammen. Das war's. Ich kehre nicht zum Schauplatz des Geschehens zurück.

Während der einwöchigen Spielphase löst sich das Bild jeden Abend in seinem oberen Teil von der Wand, kommt mir auf halbem Weg entgegen. Mit trotziger Verwunderung kämpfe ich gegen dieses Phänomen an. Die Klebebänder nützen nichts. Jeden Abend beugt sich das Bild erneut nach vorne. Überrascht stelle ich fest, daß die Fragen, die ich während des ganzen Spielverlaufs vor dem Einschlafen an dieses Bild richte, am nächsten Morgen beantwortet sind.

Wahlzettel haben unsere kleine Gruppe zusammengefügt: fünf Teilnehmer, zwei Spielleiter. Gemeinsam erarbeiten wir die Ziele, die jeder in diesem Spiel erreichen will. Ich widme es Jivatman, dem kleinen Mädchen, das so lange hinter der Mauer eingeschlossen war, das Licht und Raum braucht, um zu wachsen.

Ein Engel begleitet jeden Mitspieler. Wir haben ihn aus einem Paket von 54 Qualitäten, den »Engelkarten«, gezogen, die im Rahmen dieses Spiels entwickelt wurden. Ich halte den Engel des Gehorsams in der Hand, der sofort Ahamkaras wütenden Protest hervorruft. Nicht nur, daß Ahamkara solchen Wesen sowieso mißtraut — daß sie auch noch Gehorsam fordern, das ist zuviel. Zwei Tage dauert der Kampf zwischen ihm und Jivatman. Dann entdecke ich, daß diese imaginäre Gestalt vor meinem »dritten Auge« — meinem spirituellen Auge — auftaucht, wenn ich mich darauf konzentriere, und mir Ratschläge erteilt, wenn ich Jivatman frage. Seine Eingebungen scheinen von höherer Weisheit zu sein als die Ahamkaras, da der Spielverlauf sie unmittelbar bestätigt.

Ich liege auf dem Boden in Drumduan, einem der Gebäude, in denen die Findhorn-Gemeinschaft lebt. Die Gruppe kniet um mich herum, massiert mit ihren Händen sanft die Stellen im Rücken, in denen sich der vertraute Schmerz festgefressen hat, seit ich während des Spiels in den Bereich der Liebe aufgestiegen bin.

Ich lasse dem Schmerz freien Lauf. Das tiefe Schluchzen löst den Block im Hals, den Schmerz im Rücken. Nur noch ein Punkt hält. Ich leite ihre Hände dorthin. Zu meiner Verwunderung verdichtet sich der Engel, der mich in dieser Woche begleitet, zu einer physischen Form, gesichtslos, aber mit zwei Flügeln. Er kommt näher zu mir heran, öffnet ein Tor, wirft eine silberne Lichtstraße herunter zu mir und lädt mich mit einer Handbewegung ein, das Tor zu durchschreiten. Zögernd stehe ich an der Schwelle. Als ich sie hinter mir lasse, falle ich ins Licht, Myriaden von Licht. Mein Körper bebt unter den Händen vor Lachen. Ich taumle durch Lichtfelder.

Ein Bild meiner frühen Jugend taucht auf. In verzweifelter Not über einen ausweglos scheinenden Konflikt in meiner Familie rufe ich Gott um Hilfe an. Eine Explosion von Licht hüllt meinen Kopf ein. Der darin liegende Trost mischt sich mit unheilvoller Angst, den Verstand zu verlieren. Das Licht, durch das ich nun taumle, ist in seiner Kraft ungleich stärker, doch haben zwanzig Jahre an Erfahrungen die Unterscheidungsfähigkeit geprägt, die mit der Intensität dieser neuen Erfahrung umgehen kann.

In der Mittagspause ziehe ich mich in den Meditationsraum zurück. Er ist mit Engeln übervölkert. Mein Engel des Gehorsams sitzt neben mir, hält mich im Arm. Ich spüre seine Gegenwart fast physisch und doch nicht materiell. Aus meinem dritten Auge strömen Lichtstraßen, unaufhörlich, eine nach der anderen.

»Auf diesen Straßen kannst du durch Raum und Zeit gleiten«, ruft Jivatman fröhlich. »Trau dich doch!«

»Hör auf mit diesen Spielereien!« warnt Ahamkara. »Das ist verrückt, das sind Halluzinationen.«

»Wenn dies eine andere Ebene der Wirklichkeit ist«, entscheidet Buddhi, »so genügt dieser Blick. Die Zeit für solche Experimente ist nicht reif.«

Widerstrebend verläßt Jivatman seinen Spielplatz.

Ich schwanke, ob ich in den siebten Bereich, den Bereich der Erleuchtung aufsteigen soll.

»Dies kann nicht dein freier Wille entscheiden«, klärt mich die Spielleiterin auf, »darüber bestimmen die kosmischen Kräfte selber, die im Spiel wirken.«

Während des Nachmittags steige ich zum siebten Bereich auf, neugierig und widerstrebend. Als die Spielleiterin die Beschreibung »Dienst an der ganzen Menschheit« vorliest, weiß ich, daß ich fehl am Platze bin. Ich habe meinen Frieden mit meinen bisherigen therapeutischen und lehrenden Tätigkeiten noch nicht gemacht. Zu hoch scheint mir der Preis, den ich für meinen Dienst am Nächsten bezahlt habe: die Selbstaufgabe. Aus einem Stapel weißer Karten ziehe ich eine »göttliche Rückkopplung«. Mein Unbehagen ist berechtigt. Ich bin abgewichen vom eigenen Pfad.

In meinen Wohnwagen zurückgekehrt betrachte ich Babas Bild, frage, ob die Erfahrungen des Nachmittags Ausdruck einer anderen Wirklichkeit oder ein psychologischer Effekt waren. Ich erwache in eine andere Realität hinein. »Du gehörst in den physischen Bereich. Deine Aufgaben sind hier nicht erfüllt«, sagt Jivatman.

»Und die Engel und das Licht?«

»Sie gehören einer anderen Wirklichkeit an. Aber es ist zu früh dafür.«

Im Meditationsraum prüfe ich, ob ich weiterhin Licht sehe, wenn ich mich auf das dritte Auge konzentriere. Ich sehe einen Schimmer, doch hat er deutlich eine andere Qualität, ist eine Visualisierung, kein Lichtfeld. Körperlich spüre ich die verschlossene Tür zwischen den Augenbrauen. Erst jetzt im Unterschied realisiere ich, daß ich seit fünf Tagen, seit Beginn des Spiels, von Lichtfeldern umschlossen war, jenem Licht, dessen Existenz ich bei meinen Aufenthalten in Findhorn angezweifelt, für Ausflüsse der Visualisierungskraft der Menschen dort gehalten habe, einen psychologischen Effekt, keine andere Wirklichkeit.

Die Erfahrung überrascht mich. Bisher hielt ich die Aussagen über andere Wesen, wie sie uns im Märchen begegnen, für Projektionen unserer Innenwelt, für Strebungen, Tendenzen, Teile, die wir in uns tragen und nach außen wenden, indem wir ihnen körperliche Gestalt verleihen. Auf diesem Verständnis baut sich ein eigener Zweig der Psychoanalyse auf, die Märchenkunde. Sollte es wahr sein, daß diese Wesenheiten unabhängig von unserer Phantasie existierten und eigenständige Leben führten? Bleiben sie uns verborgen, weil sie nicht dem physischen, sondern nur dem spirituellen, dem dritten Auge zugänglich sind? Gab es wirklich Wesen, die zwar über einen Lichtkörper, aber keinen materiellen Körper verfügten? War es möglich, daß ganze Welten von Wirklichkeiten bestanden, die sich unserem Bewußtsein verschließen, weil wir nur erkennen können, was wir für möglich halten? Und können wir sie nicht erkennen, weil uns Disziplin, Ausdauer und Technik fehlen, um diese Welten zu erforschen? Wenn das so war, welche Abenteuer standen mir dann noch bevor? Was würde mich in Indien erwarten, dem traditionellen Heimatland derer, die sich diesem Abenteuer über Jahrtausende widmeten? Und was würde mich bei Sai Baba erwarten, der von sich sagt, daß er der Herr über all diese Welten sei?

Während mir die Fragen durch den Sinn gehen, prüfe ich, ob ich weiterhin den Engel des Gehorsams sehen kann, wenn ich mich auf das dritte Auge konzentriere. Seit dem Ende des Transformationsspiels hat er sich in weite Ferne zurückgezogen. Die Leichtigkeit des Zugangs, die mir in der hochkonzentrierten Energie des Spiels vergönnt war, verliert sich in der Geschäftigkeit des Alltags. Doch hat er mir eine Ahnung davon vermittelt, wie ich den Zugang zu meinem höheren Selbst finden kann.

Abschied

Bevor ich nach Indien aufbreche, kehre ich in das Haus meiner Eltern zurück, das ich vor 22 Jahren verlassen habe. Unsere Leben folgen anderen Gesetzmäßigkeiten. Meine zahlreichen Reisen, mein unruhiges Dasein sind meinen Eltern unverständlich, liegt für sie doch das höchste Gut in der ruhigen Sicherheit und Unabhängigkeit einer Beamtung auf Lebenszeit und einem Häuschen im Grünen. Zwei Weltkriege, Vertreibung, Flucht, Neubeginn haben ihr Weltbild geprägt. Sie können sich mit meiner Entscheidung, die Lebensposition als Professorin an einer Fachhochschule aufzugeben, nicht abfinden.

»Wie kann man mit vierzig so etwas tun? Da muß man doch an seine Zukunft denken!« Kopfschüttelnd steht meine Mutter vor mir.

»Darum«, sage ich, »weil ich an meine Zukunft denke, gebe ich dieses Leben hier auf. Und so ungewöhnlich ist es nicht. Du warst fast in meinem Alter, als du hier nach dem Krieg neu anfingst.«

»Ich hatte keine andere Wahl.«

»Damals nicht, aber als du sie hattest, hast du sie genutzt.«

Sie war Mitte fünfzig, erschöpft und kränkelnd, als wir drei Kin-

der erwachsen genug waren, unseren eigenen Weg zu gehen. Statt
sich dem zunehmenden Rheuma zu überlassen, nutzte sie die frei-
werdende Zeit, um eigene Interessen zu entwickeln und zu verfolgen. Als sie erkannte, daß Schwimmen das rheumatische Leiden ver-
ringerte, absolvierte sie den »Frei-« und den »Fahrtenschwimmer«.
Sie entfaltete ihre Talente für kleine Shows auf den Bühnen südlicher
Ferienorte, in denen sie zusammen mit meinem Vater der Winterkälte entfloh. Sie bauten sich einen eigenen Bekanntenkreis auf, ent-
deckten sich als Frau und Mann wieder, nachdem sie sich so lange
nur als Mutter und Vater gesehen hatten.

»Ihr lebt euer Leben, ich lebe meins«, sage ich zu meiner Mutter.

Ich bewundere ihre Fähigkeit, sich in hohem Alter weiterzuent-
wickeln, ihr Leben zu gestalten und zu genießen. Und so unterschiedlich unsere Leben im äußeren sind, in der Art zu leben stehen
wir uns in nichts nach. Wir kämpfen mit gleicher Stärke und Beharr-
lichkeit für das, was uns wichtig ist. Wir lassen uns durch Rückschlä-
ge nicht entmutigen. Unnachgiebig verteidigen wir unseren Weg.
Mutter und Tochter, hierin gleich, nur unsere Wege sind verschieden. Und dies zu akzeptieren fällt ihr schwer, heißt es doch, daß unsere Wege sich trennen.

Vier Wochen voller Vorwürfe und Anklagen, vier Wochen der
Annäherung, Versuche der Verständigung liegen hinter uns. Der
Abschied rückt näher. Der Zeitpunkt meiner Rückkehr ist ungewiß.
Ich suche nach einer Möglichkeit, ihr den Dank für das Leben zu er-
statten, das sie mir gab, ihr die Liebe des kleinen Mädchens zu zei-
gen, das sich so lange hinter der Mauer verborgen hat.

Ich finde ein Herz aus Papier mit zwei Haupt- und Nebenkam-
mern, beschrifte sie mit den Qualitäten, die ihre Mitgift für mich waren: die Neugier, die Freude, die Stärke, der Mut zum Leben. Das
Herz öffnet unsere Herzen füreinander, die sich im Kampfe der vergangenen Wochen verschlossen haben. Sie holt ein Herz hervor, das
ich ihr mit acht Jahren zum Muttertag schenkte. Ich verberge meine
Überraschung. An dieses Herz erinnere ich mich nicht. Die Seiten
des Familienromans, den ich während der Therapiesitzungen geschrieben habe, sind mit Szenen des Kampfes und der Härte gefüllt.
Sie zeugen von den Versuchen, meine Eigenständigkeit gegen ihre

mütterliche Sorge um mein körperliches Wohlergehen zu behaupten, in der sich ihre Liebe für mich von klein auf niederschlug und die meinen Hunger danach, als die gesehen und akzeptiert zu werden, die ich bin, nicht stillen konnte.

Eine alltägliche Geschichte in der Geschichte von Müttern und Töchtern, mit der ich mich seit zwei Jahrzehnten auseinandersetze. Haben wir in den vier Wochen unseres Zusammenlebens nur die alten Bilder neu belebt? Ist es unmöglich, einander als die zwei Frauen zu begegnen, die wir heute geworden sind?

Wir umarmen einander. Wir haben einander erreicht. Ich bin dankbar, daß wir den Familienroman schließen können und uns in dem finden, was uns verbindet: die Liebe füreinander.

Zweites Kapitel
Leben im Aschram

Kommt nach Praschanti Nilajam.
Folgt der Disziplin und prüft selbst.
Bewegt euch mit mir
und erfahrt mich in der Gemeinschaft.
Hört mir zu, beobachtet mich,
und dann zieht eure Schlüsse daraus.
Taucht ein und lernt die Tiefe kennen.
Eßt und lernt den Geschmack kennen.
Geduldige und ernsthafte Disziplin
und geistige Übung sind notwendig,
um Gott kennenzulernen.
Wenn der Funke des Glaubens
in ein hoch aufschießendes Feuer wachsen soll,
muß er sorgfältig gehandhabt werden.

Niemand kann nach Puttaparthi kommen,
ohne daß ich ihn rufe.
Ich rufe die, die bereit sind, mich zu sehen.
Natürlich gibt es
unterschiedliche Ebenen der Bereitschaft.

Ein Ankunftsgeschenk Babas

Bombay. Über Nacht hat mich das Flugzeug von der milden Wärme eines vergehenden deutschen Spätsommertags in die stickige Sonnenglut indischer Tropenzonen versetzt. Die Hitze betäubt mich. Für die kurze Zeit des Zwischenaufenthalts suche ich Zuflucht in einem klimatisierten Luxushotel.

»Die Maschine nach Bangalore?«

Der einzige Reisende in dem Bus, der mich die kurze Strecke vom Hotel zum Flughafen zurückbringen soll, sieht mich fragend an. Ich nicke.

»Sai-Baba-Anhängerin?«

Mit erwachendem Interesse betrachte ich den Mann. Dunkel heben sich seine Augen von der durchscheinenden Blässe des ebenmäßigen Gesichts ab. Ein geheimnisvolles Lächeln spielt um seine vollen Lippen. Erinnerungen an eine längst vergangene Liebe auf dem nun verlassenen Kontinent steigen auf.

»Keine Anhängerin. Aber ich fahre dorthin.« Ich lächle zurück.

»Ich kenne ein gutes Hotel in Bangalore, in dem viele Anhänger absteigen. Während der ersten Hälfte dieses Jahres, als ich bei ihm war, habe ich dort selber oft gewohnt.«

Er spricht von dem Hotel, das ich von Deutschland aus gebucht habe. Verwundert schweige ich. Mein tiefer Wunsch war es gewesen, von Bombay aus eine Reisebegleitung zu haben, die ersten Schritte auf fremdem Boden nicht alleine wagen zu müssen.

»Ein Geschenk von Sai Baba«, wispert Jivatman.

»Na, so schnell habe ich mit dem Gefährten gar nicht gerechnet«, murmle ich.

»Hast du noch nicht genug von solchen Männern?« warnt Buddhi.

»Er ist Reisebegleitung, mehr nicht«, sage ich.

Wir finden im Flugzeug zwei Plätze nebeneinander. Wir schweigen, erschöpft von der langen Reise — ich aus Deutschland, er aus Australien —, doch froh, Gesellschaft zu haben bei der Ankunft im fremden Land.

Bangalore. Das Taxi schüttelt uns durch die Dunkelheit zu unserem Hotel. In der Abgeschiedenheit eines üppigen Gartens, der die

Luft erfüllt mit dem süßlich-schweren Duft gelber und weißer Jasminblüten, mit den Palmen vor dem Haus, dem dunkelhäutigen Diener, der unser Gepäck in die Eingangshalle trägt, ruft es Kinobilder wach an den gediegenen Wohlstand englischer Kolonialherrschaft. Der Besitzer empfängt uns. Seine Statur, seine Kleidung erinnern an GANDHI. Er gibt mir ein Zimmer mit »Bad«: einer Wasserleitung, einem Eimer, einer Kelle. Ein Ventilator an der Decke fächelt Luft in den Raum. Putz bröckelt von den Wänden. Verblichener Glanz der Kolonialzeit. Ein Bett mit hohem Gestell, auf das ein Moskitonetz geschlagen ist, lädt zur Ruhe ein.

Erschöpft von der Reise ziehe ich mich unter das Moskitonetz zurück. Mit leichten Handbewegungen dirigiert Michael am nächsten Morgen den Rikschafahrer zum Einkaufszentrum: zur »Commercial Street«. Ich will mich mit einem Beinkleid, einem *Punjabi*, ausstatten, der den Kleidervorschriften des Aschrams genügt. Gebannt starre ich auf die bunte Vielfalt naturwüchsigen Lebens, die sich meinem Blick eröffnet, lausche dem Wirrwarr der Töne, die an mein Ohr dringen: Hupkonzerte, knatternde Motoren, Benzingestank; Autos, Motorrikschas, Ochsenkarren in unüberschaubarem Durcheinander; Männer, die Körbe mit Gemüse und Strohmatten auf den Köpfen tragen; Frauen in geradem stolzem Gang; enge Straßen mit kleinen aneinandergeschmiegten Läden, vertraute Bilder in all der Fremdheit, Bilder des Südens. Die ungebrochene Kraft scheint eigenen Gesetzmäßigkeiten zu folgen, die sich dem äußeren Blick verweigern.

Zugleich erfüllt mich die Fahrt durch dieses ungewohnte Gemisch von Bildern, Gerüchen und Geräuschen mit Unbehagen. In wehrlosem Protest folgt der Fahrer Michaels Gesten, dessen Mienen- und Gebärdenspiel den Sohn aus gutem Hause verraten, gewohnt, die Dienerschaft in Bewegung zu halten. In dem khakifarbenen Hemd, das die leicht nach vorn gezogenen Schultern bedeckt, und der elegant geschnittenen Hose könnte er einem Film über die Kolonialzeit entstammen. An seiner Seite werde ich Teil eines Geschehens, das auf der Bühne der Ausnutzung östlicher Ressourcen für westliche Handelsinteressen gedreht wurde. Zweifellos: Ich bin nicht im Süden Europas. Ich bin in Indien. Ich bin in einem ehemaligen Kolonialland. Die Spuren der Kolonialherrschaft sind unverkennbar.

Lila, das göttliche Spiel

Im dämmerigen Salon unseres Hotels spielen wir »Lila«, das göttliche Spiel, ein Spiel der Selbsterkenntnis und des Wissens, das Jogis vor Tausenden von Jahren entwickelt haben. Ein Würfel führt den Spieler über den Lebenspfad, über 64 Felder, die in Achterreihen und Achterspalten angeordnet und über Pfeile und Schlangen miteinander verbunden sind. Pfeile lassen uns als Belohnung für gute Taten und Einsichten nach oben rücken, Schlangen geben uns zu verstehen, daß wir den Verführungen dieser Welt erlegen sind. Von daher müssen wir weiter unten neu beginnen und diese Situation noch einmal durchleben.

Zu meinem Vergnügen entdecke ich, daß sich hinter den Erläuterungen zu den Feldern eine geschickt aufgebaute Einführung in die Begriffe und das Denken der hinduistischen Philosophie verbirgt, eine geistige Vorbereitung auf Babas Aschram. Die Abkehr, die Ablösung von den animalischen Instinkten, von den primitiven Gefühlen, wie Habgier, Neid und Mißgunst, die auf den unteren Feldern angesiedelt sind, führt den Menschen aufwärts, hin zu den oberen Feldern der Mitmenschlichkeit, Liebe und Redlichkeit, zu innerem Frieden, Bewußtheit und Glückseligkeit. Doch hindert ihn seine Bindung an die Versprechungen sinnlicher Freuden, diese Bereiche zu erkennen und zu erstreben. So bleibt er in seinem Leben oft den Fragen verhaftet, die um das Überleben, um Aggression und Sexualität und um persönliche Anerkennung im gesellschaftlichen Rahmen kreisen, statt zu seiner wahren Natur, dem göttlichen Kern in sich selber, zu finden. Wir schreiten so lange vergeblich dieselben Pfade ab, bis wir die darin liegende Botschaft begriffen haben und uns abwenden von den Verlockungen der trügerischen Welt, von *Maja*. Das Spiel, so meinten die Jogis, helfe dem Menschen zu erkennen, welche Tendenzen sein Leben bestimmen.

Gebannt verfolge ich das Spiel der Würfel, das Auf und Ab auf dem Lebenspfad, vertiefe mich in die Erläuterungen zu den Feldern, sinne den Zusammenhängen nach, die der Herausgeber des Spiels zwischen den Bereichen menschlichen Seins herstellt. Psychotherapie östlichen Stils, spielerisch und voll tiefgründiger Weisheit.

Michael findet meinen Zugang zu diesem Spiel abwegig. Er spielt »Mensch ärgere dich nicht«, freut sich, wenn ein Pfeil ihn nach oben trägt, mich eine Schlange zurückversetzt, ärgert sich, wenn ihn das Schicksal der Schlange ereilt, ich nach oben rücke.

»Es kommt darauf an, wer von uns als erster im Feld der Erleuchtung ist«, sagt er, »und du wirst sehen, der Bessere setzt sich durch . . .«

»Es geht nicht um Gewinn. Es geht um Erkenntnis«, protestierte ich. »In diesem Spiel gibt es keinen Gewinn oder Verlust, sondern nur Wissen oder Täuschung.«

Fasziniert beobachte ich, wie in diesem Spiel dieselben kosmischen Kräfte am Werk scheinen wie im »Spiel der Transformation« in Findhorn. Spricht Michael vom Neid, der allen Frauen eigen sei, landet er auf dem entsprechenden Feld, spricht er davon, daß er das Rennen auf den 64 Feldern gewinnen werde, versetzt ihn die Schlange auf das Feld der Habgier zurück.

Die Fassade unseres Glücks zu zweit bekommt Risse. Ich entdecke neue Seiten an ihm. Zynische Ironie verbirgt eine verletzliche Sensibilität unter dem Gewand gelangweilter Intelligenz. Neidische Boshaftigkeit flackert auf, wie eine Flamme hinter einer gut getarnten Leinwand, die unerwartet Schatten wirft. Das schöne jünglingshafte Gesicht mit dem geheimnisvollen Lächeln, das mich zu Beginn unserer Begegnung in seinen Bann schlug, verliert seine Anziehung. Ich verabschiede mich frostig.

»Na, wenn sich dein Baba-Geschenk mal nicht als trojanisches Pferd entpuppt«, sagt Ahamkara zu Jivatman.

»Vielleicht . . .«, sagt Jivatman.

»Nur keine Sorge. Ich bin wachsam«, sagt Buddhi.

Ankunft im Aschram

Nach heftigen Regenfällen bricht ein schwüler Tag an. Ein Taxi soll uns zum 180 Kilometer entfernten Aschram nach Puttaparthi bringen. Mit wildem Gehupe überholt der Fahrer vollbeladene Busse und Ochsenkarren. Schon bald weicht das emsige Treiben der lauten

Stadt der gemächlichen Gangart des weiten Landes, durch das unser Weg führt. Die Regenfälle der vergangenen zwei Monate haben das verdurstete Land nach fünf Jahren Trockenheit mit frischem Grün gesegnet. Braune Seen, die das Gras hie und dort unter Wasser setzen, zeugen von den sturzbachartigen Regenfälllen der vergangenen Nacht. An den ungepflasterten Passagen ist die Straße aufgeweicht. Vorsichtig kurvt unser Fahrer um tiefe Schlaglöcher herum, zieht den Wagen durch den Schlamm, vorbei an einem Lastwagen, der im Morast steckengeblieben ist. Im stillen beten wir, daß wir nicht ebenfalls steckenbleiben. In dieser schwülen Hitze ist jede Handlung, jeder Schritt eine Aufgabe.

Streunende Hunde kündigen Dörfer an, die vereinzelt am Weg liegen. Wir halten an einem Teestand. Der Besitzer reicht uns den stark gebrauten süßen Massalatee in den Wagen. Das duftende Getränk schmeckt nach Kardamom. An den Fenstern des Taxis hängen rotznäsige und aufgeweckte Kindergesichter. »Kugelschreiber, Kugelschreiber!« bestürmen uns ihre Stimmen. Jüngere Mädchen, selber kaum sechs, sieben Jahre alt, halten ihre kleinen Geschwister auf dem Arm. Puppen sind hier überflüssig. Die Kinder recken ihre Hände durch die geöffneten Fenster: »Rupien, Peisas!« »Kein Geld, keine Kugelschreiber«, sagt Michael freundlich. Ich bewundere seine Gelassenheit. Die Stimmen bedrängen mich. Ich schließe die Fenster. Unser Fahrer verscheucht die Kinder. Sie haben Routine. An diesem Teestand halten viele Taxis auf dem Weg nach Puttaparthi.

Wir fahren weiter. Das Land wird hügeliger. Wir passieren einen blaubeigerosa Torbogen, der unvermittelt in die Landschaft hineingesetzt ist.

»Ah, Babas erster Gruß. Wir nähern uns dem Aschram.« Michael, der vor sich hingedöst hat, erwacht. Sein Gesicht hellt sich auf. »Jetzt sind es nur noch ein paar Kilometer.«

Schon bald taucht ein zweiter, gleich aussehender Torbogen auf. Er gibt den Blick auf eine üppige Vegetation frei, die in auffallendem Gegensatz zum einfachen Grün der Felder steht. Palmen und Sträucher mit roten und weißen Blütenbüscheln fesseln den Blick, lassen die gestaltende Hand des Gärtners erkennen. Inmitten der Parkanlagen verharren weitausladende Gebäude in erhabener Würde, verziert mit Reliefs, Säulen und Kuppeln. Ihr blaubeigerosa Gewand verrät ihre Zugehörigkeit zu Babas Reich. »Babas Schulen und die Universität«, erklärt Michael. Ehe ich sie näher in Augenschein nehmen kann, fällt der Blick auf zahlreiche kleine, geduckte Läden, deren Inneres mit Plastikplanen und Strohmatten vor der eindringenden Mittagshitze geschützt ist. Halb drei Uhr nachmittags. Ein dritter Torbogen, einer Pyramide ähnlich, ein flüchtiger Blick auf den *Mandir*, den großen Tempel, und wir biegen auf die Hauptstraße des Aschrams ein. Der Taxifahrer setzt uns am Büro für Ausländer ab.

Hier sind wir also, am Schauplatz des »größten Ereignisses des Jahrhunderts«? Mein Blick fällt auf einen flachen weißen Betonbau mit abblätternden blauen Türen und Fensterläden. Der Bau erinnert mich an die Baracken deutscher Flüchtlingslager. Die Türen sind geschlossen. »Mittagspause«, sagt Michael. »Das sind die Kantinen, eine für Frauen, eine für Männer.«

Einige Hunde liegen hingestreckt im Schatten, als hätte der Tod sie ereilt. Vereinzelt gehen Menschen gemessenen Schrittes in Richtung der Wohnblocks die Straße entlang. Die frisch gestrichene blaurosa Fassade eines Rundhauses blinkt hinter dem Grün der Bäume hervor, erinnert an Mittelklassehotels südlicher Badeorte. Hinter uns liegen die Verwaltungsbüros. Wie kleine Läden fügen sie sich einer blau-rosa gestreiften Wand ein, die sich über uns wie die Breitseite einer römischen Markthalle erhebt. Nein, wie eine heilige Stätte, eine Stätte, in der sich göttliche Energie manifestiert, sieht dieser Aschram nicht aus. Aber die Erfahrungen in der »Bauhütte« und in Findhorn haben mich gelehrt, daß sich diese Energien dem raschen, oberflächlichen Blick des Touristen nicht erschließen. Die Energien bedürfen der inneren Einstimmung auf die innere Kraft eines Platzes.

Michael entschwindet im Ausländerbüro, während ich hinter dem Taxi hereile, um nach meinem verlegten Paß zu suchen. Als ich ihn schließlich gefunden habe, kommt Michael mir aus dem Büro entgegen.

»Rundhaus fünf«, flüstert er mir zu.

»Oh, bitte nicht«, bete ich innerlich. An so viel Nähe ist mir nach dem gestrigen Abend nicht mehr gelegen. Er folgt mir in das Büro, fragt nach, ob ich in Rundhaus fünf einziehen kann.

»Sie wohnen mit Frauen zusammen«, sagt der Mitarbeiter bestimmt.

»Ja, aber in Rundhaus fünf«, bekräftigt Michael.

Der Mitarbeiter reicht mir einen Zettel. »Rundhaus vier«, lese ich dankbar.

Das Taxi bringt unser Gepäck zu den Rundhäusern.

»520 Rupien«, verlangt der Fahrer. Wir haben 450 vereinbart. Wütend brüllt Michael ihn an, weigert sich, die Summe zu bezahlen. »Immer dasselbe mit diesen Indern.« Kulis sammeln sich um uns. Mir reicht's für den Einstieg. Ich bezahle 500 Rupien.

Im Rundhaus finde ich die Tür mit der Nummer, die auf meinem Zettel steht, und klopfe an. Nach längerem Warten öffnet mir eine kleine rundliche Gestalt mit im Nacken geknotetem weißgrauem Haar. Ich reiche ihr den Zettel.

»Wir sind schon zu zweit«, zögert sie.

Ich zucke mit den Schultern. »Was tun?«

»Wir haben nur ein Schloß mit zwei Schlüsseln«, sagt sie abweisend.

»Das macht nichts«, entgegne ich. »Ich habe ein Digitalschloß dabei.«

Sie lächelt. »Sai Ram, Babas Wille.«

Bereitwillig räumt sie mir eine Ecke unter dem Fenster frei, zieht sich auf die andere Seite des etwa fünfzehn Quadratmeter großen leeren, weißgekalkten Raumes zurück, wo sie ihre Lagerstatt und ihr Kochgeschirr auf den Betonfliesen des Bodens ausgebreitet hat. Ihre Saris teilen den Raum in zwei private Hälften.

Im Vorraum hat Faye, eine Amerikanerin, die zum viertenmal im Aschram weilt, ihr Quartier aufgeschlagen. Feinmaschige Gitter in den Fenstern und der Wohnungstür halten die Moskitos fern und sorgen für einen kühlenden Luftzug.

Ich richte mir meine Ecke unter dem Fenster ein und ziehe mich zum Schlafen zurück. In der Nacht erwache ich von dem Gekläff buhlender, jaulender Hunde, die die nächtliche Szene zwischen den Rundhäusern und den dahinterliegenden Hallen beherrschen. Mit aufgerissenen Mäulern und gefletschten Zähnen streichen sie im fahlen Mondlicht umeinander herum, schmutziggelbe in der schützenden Farbe des Sandes und schwarze gefleckte, mit Häuten, die sich über den Knochen spannen, oder mit wohlgenährten Bäuchen, wenn sie ihr Erstlingsrecht auf die ihnen zugeworfenen Brocken zu verteidigen wissen. Fauchend und knurrend, heulend und bellend tragen sie ihre Revieransprüche aus, sorgen sie für Nachwuchs. Der wütende Aufschrei durchdringt jeden Schlaf. Die ausgefransten Ohren, der humpelnde und schleifende Gang, die Büschel ausgerissenen Haares künden von der Unerbittlichkeit der Überlebenskämpfe. Die Schlacht ist vorüber. Das Gekläffe ebbt ab.

Ich falle in den Schlaf zurück, werde durch das Geschrei menschlichen Schmerzes über diese Welt, das von einer Hütte aus Wellblech und Strohmatten von unterhalb meines Fensters nach oben dringt, erneut hochgerissen. Eine volltönende Frauenstimme beruhigt den Säugling mit rhythmischen Gesängen: *Bhajans,* wie ich später erfahre, heiligen Gesängen zu Ehren Gottes.

Doch nichts liegt mir in diesem Augenblick ferner als der Gedanke an die Heiligkeit dieser Stätte. Die Glieder schmerzen von dem ungewohnten Liegen auf der engen Luftmatratze auf Beton. Die Geräusche strapazieren meine Nerven. Die Zeiger der Uhr stehen auf der Vier. Ich entweiche dem Konzert dieser vielfältigen nächtlichen Laute durch einen Gang in die Dunkelheit. Auf dem gegenüberliegenden Hügel strahlt die Silhouette des Verwaltungsgebäudes der Universität Frieden aus. Wie eine Moschee verharrt sie in wohltuender Stille unter dem sternenübersäten Himmel. Im Morgengrauen kehre ich in meine Unterkunft zurück. Durch das Fenstergitter, das den Affen den Zutritt verwehrt, schaue ich über den Platz unter mir. Mit Tüchern verhüllte Frauen eilen zu den Waschanlagen, zu den Kantinen, zur Poornachandra-Halle, zum Tempel. Saris, in der Kühle des Morgens gewaschen, liegen zum Trocknen auf dem Boden ausgebreitet. Hier scheint die Zeit stehengeblieben — Bilder, als seien sie zu Zeiten Jesus geschehen.

Was hat sich geändert? Außer den Bussen, die täglich in immer größerer Zahl einlaufen und die Menschen zum Dassarafest bringen, ist hier vom Fortschritt wenig zu spüren. Ein zeitloser Frieden liegt über dem Platz, trotz der Geschäftigkeit, die sich in aller Stille dort entfaltet. »Zwar hat der Mensch auf materieller und sozialer Ebene enorme Fortschritte erreicht«, sagt der Mitarbeiter, der uns in die Sitten und Bräuche des Aschrams einführte, »aber seine spirituelle, geistige Entwicklung steckt noch in den Kinderschuhen.«

Das Dassarafest

Ein gleichförmiger Gesang dringt an mein Ohr. Ich folge den Klängen. Sie dröhnen aus Lautsprechern, die an der Seite eines langgestreckten Gebäudes, der Poornachandra-Halle, angebracht sind. Dieses freitragende Bauwerk moderner Technik, fast hundert Meter lang und sechzig Meter breit, ist wie ein Flugzeughangar konstruiert. Die Halle bietet zwanzig- bis dreißigtausend Menschen Platz.

Eine tempelartige Fassade begrenzt den Hauptplatz des Aschrams zur Nordseite hin. Die reliefartige Pracht aus Betonstuck, die die Fassade ziert, nimmt sich im Vergleich zum gold- und marmorbesetzten Prunk katholischer Gotteshäuser eher bescheiden aus. Sie spiegelt die Einfachheit indischer Lebensverhältnisse und Babas asketischen Lebensstil wider.

Der Weg vor der Tempelfassade ist von Aschokabäumen eingefaßt, die sich wie Finger Gottes gegen den Himmel strecken. Sie verleihen der Hallenfront die zeitlose Würde monumentaler Grabstätten.

Viele Menschen säumen den Weg. Sie warten auf das Erscheinen von Baba. Ich schwanke, ob ich ihn lieber draußen oder drinnen zum erstenmal erleben will. Während ich noch unschlüssig auf die vielen offenen Tore starre, stößt mich eine Europäerin freundschaftlich an. »Als Westlerin kannst du vorne sitzen«, sagt sie und weist auf die vordere Tür.

Ich betrete den großen Innenraum, der auf sechzig mit vielen Figuren verzierten Säulen ruht. Gesang dröhnt in meinen Ohren, während ich mich im vordersten Block der Frauenseite in die Reihen zwänge. Mit unglaublicher Geduld teilen die Mitarbeiterinnen die Frauen auf die Reihen auf, bis kein Zentimeter Boden mehr frei ist. Auf der anderen Seite des Auditoriums drängen sich die Männer. Eifersüchtig bewachen die Besucherinnen aus dem Westen, hier »Westlerinnen« genannt, ihr erobertes Terrain, versuchen sich so viel Raum zu schaffen, daß ihre Beine, ihre Körper nicht aneinanderstoßen, während die Inderinnen soviel Körperkontakt gleichgültig hinnehmen.

Durch die dreißig geöffneten Tore flutet das Sonnenlicht in die dämmerige Halle. Zwei riesige, von der Decke herabhängende Kristallüster und die Lampen um die Bühne füllen die Halle mit schwachem Licht. Weihrauch durchzieht die Luft, die sich über der vieltausendköpfigen Menge zusammenballt. Die Hitze treibt den Schweiß aus den Poren. Der *Punjabi* klebt mir auf der Haut.

Wir warten auf das Erscheinen von Sai Baba. Einzelne lesen oder schreiben. Ich stelle mein Fernglas ein, das ich vorsorglich mitgebracht habe. Zwar schätze ich solche Eingriffe in die Intimsphäre anderer nicht, aber die Menschenmenge, von der Peter sprach, gab mir zu denken. Wer weiß, ob ich Baba während meiner Zeit im Aschram von Angesicht zu Angesicht zu sehen bekomme, und wenigstens einmal will ich ihn von Nahem sehen, wenn auch nur mit Hilfe der Technik.

Zunächst muß ich jedoch mit den Priestern und Schriftgelehrten, den *Pundits,* vorliebnehmen, die sich in verschiedenen Gruppierungen auf der Bühne zusammengefunden haben. Das orangene Hüfttuch aus Seide und die um den nackten Oberkörper geschlungene heilige Schnur weisen sie als Angehörige der Brahmanen aus, der traditionellen Führerkaste Indiens. Bis auf einen Zopf im Nacken sind ihre Häupter kahlgeschoren.

Auf der Brüstung der Frauenseite verehrt ein Priester die archaische Statue der göttlichen Mutter, der dieses Fest geweiht ist. Sie ist die Göttin der Energie: *Schakti,* deren lichte Kräfte die dunklen Kräfte besiegen. Ein anderer Priester formt »Eier« aus Lehm: *Lingas,* Symbole der Schöpfung, der Dualität. Ein weiterer Priester folgt einem alten Sonnenritual, verehrt die Sonne als Zentrum des Lichts, der Kraft des Lebens.

Mehrere Stunden lang murmelt eine Fünfergruppe von Pundits denselben Text vor sich hin: die *Mantras* der *Weda,* der heiligen Schrift der alten Inder. Eine Dreiergruppe von Priestern taucht mit langen Löffeln Opfergaben in das heilige Feuer, das in einem irdenen

Gefäß vor ihnen lodert. Ihre Gesänge überlagern das gleichförmige
Murmeln der wedischen Mantras, verleihen ihnen Würze durch Höhen und Tiefen, ansteigenden und abschwellenden Klang.

Die Töne dringen in meine Ohren ein, schmerzhaft, unentrinn-
bar. In mir regt sich der Widerstand. Ein hinduistischer Aschram,
ohne Zweifel. Ich wußte es vorher, konnte mir aber wenig darunter
vorstellen. Ist Baba nur ein kleiner Hinduführer, wie eine deutsche
Zeitung behauptete? Bin ich deshalb hergekommen? Nein. Nur,
weshalb bin ich hergekommen? Ich weiß es nicht.

Baba läßt auf sich warten. Die Stunden verrinnen. Ich betrachte
die großen Bilder neben der Bühne. Vor mir, auf der Frauenseite,
spricht der erleuchtete Buddha mit seinen Schülern unter dem
Baum, weist Zarathustra auf die Kraft des reinigenden Feuers hin.
Auf der Männerseite hütet Jesus seine Lämmer, lädt das aufgeschla-
gene Buch des Korans vor der Zinne einer Moschee zur Lektüre ein.

Zwei Reliefsäulen, die die Bühne begrenzen, zeigen die Symbole
der fünf in Indien hauptsächlich vertretenen Weltreligionen: des
Hinduismus, Buddhismus, des Christentums einschließlich der jüdi-
schen Tradition, des Islam, des Parsismus (Zarathustra). Sie sind im
Sarva-Dharma-Symbol zusammengefaßt, einem Mittelkreis mit der
Sarva-Dharma-Säule, umgeben von fünf Halbkreisen mit den Sym-
bolen der fünf Weltreligionen.

Baba hat die Aussagen der Symbole in eigene Kernsätze zusammengefaßt, die in einer zwanzig Meter hohen Säule, dem Zentrum
des sandigen Hauptplatzes inmitten des Aschrams, auf fünf Tafeln
eingraviert sind.

»Höre auf das Urwort *OM,* das in euren Herzen wie im Herzen des
Universums ertönt«, mahnt der Kernsatz des Hinduismus.

»Wirf alle Bitterkeit in das Feuer und steige groß und göttlich empor«, fordert Zarathustra seine Anhänger auf. Die Reinigung des
Geistes, die Vernichtung der bösen Gedanken und Neigungen, aller
weltlichen Wünsche, die im Feuer der Weisheit zu Asche verbrennen, war seine Botschaft an die Menschen. So sollten sie zum Weg
der Erlösung finden.

Um ihn zu erreichen, müssen wir das Rad von Ursache und Wirkung, von Tat und Schicksal erkennen, dieses Rad, das uns in den

Zyklus von Leben und Tod einbindet. Wegen unserer Taten kehren wir zur Erde zurück, um sie wieder gutzumachen und um die ungelösten Aufgaben zu bewältigen. »Denke an das Rad von Ursache und Wirkung, von Tat und Schicksal und an das Rad des *Dharma*, das sie regelt«, so lehrte Buddha. Dharma, die Erkenntnis des inneren Gesetzes der göttlichen Ordnung und die Erfüllung dieses Gesetzes kann uns von dem karmischen Rad erlösen.

Aber dazu ist es erforderlich, das Ich, das falsche Selbst zu kreuzigen, das — den Versprechungen der Sinnesfreuden verhaftet — nach äußerem Glanz und Macht strebt, nach sozialer Anerkennung und Reichtum. In diesem Streben verwickelt es sich in das Schicksalsrad des *Karma*, lädt durch unkontrollierte, undisziplinierte Handlungen, die der Befriedigung physischer Bedürfnisse und primitiver Gefühle dienen, neue Schuld, neue Verpflichtungen auf sich, schafft neues Leiden. Um diesem Kreislauf zu entrinnen, muß das falsche Selbst sterben, damit das wahre Selbst, der göttliche Kern des Menschen wieder auferstehen kann. »Kreuzige dein Ich, laß es sterben, um die Ewigkeit zu erlangen«, lehrt Jesus, der für die Sünden der Menschen, ihre Bindung an ihr animalisches Erbe, am Kreuz starb und als das wahre Selbst, die Liebe, die er verkörperte, wieder auferstand.

Um zu dieser inneren Quelle zurückzufinden, brauchen wir Beständigkeit und festes Vertrauen in die Führung der kosmischen Kraft, die unser Leben steuert. »Sei wie der Stern, der nie vom Halbmond abweicht, sondern ihm im steten Glauben zugeordnet ist«, lehrt Mohammed im Islam.

Baba ein Hinduführer? Vom äußerlichen her zweifellos. Der größte Teil der Anwesenden, die das zehntägige Dassarafest in der Halle begehen, gehörten dieser Religion an. Doch künden die Bilder, die Säulen, die Symbole und Inschriften, die die verschiedenen Gebäude des Tempelbereichs gleichermaßen schmücken, von mehr, von Babas Botschaft der Gleichberechtigung aller Religionen, die dasselbe Band eint: Liebe. Alle Religionen entspringen demselben Motiv, die Bindung des Menschen an Gott herzustellen. Sie beschreiben nur unterschiedliche Wege zu ihm, Leitlinien, die in den jeweiligen Zeitepochen ihres Entstehens den Bedürfnissen der Menschen Rechnung trugen. Während ihre Begründer jedoch alle von der glei-

chen Liebe und Weisheit beseelt waren und darum wußten, daß der
Geist richtig ausgerichtet werden muß, um zu Gott zu gelangen, ver-
sanken ihre Nachfolger im Schlamm der Bindung an Ehrgeiz, Selbst-
erhöhung, Habgier und Neid. So wurde aus jeder Religion ein Waf-
fenlager, die Religion selber zur Wurzel von Chaos und Konflikten.
Die hinduistischen Rituale betonen die Einheit der Schöpfung, doch
war auch die hinduistische Religion im Verlauf ihrer Geschichte
denselben Richtungskämpfen unterworfen wie die anderen Weltreligionen.

Die Sarva-Dharma-Säule und das Sarva-Dharma-Symbol bezeugen
Babas Willen, die Einheit der Religionen wiederherzustellen, indem
er die Menschen zum Pfad des Geistes zurückführt, dem *Sanatana
Dharma*, dem Geist, aus dem alle Weltreligionen hervorgegangen
sind. Damit spricht er sich aber nicht für einen neuen Monismus aus,
sondern für die Erhaltung der Vielfalt, sofern sie die Einheit nicht
leugnet.

*»Laßt die verschiedenen Glaubensrichtungen nebeneinander beste-
hen, laßt sie blühen und besingt die Herrlichkeit Gottes in allen Spra-
chen und in der Vielfalt der Töne. Das ist das Ideal. Achtet die Verschie-
denheit in den verschiedenen Glaubensrichtungen, erkennt sie als gültig
an, solange sie die Flamme der Einheit nicht auslöscht«*, sagt er.

Ich schließe die Augen, versenke mich in mein Inneres, bitte meine Nachbarin, mich anzustoßen, wenn Baba erscheint.

»Das spürst du schon, diese Energien . . .«

Ich spüre nichts. Als ich auftauche, steht Baba auf der Bühne, hebt
huldvoll die Hand. Die Menge versinkt in andächtiges Schweigen,
viele heben ihm die gefalteten Hände entgegen, manche murmeln
»Swami« oder »Sai Ram« vor sich hin. Das tausendköpfige Gesicht
der Menge folgt seinem Gang. Er schreitet die Reihen der Männer
ab, nimmt hie und da einen Brief entgegen, gibt Briefe zurück, weist
Briefe ab. Mit einzelnen wechselt er ein paar Worte, schreitet weiter,
betritt die Bühne, nimmt Platz auf dem roten Stuhl. Die Finger seiner rechten Hand formen eine Schale, die einige Male kreist. Dann
verschwindet er durch den blauen Vorhang. Wie das plötzlich auf-
kommende Tosen einer Brandung erhebt sich die Menge im hinteren Teil des Auditoriums, flutet dem Sonnenlicht entgegen, bahnt

sich haltlos einen Weg durch die Menschen, die dem Ritual weiter folgen wollen und dieser Woge nach vorne zu entfliehen suchen. Ohne Baba hat die Bühne für viele keine Attraktion. Auch ich verlasse die Halle. Meine Muskeln sträuben sich gegen das ungewohnte Sitzen zu ebener Erde.

Vor und zwischen den Toren des Aschrams

»Das war's?« fragt Ahamkara.

　　»Das war's«, sage ich. »Hattest du mehr erwartet?«

　　»Ich nicht, aber du?«

　　»Nein.«

Vor meiner Reise nach Indien hatte ich bei SAMUEL SANDWEISS mit Staunen gelesen, wie ihn eine der ersten Begegnungen mit Baba verwandelte. Und vielen vor ihm war es ebenso ergangen. Baba benutzt dafür die Analogie mit einem Stein, der an einer bestimmten Stelle bricht, wenn genügend Schläge ihn vorbereitet haben. Der eine Mensch hat in vorherigen Leben bereits zwanzig erhalten und braucht nur noch zwei, um gleichsam in Stücke auseinanderzufallen, der andere wird hier zum erstenmal bearbeitet.

Ich rechne mich zur mittleren Kategorie. Ich bin Babas Ruf gefolgt, habe mit Religionen aber wenig im Sinn und weiß um meinen Widerstand gegen äußere Formen. Und Baba?

Mein Mißtrauen gegen Gurus und ein unerklärliches Glücksgefühl zu Beginn meiner Reise nach Indien, ein Gefühl, als kehrte ich heim, halten einander die Waage. Die ersten Eindrücke, die große Menschenmenge, die Zeremonien, und mein beobachtendes, distanziertes Interesse sprechen gegen ihn. Die erste Begegnung hinterläßt keinen tieferen Eindruck. Dennoch spüre ich eine Warnung in mir, diesen ersten Eindrücken zu folgen, mich von dem Äußeren zu sehr ablenken zu lassen. Nur: ablenken wovon?

Ich weiß es nicht. Ich entziehe mich der Frage durch einen Gang nach draußen.

Ich trete auf die Straße, die an der Mauer des Aschrams entlangführt, tauche in eine andere Welt ein. Ein junger Mann streckt mir

die Hand entgegen, die Augen fast geschlossen. »Maahhh, Maahhh.«
Seine Stimme hallt in mir wider. Neben ihm kauert eine zerlumpte
Frau mit nur noch einem Zahn. »Maahhh, Maahhh«, fällt ihre Stimme in den Ruf ein, in der durchdringenden Tonlosigkeit vergebli-
chen Mühens eines vergehenden Lebens. Mir trocknet die Kehle aus,
eine Klammer schließt sich um mein Herz, mein Blick verengt sich.

»Nicht dichtmachen, nicht zumachen«, warnt Buddhi, »blick um
dich, auch das ist die Wirklichkeit.«

Ich wende mich zur Linken, will den Schneider finden, der mir
empfohlen wurde, und meine Garderobe um einen Sari erweitern.
»Seidenhaus« steht an jeder dritten, vierten Tür. »Maah, Maah, Saris,
Saris«, locken geschäftsgeübte Stimmen. Die Münder wechseln, während ich die Straße entlangeile. Der Ton bleibt immer gleich. Baum-
wollstoffe und Seidenstoffe in allen Farben warten in den Regalen
auf Käufer, Schneider hinter schwarzen Nähmaschinen auf Kunden.
Kerzen und Weihrauchständer, Vasen und Teppiche, Schmuck und
Schnitzarbeiten locken die Suchenden vom Pfad Gottes zurück ins
weltliche Leben. Unter dem Schilfdach zweier Hütten auf Pfählen
haben zwei Bügler ihren Stand aufgeschlagen. Ein riesiges Bügel-
eisen, dem glühende Kohlen die nötige Hitze geben, glättet die Saris,
Blusen, Hosen, Hemden. Eine halbe Rupie jedes Teil, egal wie groß,
egal wie klein.

Ich weiche einem Ochsenkarren aus, der einen zweirädrigen mit
gebündeltem Schilf bepackten Wagen durch die noch übriggebliebe-
nen braunen Regenpfützen der Straßen zieht. Ein Mann, dessen Beine nie die Kraft entwickelten, ihn zu tragen, weicht dem Karren und
der Pfütze schnell und geschickt auf seinen Armen aus. »Maahhh.«
Der Geruch heißen Öls, in dem auf einem Wagen Teigbälle frittiert
werden, vermischt sich mit den Dämpfen süßen Tees. Ich finde meinen Weg an Fahrradrikschas vorbei, sehe dürre Esel, verkommene
Hunde, Bettler. Ein Schuster hat ein kleines Tuch mit Nadeln und
Faden am Straßenrand ausgebreitet. Ich gebe ihm meinen eingerisse-
nen Schuh, warte unter dem Dach einer Bank.

Ein Mann mit einem hungerbäuchigen kleinen Kind auf dem Arm
sieht mich freundlich an. Ich kämpfe noch gegen die Mauer, die die
drängenden Stimmen der Bettler und Händler in mir aufrichten. Soll

ich freundlich zurücklächeln, oder will er nur Geld? Ich nicke grü-
ßend: »Sai Ram.« Eine junge Frau mit einer schmückenden Blume
aus Aluminium im linken Nasenflügel nimmt das Baby, kommt auf
mich zu, hält mir das Kind entgegen. Ich nicke freundlich. Sie zeigt
auf den Mund. »Hunger.« Die Mauer schließt sich. Ich blicke durch
sie hindurch. Jede Geste meinerseits ermuntert zum Betteln. Es ist
mir zuviel.

Mein Blick verengt sich, fällt auf das Schild des Geschäfts, das mir
empfohlen wurde. Der Schuh ist fertig, und ich gehe zu dem kleinen
Laden hinüber. Er bietet nur eine Sorte von Saris an. Ich kaufe einen. Der Schneider nimmt Maß für den Unterrock, das Oberteil,
diskret, klar, geschäftsmäßig. Der junge Mann, dem das Geschäft gehört, breitet sein Angebot vor mir aus: Beinkleider aller Farben und
Arten. Aus einem kleinen, verschlossenen Schrank holt er sein
kostbarstes Stück, ein mit weißen Perlen übersätes Hochzeits-
gewand, handgearbeitet, für indische Verhältnisse unbezahlbar,
ein Prunkstück. Ich bedanke mich. Mir genügt der Sari. Zielstrebig, den Bick geradeaus gerichtet, eile ich zurück zur Pforte. Mit
dieser Welt hier draußen will ich zunächst einmal nichts zu tun
haben.

Aber auch innerlich fühle ich mich nicht wohler in diesen Tagen.
Stunde um Stunde quellen Menschen aus den unermüdlich herein-
rollenden Bussen und Taxis. Sie füllen Plätze und Straßen. Ihr
Lager haben sie in den Fluren dreistöckiger Wohnblocks aufgeschlagen, die in ruhigeren Zeiten von Indern bewohnt werden. Auch
die sechsundzwanzig Hallen und fünf neu erbauten Rundhäuser
können all die Menschen nicht beherbergen, die zu diesem großen
Hindufest aus der näheren und weiterer Umgebung in den Aschram
strömen.

Nein, diese heilige Stätte ist keine Heimat für mich: Dieser über-
laufende Platz mit dem monotonen Singsang der Priester, der den
ganzen Morgen aus den Lautsprechern dröhnt und vor dem es kein
Entrinnen gibt; der Geruch von Schweiß und Urin, der von den
Mauern und den langen Toilettenreihen hinter den Hallen herüberweht; die unruhigen, heißen Nächte voller Hundegekläff und Baby-
geschrei; die endlos langen Warteschlangen vor den Schapatiständen,

auf die erbarmungslos die Sonne niederbrennt; hier will ich nicht bleiben, nur um einen Weizenfladen mit Gemüse zu erstehen.

Doch auch in der Kantine, in der das scharfe indische Essen serviert wird, ergeht es mir nicht besser. Eng aneinandergereiht sitzen die Inderinnen vor den Aluminiumtabletts, in deren Fächer eifrige Hände Reis, Gemüse und verschiedene Saucen verteilen. Mit erstaunlicher Geschwindigkeit formt meine Nachbarin zur Rechten, eine alte, schon zahnlose, von der Arbeit gebückte Frau, Reiskugeln zwischen Daumen, Zeige- und Ringfinger, die sie in die scharfe Sauce taucht oder mit dem Gemüse vermengt. Der Saft läuft am Handgelenk hinunter, während sie die Kugeln zum Mund führt. Das befriedigte Schmatzen verrät, daß ihr das Essen schmeckt. Ich krame einen Löffel aus der Tasche. Mit diesem jahrzehntelangen Training kann ich nicht konkurrieren, und außerdem erspare ich mir das Stirnrunzeln, das Angeschubstwerden, wenn ich gedankenverloren meine linke Hand zu Hilfe nehme, um den Reis zu bändigen. Die unreine linke Hand ersetzt bei der indischen Bevölkerung das Toilettenpapier. Sie zum Essen zu benutzen, muß auf meine Nachbarinnen mindestens so fremdartig, wenn nicht gar ekelerregend wirken wie die klebrigweiße Masse, die bei der einfachen Bevölkerung oder den älteren Frauen an den Fingern hängt oder den Arm hinabläuft, auf manche »Westlerinnen«. Fasziniert beobachte ich dieses fremde Geschehen und konzentriere mich dann auf mein Tablett. Der Chili der braunen Soße läßt den anderen Gewürzen keine Chance. Die Schärfe treibt mir das Wasser aus Augen und Nase. Ich beschränke mich auf Reis, Gemüse und Buttermilch. Selbst diesem Sparprogramm jedoch ist meine Verdauung nicht gewachsen und reagiert mit Durchfall.

Wo ist der Frieden, den ich gesucht habe? Ich sehne mich nach der Ruhe und Abgeschiedenheit eines buddhistischen Aschrams, nach meditativer Stille. Was für eine Anziehung muß Baba haben, daß so viele Menschen sich von diesen Bedingungen nicht entmutigen lassen? Oder sind die Inder in ihrer stillen, diskreten Zurückgezogenheit eine solche Fülle gewöhnt? Oder nimmt man das Äußere nicht mehr wahr oder in Kauf, wenn man erst vom göttlichen Nektar probiert hat?

Der Reisegefährte — ein Lehrstück

»Treffen wir uns draußen zum Essen«, ruft mir Michael zu.

»Wenn's denn sein muß . . .«

»Ja, du weißt doch, daß wir hier drinnen nicht miteinander sprechen können.«

»Der Sinn der strikten Regeln«, so hat uns einer der Mitarbeiter in der Einführung für Ausländer erklärt, »liegt darin, Neid und Mißgunst nicht aufkommen zu lassen, die Gedanken von den Händeln mit dem anderen Geschlecht freizuhalten, so daß jeder sich ganz auf seinen geistigen Weg einstellen kann.«

Angesichts der Vielzahl der Menschen sehe ich nicht, wie ich mich auf meinen geistigen Weg konzentrieren soll. Es fällt mir schon schwer, mir den Weg von den Rundhäusern zum Tempelbereich durch die Mannigfaltigkeit von Menschen aller Hautschattierungen, jeden Alters, jeden Standes zu bahnen. Die Unterschiede der Kasten verschwinden hier. Baba betont die Einheit der Menschen, die sich hinter der Vielfalt verbirgt.

Durch den Ansturm der Bettler und Händler vor den Toren des Aschram geleitet Michael mich zu einem einfach ausgestatteten Restaurant. Wir tauchen in die Dämmerung ein, finden Platz auf zwei unbehauenen Bänken an einem rohen Holztisch.

»Haus fünf ist heute geräumt worden.« Ärger klingt aus seiner Stimme. »Aber ich ziehe nicht in die Hallen um. Ich habe mir draußen ein Doppelzimmer besorgt.«

Er sieht mich aufmunternd an. Im Aschram ist der Besuch in den Zimmern des anderen Geschlechts strikt untersagt.

»Wie du weißt, bin ich an lauschigen Nächten nicht interessiert«, entgegne ich kühl.

»Manche Menschen treffen ihre Entscheidungen verfrüht.«

»Und manche zur rechten Zeit.«

Etwas verzerrt lächle ich in die entstehende Spannung hinein, vertiefe mich in die Bratkartoffeln. In seinem Lächeln flackert jener Zug an zynischer Ironie, an Boshaftigkeit, der an dem Abend aufschien, als wir »Lila« spielten.

»Sei wachsam«, mahnt Buddhi.

»Sai Baba sagt, daß heutzutage neun von zehn Menschen aus dem Bereich der Dämonen stammten. Nur eine von zehn Seelen komme aus der Engelsphäre. Deshalb sei die Welt auch so schlecht.«

»Sai Baba scheint sich für alle Vorstellungen und Bedürfnisse zu eignen.«

Er überhört meine lakonische Bemerkung.

»Neun von zehn, der Aschram ist voll davon.«

»Und aus welchem Bereich stammst du?«

»Ich weiß es nicht.«

Sein mokantes Lächeln legt nahe, daß er sich den Dämonen verwandter fühlt als den Engeln. Er erzählt von merkwürdigen Leuten, die er Anfang des Jahres im Aschram getroffen habe und die ihm eigenartige, verletzende Dinge gesagt hätten. Er berichtet von den vielen Frauen, die hinter ihm her seien, um ihn, den wohlhabenden Sohn der Sonne in den Hafen der Ehe zu entführen und sich ein gemütliches Leben zu machen. Er spricht von Psychoanalytikern, die in der Gegenübertragung ein zwanghaftes Interesse an ihren Klienten entwickelten, von Menschen, die ihm weh getan hätten. Zur Strafe treibe sein Fluch sie in die Psychiatrie, den Zusammenbruch, die Verzweiflung. Satz reiht sich an Satz, unvermittelt, sprunghaft. Ich höre die Geschichten zum dritten, vierten Mal. Er spult sie ab wie von einem inneren Tonbandgerät, das sich nicht abschalten läßt.

»Allen, die mir Böses wollten oder nachsagten, ist hinterher Schreckliches widerfahren«, sagt er selbstgefällig.

Ich höre die Warnung in seinen Worten. Ich weiß um die dünne Haut, die seine verwundbare Seele schützt. Habe ich ihn verletzt? Ich bin mir dessen nicht bewußt. Sorgsam habe ich meine Zunge bei den Geschichten, die er mir erzählte, gehütet. Wenn auch unwillig und mit zunehmendem Grimm, habe ich seinen Verlockungen standgehalten, mich zu seiner Wesensart, seinen Problemen zu äußern. Zu deutlich spüre ich seine Angst, ich könnte ihn für anormal oder gar krank halten. Holt mich mein professionelles Schicksal ein? Ist es die Angst des Laien vor dem Therapeuten? Die Angst, ich könnte mehr über ihn wissen, als er preisgeben möchte? Oder verletzt ihn, daß ich das Angebot des Doppelzimmers ausgeschlagen habe? Ehe ich mich versehe, steigt in mir der Groll über die Wiederholung der soundsovielten Geschichte hoch . . . und mir entfährt die boshafte Bemerkung:

»Deine Selbstherrlichkeit ist zumindest unübertroffen.«

Er zuckt zusammen: Volltreffer. Ich bin der Einladung der Warnung erlegen, habe seine Befürchtung offensichtlich bestätigt. Seine Stimme droht:

»Das hat vor kurzem schon mal jemand zu mir gesagt. Ich werde herausfinden lassen, ob es eine Verbindung zwischen euch gibt.«

»Ja, dich zu kennen.« Mir ist der Humor abhanden gekommen. Abrupt verlasse ich das Lokal. Er eilt hinter mir her. Beschwichtigend ergreife ich seinen Arm, dringt durch all meinen Ärger doch ein aufflackerndes Verständnis für sein Bedürfnis, angenommen zu sein.

»Faß mich nicht an, du deutsches Miststück.« Der Ton steigt in die Höhe. Er hebt die Hand zum Schlag. Erschrockene Inder sammeln sich um uns. Ein ruhiger Blick in seine Augen verwandelt die erhobene Hand in eine Drohgebärde.

»Ich habe beste Kontakte zur amerikanischen Botschaft. Ich werde genau nachforschen lassen, warum du hier bist. Und wenn du aus einem anderen Grund hier bist, als du gesagt hast, werde ich dich aus diesem Lande entfernen lassen.« Die Stimme schraubt sich weiter in die Höhe.

»Du hörst mit diesen Geschichten jetzt auf.«

Ruhig wende ich mich ab, entschwinde durch die Tore in den Frieden des Aschrams, dessen Regeln mich vor den Händeln mit dem anderen Geschlecht bewahren.

»Doch ein Geschenk Babas, nicht wahr?« flüstert Jivatman.

»Mehr ein Lehrstück als ein Geschenk«, brumme ich unwillig.

»Lehrstücke *sind* Geschenke.«

»Wenn du es so siehst . . . Jedenfalls hat es seinen Zweck erfüllt. Wie gewünscht, habe ich ab Bombay eine Reisebegleitung gefunden, die mich sicher zum Aschram begleitet hat. Ich kann akzeptieren, daß Männer und Frauen getrennte Wege gehen, und außerdem reicht's mir an Männern. Wenn überhaupt, werde ich mich nur noch auf einen Mann hier einlassen: auf Baba.«

»Ja, ja«, Jivatman lächelt in stillem Vergnügen. »Die Kunst, mehrere Fliegen mit einer Klappe zu schlagen . . .«

Baba: Erscheinung und Leben

Auf der Bühne nimmt das tägliche Festritual seinen Lauf. Morgens, zu den Gesängen der Pundits, erscheint Baba zum *Darschan* in der Halle. Er schreitet die Reihen entlang, hebt huldvoll die Hand, entschwindet durch den blauen Vorhang. Nachmittags hält er Ansprachen an die Versammelten — in singender, heller Stimme, die wie ein rascher Bach dahinfließt. Er spricht in Telugu, der Landessprache im Bundesstaat Andhra Pradesch, die von 44 Millionen Menschen benutzt wird. Sie ist eine von 16 Hauptsprachen und 125 Dialekten, mit denen sich die Inder verständigen. Der Übersetzer, der Babas Ansprachen ins Englische überträgt, kann dem Fluß der Worte kaum folgen. Auch wenn ich wenig von der Übersetzung verstehe, habe ich nun Gelegenheit, Baba über Stunden auf mich wirken zu lassen.

In unangefochtener Souveränität beherrscht er die Bühne. Er winkt Schüler seines Internats nach oben. Sie rezitieren Mantras, Verse der Weden. Auf eine Andeutung seiner Hand hin verstummen sie, verneigen sich vor ihm, küssen seine Füße. Studenten, ausgewählt aus den Sathja Sai Colleges des ganzen Landes, eröffnen den Kanon der Vorlesungen auf Englisch. Sie sprechen über Grundbegriffe der hinduistischen Philosophie, über Babas Leitideen, über *Prema* (Liebe), *Schanti* (Frieden), *Dharma* (Redlichkeit), *Sathja* (Wahrheit), *Ahimsa* (Gewaltlosigkeit) und über die Bedeutung, die Babas Erziehung für ihr Leben hat. Aus ihren Gesten und ihrer Mimik teilt sich die Aufregung mit, vor Baba sprechen zu dürfen. Ihre Gesichter glühen vor Eifer und Anbetung für ihn.

Baba ruht in seinem Sessel, strahlt trotz seiner gedrungenen Gestalt grazile Eleganz aus. Mal kreist seine Hand in weitem Bogen, als hebe er die Energie im Raum an, mal verharrt er reglos, dann wieder bricht ein Feuerwerk aus Licht aus seinen schwarzen Augen, wenn die Worte des Redners seinen Beifall erwecken. Manchmal wirkt er verträumt, und es huscht ein Lächeln über sein Gesicht, als amüsiere er sich über etwas, das sich den Augen des Publikums verschließt. Er scheint zugleich in dieser und einer anderen Welt zu sein. Er ist da für die Masse an Menschen, die sehnsüchtig an seinem Gesicht, seiner Gestalt hängen, wirkt gleichzeitig jedoch unberührt von dieser tausendköpfigen Menge, von dieser Energie tiefer Inbrunst, die ununterbrochen auf ihn einströmt. Seine Gestalt scheint von innerem Frieden und innerer Glückseligkeit durchdrungen, die sich wie ein Frühlingsregen über die Masse ergießt.

Welch eine Aufgabe, sich täglich über Stunden den bittenden, verlangenen Augen unzähliger Menschen auszusetzen und doch in Gleichmut zu verharren! Ich kenne niemanden, der ob so viel Huldigung und Verehrung nicht unnahbar oder überheblich würde, dessen Stolz sich nicht aufblähte, sondern der in Güte, Mitgefühl und Liebe stets gleich bliebe.

Ich lasse mich von den Wellen der Erregung tragen, die durch die Masse wogen, wenn Baba auf der Bühne erscheint, von den Schwingungen der Süße, die manchmal von seinen Augen zu mir herüberweht, und ich greife zu meinem Stift, dem kühlen Beobachter, der die Ereignisse mit analytischer Distanz in einem Tagebuch vermerkt. Ich schwanke, wie weit ich mich auf das Geschehen einlassen soll.

Ich weiß, um die Tiefen des Meeres zu erkunden, genügt es nicht, sie vom Schiff auszuloten. Man muß schon selber hinuntertauchen, um die Perlen zu finden, die der Meeresgrund birgt. Zugleich aber erzeugt das tägliche Schauspiel der Verehrung Zurückhaltung in mir. Den Preis der Abhängigkeit bin ich nicht bereit zu zahlen, und noch vermag ich nicht zu unterscheiden, ob ihm diese Masse in der Halle in Hingabe oder Hörigkeit ergeben ist. Doch bekomme ich keine Gelegenheit, die Frage am grünen Tisch zu klären. An diesem Ort — das lerne ich in dem halben Jahr — klären sich die Fragen, die eigenen unbewältigten Konflikte im Feuer der Erfahrung, das die Schlacken der Vergangenheit zu Asche verbrennt.

Am vierten Tag im Aschram entdecke ich auf einem Hügel den Meditationsbaum. Von der kleinen Anhöhe aus schweift mein Blick über das weite Land und zu dem rötlichen Granit der Berge, in die das Tal mit dem kleinen Dorf Puttaparthi eingebettet liegt. Das satte Grün kleiner Wälder und verstreuter Baumgruppen verleiht dem Tal nach den schweren Regenfällen Frische und Anmut. Zu meiner Rechten verdecken hoch aufragende Eukalyptusbäume den Tempelbereich. Aschokabäume unterstreichen die weihevolle Stille. Deutlich sticht das karge Sandgelände des Wohnbereichs davon ab, der viele neue Rundhäuser und Hallen umfaßt, um dem zunehmenden Besucherstrom Herr zu werden.

In der Ferne, jenseits des Aschrams, blinken einige Kuppeln in der Sonne. Es sind die Tempelanlagen des Dorfes, in dem Baba vor mehr als sechzig Jahren geboren wurde, einem Dorf, wie es Tausende andere in Indien gibt: arm, staubig und lebensfroh. Auf seiner Geburtsstätte errichtete er einen *Schiwa*-Tempel und im Dorf Gedenkstätten für seine Eltern, Eswaramma und Venkappa Raju, einfache, fromme Leute, die der Ratnakara-Sippe angehörten, einer niederen Kaste, die in früheren Zeiten ihre Könige oder *Radschas* mit Liedern und Gedichten ehrten. Seine Eltern hatten bereits einen Sohn und zwei Töchter, als er am am 23. 11. 1926 geboren wurde, einem besonderen Tag der Schiwa-Verehrung. Sie nannten ihn Sathja Narajana, den innewohnenden Gott, der die Wahrheit verkörpert.

In dem Dorf besuchte der kleine Sathja die Landschule, später in der weiter entfernten Stadt Uravokanda die höhere Schule. Sein sanftes Wesen und seine vielseitige Begabung, besonders in Kunst und Musik, fielen auf. Seine Klassenkameraden im Ort empfanden ihn als Anführer. Er hielt vor dem Unterricht Andachten ab und brachte ihnen Bhajans bei, die er selbst dichtete und komponierte. Er versorgte sie mit Süßigkeiten, Blumen und Spielzeug, die, so erklärte er, ihm ein Engel gebe. Von klein auf war er natürlicher Vegetarier.

Mit vierzehn verfiel er mehrere Wochen lang in eine Phase, in der Ohnmachten und Trancen mit plötzlichen Durchbrüchen abwechselten, in denen er Lieder sang, poetische Worte hervorbrachte und die alten Schriften Indiens auslegte. Seine Familie und die konsultierten Ärzte führten seinen merkwürdigen Zustand zunächst auf einen Skorpionstich zurück, dann auf ein hysterisches Anfallsleiden, dem sie mit »Teufelsaustreibungen« zu Leibe rückten. Der Junge ließ die wochenlangen Torturen verschiedener Ärzte und Wunderheiler klaglos über sich ergehen. Als sein Vater ihm androhte, den »Größenwahn« aus ihm herauszuprügeln, sagte er: »Ich bin Sai Baba, der wiedergekommen ist, verehre mich.« Er verließ die Schule und die Familie, um von nun an für seine Anhänger zu sorgen, die ihm in Puttaparthi ein Haus, später den Aschram bauten.

SAI BABA VON SCHIRDI, als dessen Wiedergeburt er sich zu erkennen gab, galt als seltsamer Mann. Er hatte sich 1872 in einer verfallenen Moschee in der kleinen Stadt Schirdi, etwa zweihundert Kilometer nordöstlich von Bombay, niedergelassen und dort bis zu seinem Tod im Jahre 1918 gelebt. Er zog viele Schüler an, mehr als jeder andere religiöse Führer seiner Zeit, obwohl er nicht gerade zimperlich mit ihnen umging. Er vertrieb ungläubige Besucher mit Steinen und Flüchen, konnte ohne ersichtlichen Grund in rasende Wut geraten und sich ebenso schnell in einen liebenswürdigen Menschen verwandeln, um jemanden zu begrüßen oder zu verabschieden. Er schrie seine Anhänger an, schlug sie sogar mit einem Stock, erweckte und unterstützte aber auch die spirituelle Seite in ihnen. Er legte die Hand auf und übertrug durch seine Berührung bestimmte Energieimpulse und Kräfte, die eine starke Veränderung der Sinneswahrnehmung oder der Gefühle eines Schülers hervorriefen. Er konnte unausgesprochene Gedanken beantworten, und er vollbrachte Wunder, mit denen er Besucher anzog.

Die Kunde von Schirdi Babas Reinkarnation verbreitete sich rasch im Lande. Anhänger des verstorbenen Meisters eilten herbei, um sich von der Identität des Jungen von Puttaparthi zu überzeugen. Sathja überraschte sie mit Bildern von Schirdi Baba, die er aus der Luft holte. Wie jener verteilte er *Vibhuti*, heilige Asche, doch schien er sein Feuer in einer anderen Dimension zu unterhalten als Schirdi Baba, der das heilige Feuer in seiner Moschee am Leben erhielt. Sathja kannte jedes Detail über die Beziehung des verstorbenen Meisters zu seinen Schülern, und er war genau zu dem Zeitpunkt geboren, den Schirdi Baba in hohem Alter für seine Wiedergeburt vorausgesagt hatte. Aber nicht alle glaubten an diese Zusammenhänge. Etliche Schirdi-Baba-Anhänger blieben ihrem alten Meister treu ergeben und wollten von seiner Neuverkörperung als Parthi Baba (Baba von Puttaparthi) nichts wissen.

Langsam und stetig vergrößerte sich der Kreis der Anhänger um Sathja Sai Baba. Bis zu seinem 32. Geburtstag beglückte er sie mit vielen Wundertaten. Dann erklärte er, daß diese Phase seines Lebens beendet sei und er sich von nun an seiner Hauptaufgabe widmen werde, der Bildung und Erziehung der Menschen. Denn er wolle sie

auf den ursprünglichen Pfad des Geistes der Redlichkeit zurückführen. Die Gebäude des Collegeländes, die auf der anderen Seite der
Anhöhe liegen, auf der ich meinen Platz gefunden habe, zeugen von
der Aufgabe seines dritten Lebensabschnitts.

Der Meditationsbaum

Unter dem dichten Laubgewölbe des Banyanbaumes, den Baba vor
fünfunddreißig Jahren auf dieser Anhöhe gepflanzt hat, finde ich den
Schutz und den Frieden, den ich in dem regen Treiben des Aschrams
und den beengten Wohnverhältnissen vermisse. Eine dicke Metallplatte mit mystischen Zeichen, die Baba materialisiert hat, liegt unter den Wurzeln des Baumes vergraben. Sie soll den Menschen, die
unter dessen weitverzweigten, starken Ästen die Stille suchen, zur
Meditation verhelfen. Eine kleine Innenmauer umschließt den
Baumstamm, eine Außenmauer den Sandkreis.

Am zweiten Tag unter dem Baum falle ich in Schlaf. Ich sehe einen inneren und einen äußeren Kreis, die durch eine Wand getrennt
sind. Ich sitze im äußeren Kreis, blicke auf die Mauer. Während ich
im Traum über den Traum nachsinne, wird es glühend hell um meine Stirn. Ich schaue auf, prüfe, ob die Sonne durch die Zweige
scheint. Sie verbirgt sich hinter einer Wolke. Das Licht bricht von
innen durch die Stirnmitte. Es trägt mich zurück nach Findhorn, in
Magdalenas Zimmer, zu dem Baum in der Wüste, von dem sie in ihrer Lesung sprach, zu Jivatman, das sich hinter der Mauer eingeschlossen hatte, um zu überleben.

Prüfend betrachte ich den Baum, zu dem mich die Reise geführt
hat. Tief und fest haben sich seine Wurzeln durch den Sand in die
Erde gegraben. An einzelnen Stellen sprengte die Kraft der Wurzeln
die Steine. Die Wurzeln holen den Saft aus der Tiefe der Erde, garantieren das Überleben des Baums auch in den langen Dürrezeiten in
diesem Land. Blätter vertrocknen, fallen ab, erneuern sich. Der
Baum bleibt davon unberührt, spendet Schatten und Frieden allen,
die ihn aufsuchen und sich in diese Naturkapelle zurückziehen. Wie
sehr dieser Baum mein Leben symbolisiert: den Durst der Seele, die

die Dürre übelebt hat, die Erkenntnisse und die Geborgenheit, die ich anderen trotz der Dürre geben konnte. Die Dürre konnte den Stamm nicht angreifen, auch wenn die Blätter verwelkten und sich schließlich wieder erneuerten.

Im Traum habe ich den Innenkreis der Mauer verlassen, betrachte sie von außen. Der Weg ist frei. Ich muß die Spur finden, die mich zu dem vage erahnten Ziel führt. Ich will die Wüste um den Baum bewässern, sie neu begrünen und bepflanzen, so daß der Baum Gesellschaft hat. Ich möchte überströmen vor Liebe, die aus meinem Herzen fließt, furchtlos und aufrecht. Hier zu sein, ist die größte Chance meines Lebens. Doch wie kann ich sie nutzen?

Die vielen Menschen im Aschram, die Hitze, die Gerüche und die unruhigen Nächte, die schmerzenden Glieder, der Durchfall — sie alle sind Stolpersteine auf diesem Weg. Es ist leicht, an all diesen Äußerlichkeiten hängenzubleiben, den Blick für das zu verlieren, worum es mir zunächst geht: meditative Stille zu finden, um die Wahrheit zu suchen, die sich nur der inneren Erkenntnis erschließt.

Der äußere Rahmen des Aschrams erschwert mir diese innere Suche. Die morgendlichen Gesänge der Priester schallen zu meinem Hügel hoch und klingen fremd in meinen Ohren. Die Rituale sprechen mich nicht an. Babas äußere Gestalt berührt mich wenig. Also muß ich meinen eigenen Weg durch all diese »Ablenkungen« hindurch finden, entscheiden, was von dem Angebot für mich sinnvoll ist, muß mir mein eigenes Programm zusammenstellen.

Ich vertiefe mich in den »Kurs in Wundern«, den ich von Findhorn mitgenommen habe. In kleinen, täglich verabreichten Dosen — Lektionen für die 365 Tage des Jahres — wird die grundlegende Philosophie der Weltreligionen aus christlich-esoterischer Sicht vermittelt, die Botschaft der Liebe und des Lichts. Mit den Waffen der Logik wird die Scheinlogik unserer Vorstellungen über die Welt ad absurdum geführt, die Sichtweise von der Welt geändert. Mit Gott als dem allgemeinen, universellen Prinzip, von dem alle konkreten, sichtbaren Erscheinungsformen ihren Ausgang nehmen, kann ich mich anfreunden.

»Gott ist das, was du wirklich bist, dein wahrer Kern«, sagt der »Kurs in Wundern«. »Das Göttliche ist die Erbschaft des Menschen.

Er muß sich seines Erbes nur bewußt werden, die Schleier lüften, die er über seine eigene Wahrheit gebreitet hat.«

»Selbstvertrauen ist dasselbe wie der Glaube an Gott... Was in eurem Herzen als reiner Gedanke und höchstes Bewußtsein lebt, ist Gott selbst. Beides ist Gott, und ihr solltet nicht irgendwo anders nach ihm suchen«, sagt Sai Baba.

Über den »Kurs in Wundern« beginne ich, seine Botschaft zu begreifen, zu verstehen, daß der Kern aller Weltreligionen der gleiche ist: die Liebe. Die Lektionen helfen mir, mich dem Unfaßbaren, dem Unglaublichen anzunähern, in täglich kleinen Rationen die darin vermittelte Weisheit in mir wirken zu lassen und zu überprüfen. Wunder, so läßt mich der Kurs wissen, sind die natürliche Beigabe des Wissens um den eigenen Ursprung, Ausdruck der Verbundenheit mit Gott. Doch ist der Weg dahin mit Zweifeln, Verwirrung, mit Schlachten zwischen dem inneren Wissen, Jivatman, und dem sozialen Selbst, Ahamkara, gepflastert, mit hilfreichen »Zufällen« und Einsichten. Wie auf einer Spirale winde ich mich durch dieselben Konfliktmuster, das Vertraute, Gewohnte und doch immer Neue.

In den vielen Stunden, die ich während der ersten sechs Wochen unter dem schützenden Blätterdach des Meditationsbaums verbringe, quellen Bilder, Gedanken, Erinnerungen hervor, die sich zu einem Puzzle verdichten, einem göttlichen Plan, der mich hierhergeleitet hat. Ich erkenne die Spur der Kraft, der ich mich drei Jahre zuvor, an jenem See in New York, anvertraut habe und die meine Schritte seitdem lenkt. Meine Lust zu lesen — erstickt unter den Papierbergen von Kursvorbereitungen, Fachzeitschriften und Verordnungen — getraut sich wieder hervor, findet den Raum, sich der Lektüre zuzuwenden, die meine tiefsten Fragen berührt, mir Antworten gibt. In der Stille des Baumes sinke ich nach innen, hinter die Flut der geschäftigen Gedanken, dorthin, wo die Antworten sich in dem feineren Netz der Energien bilden, Worte hervorsprudeln und sich zu einem Tagebuch verdichten. Überschriften tauchen auf, zunächst kann ich sie nicht miteinander verbinden. Dennoch formen sie sich zu einer Gliederung, zu Kapiteln und Abschnitten eines Buches, dieses Buches. Im kühlen Schatten meiner Naturkapelle finde ich ein Stück von mir wieder, das unter den Anforderungen eines therapeutischen, lehrenden und forschenden Lebens verschüttet war.

Der Baum, mit dem mich mein Innerstes verbindet, wird zum ersten »Stellvertreter« Babas. Ganz kann ich mich seiner äußeren Gestalt aber nicht entziehen. Nur für den Frieden unter diesem Baum hat er mich nicht zu sich gerufen. Ich muß mich auch mit dem »äußeren« Baba auseinandersetzen.

Ein Brief an Baba

Das Schreiben einer Freundin wird zum ersten Prüfstein meiner Begegnung mit ihm. Sie hat mir einen Brief für ihn mitgegeben. Er brennt mir auf den Nägeln. Ich weiß, es ist ihr wichtig, daß Baba ihn bald bekommt. So muß ich mich dem morgendlichen Spiel des Darschans stellen.

»Ob du einen Brief abgibst oder zwei, die Aufregung ist dieselbe«, sagt Buddhi. »Nutze die Gelegenheit, um den ersten Kontakt mit ihm aufzunehmen.«

»Das ist wahr«, sage ich. Ich setze mich hin, um einen Text an ihn zu formulieren. Nein, es ist nicht dasselbe, ob ich meinen Brief oder den einer Freundin abgebe, stelle ich fest. Ich verfange mich in meinen Zeilen. Was will ich von ihm? Worum will ich ihn bitten? Will ich überhaupt etwas von ihm außer prüfen, wer er ist? Ich bin mir dessen nicht mehr sicher. In der Wärme, der Güte, dem aufstrahlenden Glanz der Augen liegt eine Verlockung, die ich mehr erahne als bewußt greifen kann. Doch gerade das alarmiert mich. Mache ich mich mit solch einem Brief nicht von seinem Wohlwollen abhängig? Und genau das wollte ich doch nicht. Ich schwitze über der Formulierung, entscheide mich für eine neutrale Fassung, ein höfliches Dankschreiben.

Lieber Sai Baba,
danke für die Begleitung, die du mir möglicherweise geschickt hast, um mir die Ankunft in Indien zu erleichtern. Bitte hilf mir, die Auf-

gabe in meinem Leben zu finden, die von meinen Fähigkeiten und
Fertigkeiten für andere wie für mich den besten Gebrauch macht.
Hilf mir auch, den Gefährten zu finden, der diese Aufgabe an meiner
Seite mittragen kann und will. Mit Dank und Respekt.

Mit beiden Briefen in der Tasche gehe ich jeden Morgen zum Darschan. In der tausendköpfigen Menge sitze ich aber jedesmal so ein-
gekeilt, daß ich meine Briefe nicht loswerden kann.

»Warte bis nach dem Fest«, rät mir meine amerikanische Zimmergefährtin, »wenn der Darschan im Tempelinnenhof stattfindet.«

Doch kann Ahamkara der morgendlichen Konkurrenz nur
schlecht widerstehen. Sportlicher Ehrgeiz, aufflackernder Neid und
Zweifel bringen mich aus der Fassung. Durchfall und ein Hitzekol-
laps bescheren mir am letzten Morgen des Festes in der Halle einen
Stuhl im vordersten Block des Auditoriums. Diese Chance will ich
mir nicht entgehen lassen. Hinter einer Säule schiebe ich mich an die
vorderste Stuhlreihe heran, strecke meinen Arm hinter der Säule
hervor, wie ich es tags zuvor mit meinem Fernglas bei einem Mann
im gegenüberliegenden Block beobachtet habe. Ein bedauerndes
Kopfschütteln deutet mir an, daß Baba kehrt machte, bevor er meine
Säule erreichte.

»Oh, hätte ich doch diesen unseligen Brief von meiner Freundin
nicht mitgenommen«, stöhne ich abends in meinem Zimmer.

»Man kann sie ihm auch per Post schicken«, verrät mir Faye, die
mit demselben Problem kämpft.

Ich zögere. »Sollte ich nach einer Woche immer noch auf den Um-
schlägen sitzen, werde ich ihm den Brief meiner Freundin zuschik-
ken«, entscheide ich dann. »Mein eigener Brief hat mich in ein Spiel
verwickelt, das ich nicht durchschaue. Ich muß sehen, wohin es
führt.«

Das Dassarafest geht seinem Höhepunkt entgegen, der Schlußzere-
monie am Sonntagnachmittag. An diesem zehnten Tag zelebriert
Baba den vollständigen Sieg der lichten über die dunklen Kräfte der
Natur. Mit dem Wasser, das während der Durchführung des Son-
nenrituals geweiht wurde, segnet er die versammelte Menge. Dann
nimmt er auf einer silbernen Schaukel unter einem silbernen Balda-

chin Platz. Ganz in Weiß ruht er auf den blauen und silbernen Kissen, lächelt warm und freundlich in die Menge, hebt huldvoll die Hand, schaukelt im Takt der vollen und kräftigen Stimme aus dem Lautsprecher auf und nieder. Sie intoniert Bhajans, die heiligen Gesänge, die Gott mit vielen Namen preisen. Die Menge fällt in den Gesang ein, wiederholt die Zeile, die die Stimme aus dem Lautsprecher vorgibt.

Der Mann auf dieser Schaukel drapiert sich in spielerischem Vergnügen auf die Kissen, setzt für die Fotografen ein strahlendes Lächeln auf: Blitz frei für ein neues Foto. Bei jedem anderen würde die Szene leicht zum Klischee eines Hollywoodfilms der fünfziger Jahre verkommen. Er aber läßt keinen Zweifel daran, daß diese »Show« keine »Show« ist, die der Befriedigung eigener Bedürfnisse nach Selbstdarstellung dient, sondern eine »Schau«, ein Geschenk für die tiefen Sehnsüchte des Menschen, jemanden unbeschränkt zu lieben und zu verehren. Während die Fotografen an der Bühne und die Menschen im Publikum die Kameras hochreißen, um dieses seltene Vergnügen auf dem Bild festzuhalten, stimmt er die Masse im Saal auf denselben Rhythmus ein, der sich aus seinem Inneren in die Menge fortzusetzen scheint und zu ihm zurückströmt. Das Konzert der vielen Stimmen fügt die Menschen zu einem Körper zusammen, der im selben Schlag pulsiert. Die Kraft des Klangkörpers erhebt die Seelen. Die Herzen fliegen Baba zu. Anmutig und unbeschwert schwingt er auf der Bühne hin und her, in der vollkommenen Schönheit, die nur der inneren Harmonie entspringen kann.

Die Abschlußzeremonie ist beendet. Baba verabschiedet die Reisenden mit freundlichen Worten. Viele müssen zurück zur Arbeit, zum College, zur Schule. Zahlreiche Busse und ein Taxipark stehen für die Abfahrt bereit.

Der Aschram leert sich über Nacht. Zurück bleiben die Weitgereisten, die nicht zum Fest gekommen sind, sondern um Babas Darschan aus der Nähe, im Tempelinnenhof, zu erleben. Die Tausende, die weiterhin im Aschram leben, bilden ein großes auseinandergezogenes Auditorium, das die Tempelfront rechteckig umspannt. Ich sitze in der sechsten Reihe, warte auf sein Erscheinen. In meiner

Tasche verberge ich die beiden Briefe, die mich gefangen halten. Ich fühle mich wie ein kleines Kind, das seiner Mutter zuruft: »Wasch' mich, aber mach' mich nicht naß!«

»Was ist nur los?« frage ich Buddhi, meinen analytischen Ratgeber, verwirrt, während ich auf die Tür des Tempels starre, aus der Baba jeden Moment heraustreten muß. »Was setzt mich so unter Druck, diese Briefe loszuwerden?«

»Du sitzt in der Falle«, sagt Buddhi.

»In welcher Falle?«

»In Ahamkaras Falle. Es möchte Babas Aufmerksamkeit, ohne daß es von sich etwas preisgeben muß.«

»Ich will mich nur nicht von seinem Wohlwollen abhängig machen«, protestiert Ahamkara.

»Ja, aber er ist kein Dienstbüro, bei dem du die Briefe abgeben kannst«, erklärt Buddhi. »Du mußt dich auf ihn einlassen, wenn du etwas von ihm willst.«

»Mich stört die Einseitigkeit dieser Beziehung.«

»Wenn du ehrlich bist, ärgert dich doch, daß *du* über diese Situation keine Kontrolle hast.«

»Warten wir's ab«, meint Ahamkara.

Darschan

Ich schaue in die Gesichter der um mich versammelten Menschen, Gesichter, umrahmt von blonden und braunen Locken, kunstvoll aufgetürmten Frisuren, rotem, kurzgeschnittenem Modehaar, schwarzem oder grauem, in der Mitte gescheiteltem und in einem Zopf nach hinten geflochtenem Haar. Ich sehe in blasse und braungebrannte, andächtige und verbitterte, neugierige und müde, leidende und lächelnde Gesichter, in Gesichter, die von den Spuren des Lebens gekennzeichnet sind: rohe, unbehauene Spuren eines ländlichen Lebens, feine Verästelungen geistiger Arbeit, adeliger Kultur. Ich entdecke Gesichter, die das Leben noch nicht kultiviert hat, die ihm voll treuherzigem Staunen, voller Neugier entgegenblicken. Ich schaue in breite und scharfgeschnittene, runde und ovale, schwachsinnige und intelligente Gesichter. Ich blicke auf Haut aller Schattierungen, weiße, gelbe, braune, schwarze, auf Menschen aller Rassen. Alle Klassen, alle Kasten, alle Länder, jedes Alter sind hier vertreten. Was eint sie, was bringt sie her?

»Nur ein kleiner Prozentsatz kommt wegen des spirituellen Weges, der Erleuchtung, der Befreiung von Maja«, sagt Baba. Ein größerer Prozentsatz kommt, um von Leiden und Krankheiten geheilt zu werden, ein noch größerer Prozentsatz wegen der Wunder, die Baba in Indien bekannt gemacht haben.

Babas persönlicher Begleiter erscheint in der Tür des Interviewraums, ein kräftiger Mann mittleren Alters. Er kündigt Babas Auftritt an. Ein Rascheln geht durch die Menge, Bücher, Hefte verschwinden in den Taschen, die Rücken strecken sich, die Saris werden ordentlich zurechtgezupft, die Schulterteile nach vorne gezogen, so daß die Arme bedeckt sind. Die Hände falten sich in Erwartung, die Gesichter wenden sich der Veranda zu. Ein weiteres Raunen: »Swami, Swami!«

Babas schwarzes Lockenhaar, sein orangerotes Gewand erscheinen auf der Veranda, auf der die Collegestudenten und seine Mitarbeiter ihren täglich gleichen Platz eingenommen haben. Ein oder zwei seiner Zöglinge richten sich auf den Knien auf und reichen ihm auf einem Tablett *Praschad*, Speisen zum Segnen. Sie werden anschließend unter den Kameraden verteilt. Babas Blick fällt auf einen weißhäutigen Jungen. Der Blick zieht diesen hoch auf die Knie. Babas Finger unterstreicht die belehrenden Worte, mit denen er den Jungen zurechtweist, kräftig und liebevoll. Ein freudiges »Aaahhh« geht durch die Menge. So hat sie ihn gern: gestrenger Vater und gütige Mutter zugleich.

Einen Moment verharrt er auf der Veranda, als verschaffe er sich innerlich einen Überblick über die versammelte Menge. Dann hebt er segnend die rechte Hand, geht zielstrebig, wenn auch gemessenen Schrittes über den glattgefegten Sand hinüber zu den Menschen, die ihn erwarten. Er hat seine Runde angetreten. Geschmeidig wie eine Wildkatze bewegt er sich über den Sand, jeder Zentimeter gespannte Aufmerksamkeit. Sein wacher Blick gleitet über die Menge, haftet für einen Moment an einem Augenpaar, das ihm voll Ehrfurcht und Demut entgegensieht, schweift weiter.

Er schreitet den seitlichen Block der Frauen ab, die sich — in zwölf, vierzehn Reihen — vor der Arkade zusammendrängen. »Swami, Swami.« Sie recken die Hälse, halten ihm Briefe entgegen. Er hebt beschwichtigend die Hand: »Wait, wait« (wartet, wartet). Eine schwarzhäutige indische Frau stürzt vor, möchte seine Füße berühren. Gewandt weicht er aus. Sein Blick wird streng. Die Geste seiner Hand weist sie bestimmt zurück. Einige Frauen in den hinteren Reihen erheben sich, drängen nach vorne. »Kuchar, kuchar« (bleibt sitzen). Er schreitet die Schmalseite des Blocks ab. Eine junge Frau mit erwartungsvoll angespanntem Blick hält ihm das Neugeborene hin, dazu ein Tablett mit Nahrung. Er gibt dem Baby die erste Speisung, die erste feste Nahrung, mit der das Kind aus dem Schutzraum der Mutter in die physische Welt hinein entlassen wird. »Name, Name!« drängt sie. Er gibt dem neuen Erdenbürger einen Namen. Sie lächelt glücklich.

Unter der Palme, die Ehrengästen vorbehalten ist, haben drei Frauen in kostbaren Seidensaris Platz genommen. Babas Gesicht strahlt auf, als er sie sieht. »Bangaru!« (Gold) ruft er einer von ihnen zu. Seine rechte Hand kreist in rascher Bewegung, als drücke die Handfläche die Luft nach unten. Unter der Handfläche sammelt sich die graue Asche, die er mit einer geschickten Wendung der Hand auffängt und in die sich ihm entgegenstreckenden Hände fließen läßt. Den Rest schnippt er mit den Fingern in die Luft. Eine Frau reicht ihm ein Taschentuch. Er wischt sich die Finger ab, an denen der Staub noch sichtbar ist, wirft ihr das Taschentuch zu. Sie führt es an ihre Lippen, verbirgt es beglückt in der Tasche. Eine Geste seiner Hand erlaubt der Frau, die *Vibhuti* von ihm empfangen hat, *Padnamaskar,* das Berühren seiner Füße. Sie verneigt sich tief vor ihm, berührt mit ihrer Stirn, dem dritten Auge, seine Füße, berührt mit ihren Händen dann ihre Stirn, ihre Augen, ihren Mund, das Herz. Tränen stehen ihr in den Augen.

Einige Frauen halten ihm abgepackte Tüten mit Vibhuti zum Segnen entgegen. Auf manche davon tippt er mit dem Finger, andere läßt er seitlich liegen. Aus der zweiten Reihe reicht eine Hand ein riesiges Foto nach vorne und einen dick schreibenden Stift. Nach kurzem, prüfendem Blick nimmt Baba das Foto. »With Love, Baba« zeichnet der Stift in großen Lettern darauf.

Als er in meine Nähe kommt, gehe ich unter dem Protest der Anwesenden nach vorne, so wie ich es bei anderen beobachtet habe. Er blickt nicht in meine Richtung, geht an mir vorbei.

»So gelingt das offensichtlich nicht«, murmelt Ahamkara enttäuscht, »dabei klappt es doch bei anderen«.

»Baba sagt, ihn ruft das Herz und nicht der Verstand. Vielleicht liegt da der Hase im Pfeffer«, überlege ich, während eine Gruppe violett betuchter Frauen teils gemessenen, teils hastigen Schritts zur Veranda eilt. Im Männerblock erheben sich Männer mit violetten Halstüchern und streben ebenfalls auf die Veranda zu. Sie fühlen sich zum Interview gerufen, das Baba ihnen nach Beendigung seines Rundgangs erteilt.

»Du verschweigst den Anlaß, der dich hergeführt hat«, mahnt Jivatman leise.

Ich stutze. »Welcher Anlaß? . . . Oh, das war mir entfallen«, sage ich reumütig.

»Der Grund ist dir zu kindlich«, korrigiert Buddhi unterbittlich, »und du genierst dich deswegen.«

Ich schreibe einen neuen Brief, ohne nachzudenken. Er fließt mir aus der Feder.

Lieber Sai Baba,
ich bin aus Deutschland hergekommen, um meine Liebe einer göttlichen Mutter gegenüber auszudrücken. Die Erfahrung Deiner Wärme und Süße während der letzten Wochen haben mir die Zuversicht gegeben, daß Du meine Liebe annehmen kannst.
Du hast meine Verzweiflung in jener Nacht, als ich um die Wahrheit bat, gesehen. Du kennst die Kämpfe zwischen meinem inneren Wissen und meinem sozialen Selbst um diese Frage. So helfe mir
— die Wahrheit zu finden,
— die Aufgabe in meinem Leben zu finden, die mich erfüllen wird,
— einen Gefährten zu finden, der das Leben mit mir teilt.
Ich bin dankbar für die innere Führung, die ich in meinem Leben erfahren habe, trotz aller Zweifel und Skepsis. Halte Deine Hand auch weiterhin über mir.

Mit diesem Brief eile ich zum nächsten Darschan, ohne Erfolg.

Im Buchladen des Aschrams fällt mir ein Buch von HOWARD MUR-
PHET in die Hände. In dem aufgeschlagenen Kapitel schildert er junge
Menschen, die monatelang, jahrelang in Babas Aschram lebten, die
er nie eines Blickes gewürdigt hat und die die Stimme des Herzens,
der Liebe doch in sich gefunden haben.

»Und du wirst schon nach drei Versuchen ungeduldig«, rügt Jivatman sanft.

»Geduld war noch nie meine Stärke«, sagt Ahamkara erfolgsge-
wohnt.

»Es kommt nicht auf die äußere Anerkennung an, sondern auf die
innere Beziehung«, mahnt Buddhi. »Dieses ganze ›Theater‹ stachelt
Ahamkara nur an und lenkt dich vom Wesentlichen ab.«

Ich besinne mich auf das, was mir wichtig ist, wozu ich hergekommen bin: den Teil in mir zu stärken, der hinter der Mauer eingeschlossen war, ihm zu gestatten, die Liebe, die Begeisterung und die
Sehnsucht nach einer göttlichen Mutter zu erleben und zu zeigen.
Mit der ausdrücklichen Erinnerung an das kleine Mädchen in mir,
an Jivatman, dem ich in meinem Leben wenig Raum gegeben habe,
kehrt eine tiefe Freude zurück. Ahamkaras Druck, die Briefe los zu
sein, entschwindet.

Ich sitze beim Darschan unter den überdachten Arkaden, genieße
das Spiel der Affen, die sich von Baum zu Baum schwingen und mit
lautem Krachen auf den Dächern landen. Ich erfreue mich an der
blaubeigerosa Pracht des Tempels, Jivatmans Kinderschlosses, vor
mir mit seinen Elefanten, Einhörnern, Drachen, Schlangen und
Pfauen, mit Musikanten und indischen Putten, die sein Dach tragen,
mit der silbernen Tür, die zu dem Balkon führt, von dem aus Baba
am Weihnachtsmorgen die Huldigung der »Westler« entgegennimmt
und seinen Segen erteilt.

Ich überlasse mich dem Spiel der Kräfte, die auf diesem Platz wal-
ten und mich in die zweite Falle gelockt haben, nachdem ich gerade
noch rechtzeitig Michaels Schlag entgangen bin. Es ist die Falle von
Ahamkara mit seinem Ehrgeiz, seinem Bedürfnis nach Sicherheit
und Kontrolle, seiner Angst, sich preiszugeben und verraten zu
werden. Das Spiel der Kräfte bringt mich am Nachmittag in die er-

ste Reihe beim Darschan. Baba bleibt vor mir stehen, sieht mir
ernst in die Augen. Ich schaue ihn prüfend an, überreiche ihm die
Briefe. Ich bin erleichtert. Der erste Kontakt ist hergestellt, ohne
Auslieferung, ohne dramatische Veränderungen, ein selbstverständ-
licher Akt.

Alltag im Aschram

Das Leben der Menschen findet zu der gewohnten Gangart, die den
Alltag, die Zeit zwischen den Festlichkeiten prägt. In immer glei-
chem Rhythmus reihen sich die Tage aneinander, von den wenigen
Ereignissen gestaltet, die wie Marksteine in den Tageslauf gesetzt
sind. Mit dem Morgenritual des *Omkaras* und des *Suprabhatams* wird
um fünf Uhr der Tag begrüßt. Ihm folgt das *Nagar Sankirtan,* eine
Prozession von Männern und Frauen, die den Aschram mit heiligen
Gesängen zum Leben erwecken. Babas Darschan findet morgens gegen sieben Uhr und nachmittags gegen siebzehn Uhr statt — die Hö-
hepunkte jeden Tages, die kaum einer mißt. Morgens um neun Uhr
und abends um achtzehn Uhr erklingt das halbstündige Bhajansingen. Diese Gesänge zur Lobpreisung Gottes sollen die Seele erheben
und auf den universellen Geist einstimmen. Eine zehnminütige stille
Abendmeditation ist den »Westlern« vorbehalten und beschließt den
Tag.

Die übrige Zeit steht zur persönlichen Verfügung, sie bleibt den
eigenen spirituellen Neigungen vorbehalten. Jeder muß seinem eigenen inneren Weg folgen, die Praktiken üben, über die sich für ihn
der göttliche Quell erschließt. Der Weg zu Gott ist ein individueller
Weg.

Baba selbst lehrt und wendet keine speziellen Techniken an. Dieser Avatar, erklärt er, folge keinen besonderen Übungen, keiner besonderen Form der Verehrung Gottes, denn er sei selber der Höchste. Er lehrt, Gott zu verehren, zu preisen und in allen Aspekten, allen Namen, allen Formen, in denen er sich der Menschheit offenbarte, zu ihm zu beten, denn alle Formen sind seine. Jede Form führt zu
ihm.

Er warnt vor dem Markt der Möglichkeiten, der sich im spirituellen Bereich, besonders im Westen, in den letzten Jahren etabliert hat. Nur diejenigen, die eine Methode in all ihren Aspekten selber erfahren und ganz realisiert haben, könnten diese Methode weitervermitteln, doch gäbe es heute, so meint er, keine Lehrer mehr, die die alten Wege des Joga und der Meditation beherrschen. Von daher richte die Vermittlung solcher Verfahren oft mehr Schaden an als Nutzen.

Baba empfiehlt denjenigen, die den inneren Weg beginnen, eine geregelte Meditationshaltung (fester Ort, feste Zeit, gleiche Zeitdauer). Ziel sollte jedoch sein, mit jedem Atemzug Glückseligkeit einzusaugen, jeden Atemzug mit der Süße des Namens Gottes zu füllen. Dann wird Meditation zu einer Grundhaltung dem Leben gegenüber statt zu einer rituellen Übung.

Die gemeinsamen spirituellen Ereignisse im Aschram sind auf die Verehrung Gottes ausgerichtet, auf die Hingabe an ihn, denn diese Hingabe, so sagt er, sei der sicherste und schnellste Weg zu ihm und damit zum eigenen inneren Kern, dem wahren Selbst. Die Wiederholung des Namens Gottes in Verbindung mit der Betrachtung seiner Herrlichkeit und Gnade sei das Vitamin des Geistes, das den Körper vor Krankheiten schützt.

Die traditionellen Lehren des Joga beschreiben vier Wege des Zugangs zu Gott und damit zum eigenen inneren Kern, dem wahren Selbst:

Jnana-Joga ist der Weg des Wissens, der Unterscheidungsfähigkeit zwischen dem Wirklichen und der Illusion, der Einheit der Existenz und deren vielfältigen Manifestationen.

Karma-Joga ist der Weg der selbstlosen Tat, der die Früchte der guten Werke Gott überläßt, statt das eigene Ich damit zu füttern.

Bhakti-Joga gilt als der Weg der Hingabe, der liebenden Verehrung einer göttlichen Inkarnation, deren Eigenschaften wir im Herzen tragen.

Raja-Joga übt die Kontrolle über das in alle Richtungen schweifende Bewußtsein, das »Affenbewußtsein«, aus, wie Baba es nennt, und kontrolliert die Gefühle durch meditative Versenkung in die Leere hinter der Geschäftigkeit der Gedanken, durch Selbsterforschung, durch die rechte Schau.

Die liebende Verehrung ist für die Mehrheit der einfachste Weg. Den Weg der Tat praktizieren wir, ob wir wollen oder nicht. Jnana- und Raja-Joga setzen eine bestimmte Bewußtseinsstruktur voraus. Diese Wege werden nur von wenigen verfolgt. In einem gewissen Ausmaß nutzen wir jede Spur zu unserem eigenen Kern, doch gibt es je nach Ausstattung des seelisch-leiblichen Gefährts, das wir in diesem Leben fahren, eine Spur, auf der wir uns am liebsten bewegen.

In den Wegen des Wissens und der Selbsterforschung erkenne ich meinen Lebensweg wieder. Die liebende Verehrung eines Meisters gehört nicht zu meinem Weltbild. Doch hat mich die Paradoxie des Lebens vermutlich aus diesem Grunde zu Sai Baba geführt.

Wie immer die Spur verläuft, wesentlich ist, daß wir den eigenen Weg — wenn wir ihn gefunden haben — konsequent verfolgen. Sonst ergeht es uns nicht besser als dem Mann, der auf der Suche nach Wasser viele Stellen angräbt, ohne fündig zu werden, statt an einer Stelle in die Tiefe vorzudringen, in der das Wasser fließt.

Der Freiraum zur Gestaltung des eigenen inneren Wegs ist für viele westliche Menschen eine Herausforderung. An einen strikten Zeitplan gewöhnt, der ihr Leben von außen diktiert, fallen sie in diesem Freiraum plötzlich ins Nichts und greifen auf gewohnte Verhaltensweisen zurück. Sie knüpfen neue Beziehungen an und füllen die Zeit mit Gerede über Nichtigkeiten. Die gepriesene Individualität des Westens erweist sich auf der Folie dieses Aschrams als Unfähigkeit — geboren aus der Orientierung an den Werten einer Massengesellschaft —, freie Zeit sinnvoll für den eigenen Weg zu nutzen. Die im Westen kritisierte Unfähigkeit der Inder zu äußerer Disziplin und leistungsorientiertem Wettbewerbsverhalten stellt sich vor dem Hintergrund des Aschrams als innere Freiheit dar. Um die »Westler« von Verhaltensweisen abzuhalten, die in ihrem kulturellen Milieu selbstverständlich, für die Inder jedoch verwirrend sind — wie Gespräche zwischen unverheirateten Männern und Frauen in der Öffentlichkeit —, werden für sie von Zeit zu Zeit Sonderveranstaltungen angeboten: Vorlesungen über spirituelle Fragen, Bhajanklassen für Neuankömmlinge und Fortgeschrittene.

Babas Darschan — wörtlich: dieselbe Luft zu atmen wie Baba — ist der Mittelpunkt des täglichen Geschehens. Allein der Anblick ei-

nes Heiligen, sagen die Inder, bringe Glück und Segen. In dem un-
mittelbaren Kontakt mit ihm weiten sich die Herzen, brechen die
tiefsten Sehnsüchte des Menschen auf: im Kern erkannt und geliebt
zu werden. Erstarrte Überzeugungen werden aufgerüttelt und
durcheinandergewirbelt. Abgelegte, ungelöste Fragen und Konflikte
drängen aus den Abstellkammern und den Katakomben des Unbewußten hervor. Der tägliche Darschan ist eine tägliche Konfrontation mit den eigenen Wünschen, Bedürfnissen, Sehnsüchten, mit
enttäuschten und erfüllten Erwartungen.

In den ersten Wochen ist er für mich auch eine Auseinandersetzung mit dem Anblick derer, die an seinem Gesicht, an seiner Gestalt hängen, ihr Glück, ihr Wohlbehagen, ihre Existenz von einem
Blick aus seinen Augen abhängig machen, ihre Zeit damit verbringen, seine Gesten, seine Mimik zu analysieren. Jede Regung erhält
eine bestimmte Bedeutung, wird im Markt der Meinungen verhan-
delt, interpretiert, festgelegt. Genau dies ist jedoch ein Unterfangen,
das zu ständiger Frustration führen muß, denn in seinen Handlungen ist Baba unberechenbar, unplanbar, unkalkulierbar wie kein anderer, den ich kenne. Er wirkt, als folge er einem inneren Gesetz, einem inneren Fluß, der Spontaneität des Moments, dem, was das
Hier und Jetzt verlangt. Keiner kann voraussagen, wann er abreist,
wann er kommt, wann er was tun wird. Und keiner kann ihn hindern, Vereinbarungen im letzten Moment umzustoßen, wenn ihm
eine andere Handlung dringlicher erscheint. Er kann zweihunderttausend Menschen in einem Stadion vergeblich auf sich warten lassen, um den Grundstein für eine Schule zu legen. Er kann das sonn-
tägliche Bhajansingen in Whitefield, einem College in der Nähe von
Bangalore, zu dem Menschen aus der ganzen Umgebung hinströ-
men, für eine Picknickfahrt mit seinen Studenten ausfallen lassen.
Er kann in einer tausendköpfigen Menge einen einzelnen gezielt ansprechen, ohne daß seine Nachbarn dies bemerken. Er kann mit einem Wort, einem Satz, einem Blick einer ganzen Gruppe von Menschen eine Antwort auf ihre persönlichen Fragen geben. Und so wenig sein Verhalten vorhersagbar und interpretierbar ist, so wenig
sind seine Mimik, seine Gestik klassifizierbar. Daher sind die Versuche, das Spektrum seines Ausdrucks während des Darschans fest-

zulegen und zu deuten, zum Scheitern verurteilt. Es bedarf des eigenen inneren Gespürs, um seine Botschaft für sich selbst richtig zu erfassen.

In der Orientierung an äußeren Maßstäben, an die Besucher aus dem Westen von ihrem kulturellen Zusammenhang her gewöhnt sind, fällt genau dies ihnen schwer. Desorientierung und Verwirrung sind daher keine Seltenheit, und die Diskussionen darüber, wie Baba was gemeint haben könnte, muten das analytische Bewußtsein merkwürdig an. Sie wirken wie die hilflosen Versuche von Kindern, sich das unverständliche Verhalten geliebter Eltern so zu erklären, daß die Schmerzen und das Leiden, die dieses Verhalten verursachen, einen Sinn erhalten. Ja, alle Bedürfnisse nach kindlicher Abhängigkeit, nach dem gütigen Vater, der für alle und alles sorgt und einem die eigene Verantwortung abnimmt, werden hier an die Oberfläche geschwemmt. Sie machen sich an dem Manne fest, der alle Bedürfnisse erfüllen zu können scheint und doch genau solche Bedürfnisse oft enttäuscht, brüskiert und umformt. Baba als *Schiwa*, der Zerstörer des Ichs, ist bei der Arbeit, liebe- und verständnisvoll, doch ohne jede Sentimentalität, klar und direkt, ohne falsche Zungenschläge. Hier werden die Schatten der Vergangenheit ans Licht gezerrt und transformiert. Hier werden die abgelagerten Schlacken im reinigenden Feuer zu Asche verbrannt.

Das Spiel der Briefe

Ich folge dem täglichen Schaustück des Darschan mit gemischten Gefühlen. Das Spiel der Briefe nimmt mich erneut gefangen, sechs Wochen nach meiner Ankunft im Aschram. Dieses Mal holt mich nicht der Konflikt ein, wie ich seine Aufmerksamkeit gewinnen könne, sondern die Frage, wie weit ich des äußeren Babas bedürfe, um ihn innerlich als die Kraft zu finden, der ich auf der Spur bin. Der äußere Baba und der Gott in mir, sie haben sich bislang nicht verbunden.

Der Dualismus zwischen innen und außen, der Unterschied zwischen dem inneren und dem äußeren Baba blockiert, beunruhigt, irrıtiert mich. Ich befrage mein inneres Wissen, Jivatman, wie ich mit dieser Frage umgehen soll.

»Es ist ohne Bedeutung, ob du ihm einen Brief in deinem Herzen oder auf Papier schreibst und hinhältst. Es ist deine Wahl, deine Freiheit als menschliches Wesen, welche Form du wählst. Genieße das Spiel. Innen oder außen, es ist kein Unterschied«, wispert die Stimme. »Du konstruierst eine Dualität, wo keine ist. Folgst du deinem inneren Wissen, deinem wahren Selbst, so folgst du Baba. Öffnet sich dein Herz für ihn, ist es dein Herz, das schmilzt.«

»Innen und außen, das, was du nach innen lebst, und das, was du nach außen darstellst, sind für dich zwei verschiedene Seinsweisen«, sagt Buddhi.

Fällt es mir deshalb so schwer, die Einheit von innen und außen zu erkennen?

Ich sehe Peter, der zu seinem zweiten Besuch im Aschram eingetroffen ist, am Schapatistand, jenen Peter, der mich in Findhorn in langen Gesprächen auf Baba hingewiesen hat. In den vier Wochen, die er im Aschram weilt, finde ich in ihm einen Gesprächspartner, mit dem ich Fragen, die mir unlösbar scheinen, ansprechen, mir Rat holen kann.

»Was schreibst du ihm eigentlich?« frage ich ihn, der einige Tage hintereinander je einen Brief abgegeben hat.

»Das kommt darauf an. Wenn ich vorne einen Platz erhalte, frage ich mich in der Meditation, ob ich etwas von ihm will. Und dann formuliert sich der Brief alleine. Mal ist es eine Frage, mal eine Bitte um Stärke, Geduld, Einsicht, je nachdem, was ich brauche.«

»Hast du denn immer Briefpapier dabei?«

»Ich nehme einen Zettel aus meinem Notizblock.«

»Na, das gehört sich doch nicht!« meine ich spontan.

»Ordentliches Mädchen«, wirft Buddhi ein.

»Wenn du auf Büttenpapier schreiben mußt«, sagt Peter, »mußt du es mitnehmen. Sonst sitzt du, während du den Brief hinhältst, mit schlechtem Gewissen da und denkst: ›Auweia, so ein schlampiger Brief‹, und statt den Brief zu nehmen, fragt Baba dich, warum du nicht auf Büttenpapier schreibst«, lacht Peter.

Ich finde das nicht komisch.

»Kommst du dir nicht unverschämt vor, jeden Tag einen Brief abzugeben?«

»Nein, ich frage ihn wie einen Freund.«

Ich staune. Der Gedanke, ihn als Freund zu sehen, ist mir fremd. Ein altbekanntes Gefühl kriecht in mir hoch: Belästige Mama nicht, sie hat genug zu tun. Schau, wieviel Arbeit sie hat, wie viele etwas von ihr wollen und es dringender brauchen als du. Dir geht es doch gut. Du kommst doch alleine zurecht!

Die Schatten der Vergangenheit tauchen auf, und die Verzweiflung kocht hoch, die Verzweiflung derer, die zu früh auf eigene Beine gestellt waren, sich die Welt mit allen Unvollkommenheiten, die daraus entstehen, alleine zurechtreimen mußten.

»Sei dein Zeuge«, mahnt Buddhi, »tauche nicht in die Vergangenheit ein«.

Ich rette mich mit Galgenhumor. Den »Gang durch die Waschmaschine« taufe ich den Prozeß, der mich in regelmäßigen Abständen ereilt: Zeiten der Verwirrung, des Kampfes, der Qual, in denen die Schlacken der Vergangenheit nach oben gespült, im Feuer der Erkenntnis verbrannt oder von den reinigenden Wassern still und unauffällig davongetragen werden. »Reinigung« lautet die offizielle Version, Reinigung des Körpers, des Geistes und der Seele.

»Mißtraue ich meiner Unabhängigkeit nicht zu Recht?« frage ich Buddhi.

»Ja, sie ist von alten Bindungen noch nicht befreit.«

Ich forsche Peter weiter aus.

»Schreibst du in Deutsch oder in Englisch?«

»In Deutsch.«

»Bist du sicher, daß er Deutsch versteht?«

Peter schaut mich nur an.

»Und wie unterschreibst du?«

»Mit ›Dein Peter‹.«

»Ich unterschreibe mit voller Unterschrift, sonst weiß er doch gar nicht, wer ich bin.«

Peter lacht. »Wir haben alle mal so angefangen.«

Mir ist eher zum Weinen.

»Was hindert dich, seinen Willen anzunehmen?« fragt er.

»Ich traue ihm nicht.«

»Wer schreibt?«

»Ich.«

»Mmh, mmh«, verneint er. »Er schreibt durch dich an sich. Nimm die Briefe doch einfach als Übung. Schreibe ihm, daß du nicht schreiben kannst«, empfiehlt er mir.

Ja, vielleicht hilft mir dies, den Knoten zu lösen. Ich befrage mein inneres Wissen.

»Die Frage der Briefe ist ein Scheinproblem«, lautet die Antwort.

Ich traue der Stimme nicht und formuliere einen Brief an Baba: »Wenn die Frage der Briefe ein Scheinproblem ist, so nimm diesen Brief nicht. Handelt es sich um eine echte Aufgabe, dann nimm ihn als Zeichen.«

Er nimmt den Brief nicht. Hat er mich übersehen? War es ein Zeichen? Ich traue ihm nicht.

Das Spiel löst sich in der plötzlichen Erkenntnis auf: wie innen so außen. Mißtraue ich ihm innen, mißtraue ich ihm außen. Traue ich ihm innen, traue ich ihm außen. Das Außen ist eine Projektion des Innen. Die Briefe sind ein Scheinproblem.

Doch sollen noch etliche Wochen ins Land gehen, ehe die Briefe für mich zu einem selbstverständlichen und wichtigen Medium der Kommunikation zu Baba werden, und ehe ich erkennen kann, mit welcher Treffsicherheit er Briefe annimmt oder ausläßt. Briefe, die einer sentimentalen Anwandlung folgen, würdigt er keines Blickes. Geht es jedoch um einen konkreten Konflikt, den ich nicht entscheiden kann, brauche ich seinen Rat, so reagiert er spontan und unmißverständlich. Ich lerne, die Briefe so zu formulieren, daß ich aus seiner Reaktion die Antwort ablesen kann. Nimmt er den Brief, so bedeutet dies für mich Weg x, nimmt er ihn nicht, Weg y.

Bevor ich diese Ebene der inneren Klärung erreiche, durchlaufe ich noch viele Stufen. Da mir der äußere Baba nicht geheuer ist, ich gewohnt bin, auf dem Weg der Erkenntnis und der Unterscheidung nach dem wahren Selbst in mir zu suchen, wende ich mich erst einmal dem Umfeld zu, den spirituellen Praktiken, die ich auf ihre Wirkung für mich hin überprüfe, darauf, welche Energien sie in Bewegung setzen.

Das tägliche Ritual

Ich beginne den Tag auf den Schwingungen des *AUMs*. Das Singen des Urlautes stellt den Organismus auf die feinen Vibrationen des Universums ein, die Wellen, die sich zu der Materie verdichten, die wir mit unseren Sinnen wahrnehmen. Leise summend steigt das A wie ein startendes Flugzeug vom Bauchraum in den Rücken auf, schwillt an, vibriert im Hinterkopf, wandelt sich auf seinem Weg über die Schädeldecke zum U zwischen den Augenbrauen. Zugleich fließt das U durch die Kehle auf den Mund zu, wo es sich mit den Vibrationen, die über die Kopfbahn laufen, zum M verbindet. Der Ton verklingt wie das Flugzeug, das in der Ferne entschwindet. Über die Ohren verläßt der Laut M den Körper, schwingt im Herzen nach, bis mit dem nächsten Atemzug das nächste AUM langsam auf- und abschwillt. Die drei Laute repräsentieren in ihrer Auf- und Abwärtsbewegung das menschliche Wachstum, die Blüte, die zur Frucht reift, sich mit der eigenen Süße füllt und schließlich vom Baum ablöst. Die tägliche Praxis eröffnet in mir neue innere Räume, Zugang zu feineren Schwingungsebenen. Es vergehen Monate, bis ich die Resonanz der AUM-Laute nicht nur im Körper, sondern im Kopf erlebe, spüre, wie die Vibrationen das Bewußtsein aufwecken, der Ton in mir auch nach dem Ende des einundzwanzigmaligen Omkaras weiterwirkt.

In den stillen zehn Minuten im Tempel mit Babas Lichtmeditation, einer sicheren und gefahrlosen Technik, die keinen Schaden anrichtet, beschließe ich den Tag. Vor meinem dritten Auge visualisiere ich das Licht der Kerze und geleite es zu meinem Herzen hinunter. Während die Blume des Herzchakras sich Blatt für Blatt entfaltet, beleuchtet und reinigt das Licht Gedanken, Gefühle und Wünsche. Die Flamme des Lichts erweitert sich, durchdringt die Glieder, reinigt und schützt sie vor schlechten Handlungen. Die Flamme erreicht die Zunge und vernichtet die Falschheit. Sie erhebt sich zu den Augen und Ohren und zerstört all die dunklen Bilder und Gerüchte, die sich dort eingenistet haben. Der Kopf, der Verstand, die Gedanken füllen sich mit Licht, so daß die Bosheiten entfliehen. Dann lasse ich das Licht in die Welt zu Freunden und Gegnern ausströmen, über Länder und Kontinente, bis es den Erdball erhellt, der im dunklen Universum schwebt, und schließlich lasse ich es zum Tempel des Herzens zurückkehren.

Dem Nagir Sankirtan, den morgendlichen Prozessionen der Frauen und Männer, die den Aschram mit ihren Gesängen zum Leben erwekken, lausche ich von der Säule einer Eingangspforte der Poornachandra-Halle aus. Der Platz vor mir, umrahmt von der Tempelmauer mit den hochaufragenden Kokospalmen zu meiner Rechten, den Aschokabäumen vor mir und zu meiner Linken, strömt eine tiefe Stille aus. Wie das AUM in endloser Vibration das Universum durchschallt, unterstreicht das ununterbrochene Zirpen der Grillen die Zeitlosigkeit des Seins zwischen Nacht und Tag. Das helle Licht Jupiters grüßt nun den stummen, verschwiegenen Tempel vom nachtblauen Himmel.

In dieser Stunde vor der Morgendämmerung lasse ich mich von dem raschen, nach vorne drängenden Rhythmus erfassen, der seine Resonanz im Pulsschlag des Körpers, im Fluß der Atmung findet. Zum Klang der Zimbeln und der hellen Frauenstimmen und im harten, schnellen Rhythmus, mit dem die Männer ihr Erscheinen ankündigen, strecke ich die noch steifen Glieder, harmonisiere die Energien des Körpers durch Meridiandrehungen, aktiviere die Energie für den neuen Tag durch die Massage der Energieknotenpunkte.

Den morgendlichen und abendlichen Bhajans, die vom Tempel zum Hügel heraufdringen, höre ich von meinem Platz unter dem Meditationsbaum aus zu. Im Frieden dieser Naturkapelle finde ich leichter Zugang zu der Kraft dieser Gesänge als im Tempelinnenhof mit den auseinanderströmenden Energien derer, die nach dem Darschan dort bleiben, um Baba noch einmal zu sehen, wenn er nach dem Interview auf die Veranda tritt. Mein Bedürfnis, ihn von Angesicht zu Angesicht zu sehen, ist mit den täglichen Darschans gesättigt. Wichtiger ist mir das ungewohnte Privileg, Zeit zu haben, all die Zeit, die ich brauche, nur für mich. Welch ungewohnter Luxus, von den Verpflichtungen des Alltags freigestellt zu sein. Arbeit, Kochen, Wäsche: Für das leibliche Wohl ist gesorgt. Ich kann mich ganz den inneren Bedürfnissen zuwenden, dem *Sadhana*, dem spirituellen Pfad folgen, der sich für mich bewährt hat: Lektüre von Büchern, meditative Reflexion und Schreiben. Ich kann mich auf die Suche danach begeben, wer ich bin.

Drittes Kapitel
Der Blick in den Spiegel

Die Gottheit ist ein fleckenloser, klarer Spiegel:
Da siehst in ihr deine eigene Widerspiegelung.
Wenn du furchterregende Eigenschaften hast,
wird die Widerspiegelung, du du siehst,
Furcht in dir auslösen.
Wenn du sanfte, harmlose Eigenschaften besitzt,
dann wird die Widerspiegelung sanft und zart.

Schaffe keine Distanz zwischen dir und mir:
Schiebe nicht die Formalitäten einer
Guru-Freund-Beziehung
oder gar die Unterscheidung einer
Gott-Jünger-Beziehung
zwischen dich und mich.
Ich bin weder Guru noch Gott.
Ich bin ich: du bist ich.
Das ist die Wahrheit.
Es gibt keinen Unterschied.
Das, was so scheint, ist eine Täuschung.
Du bist die Wellen.
Ich bin der Ozean.
Wisse dies und sei frei.

Wer bin ich?

Es ist die Hauptaufgabe jedes Menschen,
über das innere Selbst nachzudenken.

Der Mensch hat Himmel und Erde erforscht.
Er ist auf dem laufenden über das,
was in Amerika, Rußland und England vor sich geht.
Aber er weiß nicht, wer er ist,
und deshalb macht ihn all das andere
Wissen nicht weise.
Er ist darauf aus, alle möglichen Informationen
zu sammeln,
aber er stellt niemals die Frage:
»Wer bin ich?«,
obwohl er die Ausdrücke »ich« und »mein«
ununterbrochen in großer Freizügigkeit gebraucht.

Ich bin das Bild meiner Umwelt

Ich schaue in den Spiegel. Das linke Auge lacht mich offen an, das rechte schaut prüfend zurück. Ich verweile bei dem linken Auge. Wer bin ich? Wärme, Herzlichkeit, Güte, Verständnis strahlen mich an. Die Qualitäten sind mir unvertraut, obgleich Klienten sie mir immer wieder berichten. Das rechte Auge blickt scharf, klar, wissend. Das bin ich.

»Das linke Auge zeigt die, die du wirklich bist, das rechte Auge das Bild, das du deiner Umwelt präsentierst«, erklärt die Leiterin der Spiegelmeditation. Ich bin verblüfft. Bin ich die, die ich der Umwelt präsentiere?

»Ich will in diese Welt hinein.« Mit diesem Schrei zwänge ich mich durch den engen Kanal aus der schützenden Hülle der Gebärmutter in die Welt. Eingepreßt in Fleisch und Blut, in die Enge eines neuen Körpers fragt der zweite Schrei: »Wer bin ich hier?«

»Du bist mein«, sagt die Mutter, die das Neugeborene auf ihrem Bauch, an ihrer Brust beruhigt.

»Du bist unser«, sagt die Säuglingsschwester, die das Neugeborene in die Station entführt.

»Du bist Ursel Irmgard Waltraud Sebastian«, sagt der Standesbeamte, der mich mit Brief und Siegel versieht, ein vollwertiges Mitglied dieser Gesellschaft.

»Du bist ein Kind Gottes«, sagt der Pfarrer bei der Taufe.

Wer bin ich wirklich?

»Ich bin dein Spiegel«, lächelt die Mutter, »ich zeige dir, wer du bist.« Und während ich nach ihr greife, begreife ich: ihr Gesicht und mein Gesicht, ihr Körper und mein Körper, gleich und doch ein anderer. Ich falle aus dem Paradies der Einheit. Ihr Körper, ihre Brust entziehen sich den eigenen Wünschen, du und ich, zwei Welten.

»Ich bin die Tür zu dieser Welt, die vor dir liegt", flüstert sie, und sie öffnet dieses Tor. Man tut . . ., man tut nicht . . .

»Wer ist ›man‹?« frage ich.

»Alle, die Nachbarn, die Leute, alle.«

»Ich bin nicht ›man‹!«

»Das wirst du noch lernen.«

Ich lerne es nicht.

»Warum gibt es Reiche und Arme?« frage ich nach dem Eintritt ins Gymnasium. »Diese Welt ist nicht gerecht!«

»Das ist so«, sagt meine Mutter. Die Antwort befriedigt mich nicht.

»Dein Leben ist Dienst am Nächsten«, sagt der Pfarrer im Konfirmandenunterricht. »Liebe deinen Nächsten wie dich selbst.«

Die Innere Mission sucht Betreuerinnen für die Kinder benachteiligter Familien für die Sommerferien. Gerade sechzehn geworden, rücke ich vom Status des Kindes zum Personal auf.

»Wer ist eure Betreuerin?« fragen die Leute mich.

»Ich«, sage ich wohlgemut.

Sie schauen mich an, könnte ich doch selber ein Zögling sein.

»Du bist nicht wie die anderen«, sagt meine Klassenlehrerin im Gymnasium, »stammst nicht von hier, bist Schülerin von städtischen Gnaden, also füge dich meinen Anordnungen, oder du mußt die Schule verlassen.«

»Bleibe, wer du bist«, sagt meine Mutter, »gehe arbeiten, werde Verkäuferin wie jedermann.«

Ich sitze zwischen den Stühlen, ein Stuhl, der mir in meinem Leben noch vertraut werden wird, ein Stuhl, auf dem sich keine Wurzeln schlagen lassen.

Ich langweile mich in der Schule. Ich lerne die Welt der Arbeit kennen, nachmittags, abends, in den Ferien. Meine Hände puhlen Kartoffeln aus der Erde. Das kreischende Geräusch der Rohrsäge der Fabrik verfolgt mich in den Träumen. Nachts verteile ich Post in die Fächer des Postamts. Unlustige Schüler und mich plage ich mit Nachhilfeunterricht. Als Vorbereitung auf eine Frauenzukunft lerne ich Stenographie und Schreibmaschine. Nach Abschluß des Gymnasiums verkaufe ich mit stiller Leidenschaft Fahrkarten bei der Bundesbahn, steige in dem halben Jahr zur Expertin für Kursbücher auf, zahle Gehälter aus. Während des Studiums schleppe ich schwere Tabletts durch Restaurants, schmiere Brötchen in den Cafeterias, betreue schreiende Säuglinge, erteile Sprachunterricht im Sprachlabor, tippe als Sekretärin, programmiere Computer, berate Eltern in ihren

Problemen mit pubertierenden Jugendlichen. Ich finde mich nicht in dieser Welt.

Während meines USA-Aufenthalts arbeite ich an einem Bildungsprojekt in Harlem mit, Nachhilfe für die benachteiligte schwarze Minderheit. Meine Kollegin und ich sind die letzten Weißen, die im puertoricanischen Harlem leben. Weiße sind während der Zeit des »black panther«, der Suche der Schwarzen nach ihrer eigenen Identität, unerwünscht.

»Du kannst dort nicht arbeiten«, sagt mein japanischer Tutor. »Die Zeiten sind für Weiße zu gefährlich.«

»Sei unbesorgt, es wird mir nichts passieren«, antworte ich.

Ich lerne Wachsamkeit, die innere Bereitschaft, jederzeit und im Moment zu reagieren, Gefahren vorauszuspüren, Lehrzeit im Ghetto.

Zurück in Deutschland erfaßt mich die Frauenbewegung. Wir betreuen mißhandelte und geschlagene Frauen, setzen in vielen Gesprächen mit politischen Vertretern der Parteien und der Stadt die Einrichtung eines Frauenhauses durch. Ich arbeite mit Patienten in der Psychiatrie, mit Strafgefangenen im Gefängnis, mit Klienten in freier Praxis. Das menschliche Elend scheint endlos, eine Lösung auf diesem Weg nicht in Sicht. Ich ziehe mich auf die zweite Linie zurück, bilde selbst Sozialarbeiter und Therapeuten aus, betreue die Arbeit im Frauenhaus, betreue Studenten im Suchtbereich, in psychiatrischen Einrichtungen, in der Krisenhilfe. Ich arbeite rund um die Uhr. Ich brenne aus.

Ist dies der geforderte Dienst am Nächsten? Bedeutet er die Aufopferung des eigenen Selbst? Die Lösung befriedigt mich nicht. Etwas ist falsch an diesem Dienst.

»Sei normal«, sagt meine Mutter, »heirate. Jedes Mädchen heiratet mit zwanzig.« Ich heirate. Die Normalität lullt mich ein, ein Stück weit. In mir rebelliert ein Teil. »Dies ist nicht dein Leben. Das bist nicht du!«

Ich bin die Definition der Wissenschaft

»Wissen ist Macht!«

Meine Taufpatin drückt mir zur Konfirmation ein Faltblatt in die Hand. Die Köpfe von Wissenschaftlern, Ärzten, Politikern sind dort abgebildet. Das Faltblatt prägt sich mir ein.

Ich studiere Ökonomie, Mikroökonomie, Makroökonomie.

»Der Mensch strebt nach Vermehrung des Besitzes«, höre ich. »Angebot und Nachfrage bestimmen sein Schicksal.«

Die Antwort befriedigt mich nicht. Ich strebe nicht nach Besitz. Bin ich kein Mensch?

»Der Mensch ist in ein Wirtschaftssystem eingebunden«, höre ich. »Strukturelle Faktoren bestimmen sein Schicksal.«

Die Antwort befriedigt mich nicht. Wer schafft diese Strukturen? Was bestimme ich? Wer bestimmt mich?

Ich studiere Soziologie.

»Der Mensch ist seine sozialen Rollen.«

Die Antwort befriedigt mich nicht. Bin ich nur das Bild, das die anderen in mir sehen, bin ich nur das Bild, das ich nach außen präsentiere?

Ich studiere Politikwissenschaften.

»Der Mensch ist ein Zoon politikon. Er schafft sich die Gemeinschaft, in der er leben möchte.«

Die Antwort befriedigt mich nicht. Und was ist mit all denen, die sich ohnmächtig, einsam, hilflos fühlen?

Ich studiere Computerwissenschaften.

»Der Mensch ist ein System. Er funktioniert im Sinne eines Regelkreises.« Das Programmieren fasziniert mich. Wer programmiert den Menschen?

Die Studentenbewegung erfaßt mich. Ich studiere Politische Ökonomie, lese KARL MARX: »Der Mensch ist fremdbestimmt. Als Subjekt der Geschichte hat er sich vergessen.« Das verstehe ich.

»Das Sein bestimmt das Bewußtsein. Wir müssen das Sein ändern.«

Ich sitze mir Schwielen an in politischen Sitzungen, später in der Arbeit in der Gewerkschaft. In den endlos langen Sitzungen wird geredet, geredet, geredet. Es ändert sich nichts. Der Satz ist falsch, erkenne ich. Ohne eine Änderung des Bewußtseins ändert sich nichts.

Ich studiere Psychologie.

»Der Mensch ist sein Verhalten. Der Mensch ist, was er gelernt hat.«

Die Antwort befriedigt mich nicht. Ich habe viel Verschiedenes gelernt. Wer bin ich?

Ich lehre Geschichte.

»Der Mensch ist das Ergebnis seiner in Jahrtausenden angesammelten Erfahrungen«, lehre ich.

»Und was hat er daraus gelernt?« fragen die Studenten.

Ich widme mich der Psychoanalyse.

»Die Handlungen werden vom Unbewußten gesteuert«, lerne ich. »Der Mensch ist nicht so bewußt, wie er zu sein glaubt.«

Davon bin ich mittlerweile auch überzeugt.

Nach vielen Irrwegen finde ich meine psychoanalytische Mutter. »Oh, Sie haben in Ihrem Leben aber vieles durchprobiert«, lacht sie, als ich ihr von meinen Kreuzfahrten durch die Wissenschaften und die soziale Arbeit berichte. Ich zeige ihr Bilder aus meinen verschiedenen Lebensbereichen, Lebensabschnitten: die halbflügge Lolita, Sweety on the sunny side of the street, der Kumpel, die Projekttante, die intellektuelle Wissenschaftlerin, die Seminarleiterin, die biedere Ehefrau, die Karrierefrau.

»Sie haben ja vor keiner Rolle zurückgeschreckt«, meint sie.

»Ja, doch bin ich all diese Rollen nicht. Mein Leben ist ein Chaos. Ich sitze zwischen den Stühlen. Ich muß herausfinden, wer ich bin.«

Ich träume von dem Netz von Nylonfäden, das meinen Körper umspannt, einengt, einzwängt. Abhängig geboren, dränge ich danach, die Fäden zu zerreißen, die mich binden. Ich träume vom Nebel, in dem ich auf der Suche nach mir selbst herumirre. Ich finde heraus, daß das, was ich für krank an mir hielt, was sich allen Versuchen der Anpassung widersetzte, das Gesunde an mir ist, die unbeugsame Kraft, das innere Wissen um eine andere Wirklichkeit, die sich nicht ausdrücken kann. Zu leben, ohne sich selbst zu erkennen, ist ein Tod, der wie das Leben aussieht. Denn was ist Leben, außer ich selbst zu sein? Das eigene Leben zu verleugnen, zu verdammen, heißt, die einzige Gewißheit, in der wir leben können, zu leugnen. So werden wir uns unseres eigenen Lebens unsicher, verbinden es mit der Furcht statt mit der Wahrheit, mit dem Schein statt mit dem Sein.

Ich entdecke das kostbare Geschenk des Mitgefühls für andere, nicht das sentimentale Mitleid, das dem eigenen Selbstmitleid entspringt und sich in Handlung ergießt, sondern die Schwingung eines gemeinsamen Schicksals. Ich lerne die Hilflosigkeit auszuhalten, die mich angesichts des menschlichen Elends erfaßt, das Wissen zu ertragen, daß ich nichts tun kann, was nicht sein soll, daß ich dem anderen den eigenen Prozeß der Erkenntnis, und das heißt des Leidens, nicht ersparen kann. Im Gegenteil: Oft führe ich ihn an den Abgrund heran in dem Wissen, daß er die Tiefen durchschreiten muß.

»Ich glaube, ich werde menschlich«, verkünde ich meiner lächelnden Analytikerinmutter überrascht, »zumindest erhalte ich eine Ahnung davon, wer ich sein könnte.«

Ich lehre Soziologie, Psychoanalyse, klinische Psychologie.

»Der Mensch ist auf der Suche nach seiner Identität, historisch, biographisch. Er ist eine innere Kontinuität jenseits der sozialen Rollen, des ökonomischen und politischen Systems, jenseits seiner animalischen Vergangenheit, jenseits seiner Triebe und Bedürfnisse.

»Und was ist diese Identität?« fragen die Studenten.

»Der Kern des Menschen.« Näher kann ich ihn auch nicht beschreiben.

Ich bin mein Körper

»Der Mensch ist sein Körper. Dein Körper verrät deine wahre Identität, nicht dein Wissen, deine Intelligenz, dein Intellekt«, höre ich auf einer Bioenergetikveranstaltung. »Sie sind nur Illusionen über die Wirklichkeit.«

Der Körper ist ein mir unbekanntes Wesen. Ich beginne eine neue Forschungsreise.

Bei einem afrikanischen Medizinmann entdecke ich im Rhythmus der Trommeln, im Rhythmus der stampfenden Schritte, die mich mit dem Boden verbinden, den Pulsschlag des Körpers. Der neu gefundene innere Takt erweitert sich zum sozialen Takt(gefühl), zum klaren Gespür für die Nähe und Distanz, die ich mit anderen eingehen möchte, zum Respekt für ihre Verletzlichkeiten, Andersartigkeiten.

»Wir sind eine Einheit aus Körper und Psyche«, höre ich in der Bioenergetikausbildung. »Die Art und Weise, in der wir uns gestalten, trägt die Spuren unserer Geschichte. Die Psyche und der Körper bilden eine Einheit, drücken denselben Lebenszusammenhang aus.«

Ich blättere im Buch des Körpers. In seinen Formungen und Schwingungen, in seinen Verspannungen, Verkrümmungen, Aufblähungen und Zusammenbrüchen lese ich die Geschichte des menschlichen Schicksals, das vor mir steht, entschlüssele die Erfahrungen der frühen Kindheit, die seine Lebensmuster, seine Erlebniswelt prägen. Die menschliche Hülle aus Fleisch und Blut bindet die erlebten Gefühle, Gedanken, Erfahrungen in eine Wirklichkeit ein, die die einzig mögliche scheint.

Ich studiere Anatomie, Physiologie, bin fasziniert davon, wie der Körper Gefühle und Gedanken in Struktur umsetzt. In meinen eigenen Prozessen wie in der Arbeit mit Klienten erlebe ich die menschliche Fähigkeit, die eigene Körperform umzugestalten, die eigene Form zu finden, wenn die Energie sich aus den Blockaden befreit.

»Die Lebensenergie, die wir binden, ist sexuelle Energie«, lerne ich. »Wenn wir diese Energie freisetzen, erfüllen sich unsere Sehnsüchte.«

Ich löse die Lust aus ihren Bindungen, den Tabus, den Verboten. Ich lebe die Lust, ich bin die Lust, einen heißen Sommer lang in Rom. Je mehr ich mich in sie hineinfallen lasse, kulturelle und biographische Tabus breche, um so stärker droht sie mich zu verschlingen. Doch hat der Tod seit der Begegnung mit ihm in New York seinen Stachel verloren. Ich lasse mich mitziehen von dem Strudel, lebe all die sinnlichen Leidenschaften, die sich Bahn brechen, leere den Becher bis zur Neige. Der Boden des Bechers ist blank. Er birgt die versprochene Erfüllung der Sehnsucht nicht. Der Zauber der sinnlichen Freuden ist gebannt. Ich bin nicht die Lust der Sinne. Wer bin ich?

Bei einem internationalen Bioenergetiktraining kurz darauf begegne ich dem Tod zum zweitenmal. Ein Therapeut, der sich an WILHELM REICH orientiert, begleitet mich zur Mauer des Entsetzens, hilft mir, sie zu durchbrechen. Ich erlebe, wie die Luft ausbleibt, bis plötzlich, wie durch ein Wunder, Luft in die Lungen fließt. Losgelöst von dem Prozeß, beobachtet ein Teil in mir das Geschehen, registriert, wie nacheinander die Sinne ihre Tätigkeit aufnehmen, ich tasten, hören, sehen kann und schließlich mein Gleichgewicht finde. Dieser beobachtende Teil scheint von dem körperlichen Geschehen, ja sogar von der Vergänglichkeit des Leibes unberührt. Ich suche nach diesem Teil in mir, vermute ihn hinter der materiellen Form des Körpers in den energetischen Prozessen, die der Gestalt zugrunde liegen.

Ich finde einen indischen Lehrer, bei dem ich eine Ausbildung in *Schiatsu*, der japanischen Methode der Akupressur, durchlaufe. Wir arbeiten an den Körperkanälen, den Meridianen, durch die die Energien strömen. Wir lernen, die Energiefelder ins Gleichgewicht zu bringen. Alle vierzehn Tage fahre ich zu ihm zur Behandlung. Unter seiner leitenden Hand brechen alte unterdrückte Krankheiten auf. Ich heile sie aus, ohne Medikamente, nur mit Naturheilverfahren. Doch ein Symptom ist widerspenstig, verweigert die Behandlung: Halsschmerzen, die sich genau am Punkt des fünften Chakras festgefressen haben.

Wir arbeiten an den *Chakren*, den Energiezentren, die entlang der Wirbelsäule, vom Anus bis zur Scheitelmitte, den Energiefluß in uns formen und gestalten. Jedem Chakra sind bestimmte Aufgaben zugeordnet. In vierzehntägig stattfindenden Einzelstunden erproben wir — mein indischer Lehrer und ich — eine uralte Methode zur Öffnung dieser Energiezentren. Erstaunt stelle ich fest, daß ich nach jeder Behandlung in meinem Alltag mit den Fragen konfrontiert werde, die mit dem behandelten Chakra in Verbindung stehen: mit den Grundfragen nach der physischen/materiellen Existenz, der Verwurzelung im Alltäglichen, der Erdung, der Urkraft des »Ich will leben« (erstes Chakra), mit der Welt der sinnlichen Bedürfnisse und Triebe, sexueller Begier, Impotenz und Frigidität (zweites Chakra), mit der Welt der Empfindungen, der schöpferischen Impulse und dem schöpferischen Gestalten, mit Wünschen und Verlangen, Selbstbehauptung, Macht, Wille und Ehrgeiz (drittes Chakra), mit der Welt der Gefühle, der Kraft der Liebe, Liebe zur Welt, zu den Menschen und zu Gott, mit dem Sinn für Gemeinschaft und soziale Verbundenheit (viertes Chakra).

Die Arbeit an den Chakren drängt auf neue Lösungen, nicht nur in Gedanken, sondern in der Tat, damit die Behandlung fortschreiten kann. Ich begreife, daß die Chakren, die jeweils aktiviert sind, die Bewußtseinsebenen bestimmen, auf denen wir unser Leben leben, und daß wir die Wahl haben, diese Energien auszuleben oder zu kanalisieren.

Ich erlebe unvertraute Strömungen in meinem Körper, Wellen, die vom Becken hochsteigen, Blockaden einreißen. Der Strom des Lebens beginnt zu fließen. Er schwemmt die Selbstverständlichkeiten, die Gewohnheiten, das Repertoire hinweg.

Wir stoßen jedoch an die Grenze des Prozesses: Das fünfte Chakra, das Kehlkopfchakra, der Ort der Integration von Denken und Fühlen, des Wissens und des Ausdrucks, wird zur Barriere im Prozeß der Öffnung.

In den scheiternden Versuchen erschließt sich mir die tiefere Bedeutung der Aussage des tibetanischen Mediums: Du wirst erst nach und nach verstehen, daß der Ausdruck deines Selbst deine Lebensaufgabe sein wird und warum dir diese Aufgabe schwerer fallen wird als anderen.

Ich erlebe, daß ich mich den unvertrauten Strömungen in meinem Körper ein Stück weit überlassen kann, aber bevor sie mich hinwegschwemmen, verkrampft sich eine Hand, ein Fuß, als hielte ich mich gerade noch an einem Baum oder Stein am Ufer fest, bevor mich der Strom des Lebens mit sich fortreißt.

Ich erkenne, daß ich ohne eine Orientierung, wohin die Reise geht, nicht loslassen kann.

»Die Reise geht zu dir selbst«, sagt mein indischer Lehrer.

Nur — wer bin ich?

Ich bin meine Gefühle

Wer bist Du?

Ich sitze im Schneidersitz in der »Bauhütte«, schaue meinem Gegenüber in die Augen, das mir die Fragen stellt. Alle zehn Minuten ein anderes Gegenüber, ein anderes Augenpaar, ein anderer Spiegel, Stunde um Stunde, Tag um Nacht, Nacht um Tag, eine Woche lang. Nach dieser Woche weiß ich, daß ich nicht weiß, wer ich bin. Ich weiß, daß ich nicht bin, was ich nach außen präsentiere, was ich gelernt habe, was ich je gedacht habe.

Wer bin ich?

Sprachlos, ratlos sitze ich im Kreis der Freunde wie ein Neugeborenes. Was tun wir miteinander, wie reden wir miteinander, wer ist der, der spricht, wer ist der, der diese Geste ausführt? Ich schaue mir zu, wohl wissend, daß ich nicht das Repertoire meiner einstudierten Gesten bin, das Geflecht meiner Gedanken, die Macht des Wissens, die Gestalt dieses zeitlich begrenzten Leibes, die Lust der Sinne. Wie ein Analphabet lerne ich die Grammatik der Gefühle, die Sprache des Herzens, die sich hinter der Mauer des Entsetzens verbirgt: Mitgefühl, Demut, Freude, Glückseligkeit, Liebe.

Statt Männern begegne ich Menschen. Statt der Sinnenlust vereint uns das tiefe Verständnis füreinander. Vor meiner Abreise nach Indien verarbeite ich mit einem Mann deutsch-jüdische Geschichte bei einer internationalen Konferenz. Seit dem Tod seines Vaters vor vierzig Jahren im Konzentrationslager hat er mit Deutschen nichts mehr zu tun gehabt und nur seinen Haß gelebt. Wir setzen uns auseinander und zusammen, finden uns von Herz zu Herz, von Seele zu Seele. Der Bann der Vergangenheit ist gebrochen. Zwar versinke ich manchmal noch im Morast der Leiden der Vergangenheit, aber ich tauche wieder auf. Ich bin nicht die Gefühle vergangener Zeiten, ich bin nicht die Verkörperung der Sentimentalität.

In Findhorn finde ich den Mut zu sein, zu sein, was ich bin, auszudrücken, was ich spüre, jeden Teil, ohne zu zensieren. Ich lerne zu lachen, wenn mir nach Lachen zumute ist, zu weinen, wenn mir nach Weinen ist, die Bäume, die Wiesen, die Tiere zu umarmen, wenn die Freude das Herz weitet, in die Glückseligkeit überfließt. Ich finde den Mut zu nehmen, was ist, wie es ist, ohne Erwartungen, ohne Hoffnungen, ohne Plan, einfach so, ohne zu fliehen, ohne zu denken. Ich finde den Mut, mir zu trauen, dem was ich spüre, sehe, rieche, fühle, meinem inneren Führer, zu wissen, daß es gut so ist, wie es ist, ohne Kritik, ohne Abwertung, ohne Zweifel, ohne Spiele. Alles wandelt sich jeden Augenblick, jede Minute, entsteht, vergeht. Das Werden löst sich im Sein auf, ich bin, einen Augenblick lang, einen seligen Moment lang, bis das Sein wieder vergeht.

Ich bin mein Bewußtsein

In der Ausbildung der Studenten zu Sozialarbeitern demonstriere ich das Trügerische unserer Sinne. Die Welt ist nicht so, wie sie uns erscheint.

»Die Welt ist so, wie der Mensch sie sich denkt«, sage ich meinen Studenten. Sie sehen mich ungläubig an.

»Der Mensch ist, was er denkt, der Mensch ist, was er von sich hält, der Mensch ist sein Bewußtsein.«

»Ich kann mir viel denken«, sagt eine der Studentinnen. »Ich kann mir denken, ich bin frei, nur um gleich darauf festzustellen, daß ich eifersüchtig bin, weil mein Freund mit einer anderen ausgeht, sauer auf meine Mutter bin, weil sie zum fünftenmal anruft und fragt, warum ich nicht heimkomme. Sich so etwas zu denken, ist doch Selbstbetrug.«

»Ja, in der Tat, das ist Selbstbetrug. So meine ich es nicht. Unser Bewußtsein enthält nicht nur das, was uns bewußt ist, sondern alle Erfahrungen, die unsere Sicht von dieser Welt, unser Erleben, unsere persönliche Wirklichkeit bestimmen, und diese Erfahrungen haben wir oft ›vergessen‹, dennoch bestimmen sie weiterhin unsere Handlungen.«

Einer der Studenten, der ein Training in Verhaltenstherapie absolviert, protestiert heftig: »So ein Unsinn, ich weiß doch, was ich tue, ich bin doch kein Tier.«

»Oft verhalten wir uns wie die Affen, die mit ihrem Arm durch ein enges Loch in einen Kasten greifen, um eine Banane zu packen. Ihre Gier hindert sie daran zu begreifen, daß sie die Banane loslassen müssen, um ihre Hand aus dem Kasten zu ziehen. Unsere Wünsche,

Begierden, Gefühle binden uns wie die Tiere. Meist handeln wir aus ganz anderen Motiven, als wir denken. Oft sind wir aus anderen Gründen verwirrt, aufgeregt, ärgerlich, als wir meinen.«

Verständnislos sehen die Teilnehmer mich an, skeptisch, unwillig. Schon bald werden sie in der Praxis stehen, anderen Menschen helfen, ihre Alltagsprobleme zu bewältigen. Gerne würde ich ihnen meine Erfahrungen ersparen: im Dienst am Nächsten auszubrennen, im falsch verstandenen Dienst am Nächsten, wie ich mittlerweile weiß.

Wir reden über das Helfersyndrom.

»Wir meinen, wir helfen aus Nächstenliebe, und doch verdecken wir nur unsere eigene Bedürftigkeit und Hilflosigkeit. Aber das Motiv der Nächstenliebe lockt uns in die Arbeit mit anderen, und während der Arbeit und über die Arbeit mit anderen erkennen wir uns selbst, erkennen wir die tiefer liegenden Gründe unseres Engagements, können sie uns bewußt machen und dann erst verändern. Nur erschöpfen sich leider viele in dieser Arbeit, setzen sich für andere bis zum Umfallen ein, ohne ihren Dank zu ernten, und ziehen sich dann resigniert zurück oder lassen die Klienten ihre Enttäuschung spüren, behandeln sie rigoros oder zynisch.«

»Wie können wir diesem Schicksal entgehen?« fragen die Studenten.

»Indem ihr euch über die Möglichkeiten und Grenzen eurer Arbeit klar werdet. Wenn ihr euch als Helfer versteht, die ihre Klienten ein Stück weit auf deren Weg begleiten, teilt sich die Verantwortung zwischen euch und ihnen. Versteht ihr euch jedoch als die versorgenden ›Supermütter‹ oder als der Herrgott, der ihre Geschicke leitet, droht euch die Gefahr, unter diesem Anspruch zusammenzubrechen. Denn Klienten, die sich von euch abhängig (gemacht) fühlen, sind undankbar, unmäßig oder rebellisch.«

»Wenn das *so* ist ... Partnerschaftliche Beziehungen wollen wir alle.«

»Wenn es so einfach wäre, fühlten sich nicht so viele in diesem Beruf ausgenützt oder ausgebrannt. Das Motiv dafür, anderen zu helfen, liegt oft in der eigenen abgewehrten Bedürftigkeit, und dieses Motiv muß ich mir bewußt machen, um nicht in die Falle des Helfersyndroms zu geraten.«

»Und wie entdecke ich solche Motive, wenn sie im Tiefen verborgen sind?«

»Durch den Austausch mit anderen, durch die Bereitschaft, dich in Frage zu stellen, dich zu verändern.«

»Ja, wie ändere ich denn beispielsweise meine miesen Gefühle? Wie werde ich meinen Ärger, meine Eifersucht los?«

»Distanziere dich von deinen Gefühlen, nimm sie wahr, ohne sie mit Energie zu füttern. Du bist nicht dein Ärger, deine Eifersucht. Begrüße sie wie liebe vertraute Bekannte. ›Hallo, Eifersucht, da bist du wieder. Dich habe ich schon vermißt‹.«

»Ich habe sie gar nicht vermißt«, protestiert eine der Studentinnen.

»Doch, doch, sonst käme sie nicht zu dir. Die Eifersucht taucht auf, weil du, der Schatten deiner Vergangenheit, sie einlädst, du dich mit ihr identifizierst.«

»Aber ich kämpfe doch dagegen an.«

»Das ist der Fehler. Indem du gegen sie kämpfst, ernährst du sie. Umarme sie, freue dich, daß deine Schattenseiten ans Licht des Bewußtseins drängen, denn dort wandeln sie sich von alleine. Das ist für mich positives Bewußtsein, kreatives Denken, die Transformation des Unbewußten in Bewußtes, der Schattenseiten in Licht, der negativen Energien in positive Energien. Positives Bewußtsein ist ein Erkenntnisprozeß, der Denken, Worte und Handlungen umschließt, auf ihre Übereinstimmung hinarbeitet. Es ist kein Verhaltens- oder Denktraining, das die Schattenseiten nur um so effektiver verdeckt, den Graben zwischen Denken, Worten und Handlungen nur noch mehr vergrößert.«

Wir führen viele Diskussionen. So einfach ist die Vermittlung der schlichten Wahrheit, daß die Welt so ist, wie der Mensch sie sich denkt, nicht, stelle ich fest, denn der Mensch denkt auch dies in seinen vertrauten Mustern.

Ich bin das innere Wissen

Für die Arbeit an meinem Buch »Wege zum Leben« lese ich bei ALBERT EINSTEIN über atomare Physik: die Wirklichkeit ist nicht die

Wirklichkeit. Das, was meine Sinne als Materie, als Partikel wahrnehmen, sind Lichtwellen. Als sich das dritte Auge, das sechste Chakra, in Findhorn öffnet, erlebe ich ihre Vielfalt. Das Gelesene, Gehörte wird erfahrbar. Das Licht ist überall, omnipräsent, die Wirklichkeit hinter der Welt der Erscheinungen. Das Chakra schließt sich wieder.

In Indien öffnet es sich nach einigen Wochen ein wenig, einen Türschlitz breit. Unter dem Meditationsbaum experimentiere ich mit dem Licht, das aus der Stirn strömt, schicke es um die Welt zu Nachbarn, Freunden. Die Lichtfelder, die Lichtstrukturen variieren, doch haben sie nicht die Qualität des tanzenden Universums, wie ich es einmal sah.

Ich befrage mein inneres Wissen.

»Wie kann ich das Tor zum Licht öffnen?«

»Nur Jivatman, in dem du das kleine Mädchen von einst erkennst, kann diese Tür durchschreiten, aber es ist zu schwach, um die Tür zu öffnen.«

»Wie kann ich es stärken?«

»Laß es dich ganz ausfüllen, betrachte die Welt durch seine Augen.«

Ja, Jivatman liebt die Hunde, die Käfer, die Krähen, die Bäume, den Sonnenuntergang, die Freude, das Leben, das Lachen.

Ich begebe mich auf die innere Suche, höre genau auf die Qualität der Antworten, versuche zu unterscheiden, aus welchem Teil in mir sie stammen.

Eine Stimme in mir reagiert kurz, knapp und effizient auf meine Fragen, gibt wertvolle Hinweise, weiß um die Schritte, die ich zu tun habe.

»Bist du das wahre Selbst in mir?« frage ich, erfreut über die Promptheit der Antworten.

»Nein, ich bin Buddhi«, sagt diese Stimme. »Ich bringe dir das, was du weißt, ins Bewußtsein.«

»Und wie finde ich die Stimme des höheren, des wahren Selbst?« frage ich Buddhi, das oft um die Wege weiß, die meinem bewußten Sein entschwinden.

»Nur in der Stille, laß alle Erwartungen los, nimm dir Zeit und warte.«

Diese Antwort habe ich befürchtet. Geduld ist nicht meine Stärke. Ich sinke in Schweigen zurück, konzentriere mich auf das Licht im dritten Auge, kommandiere mein Bewußtsein zur Beobachtung des Atems ab, tauche hinter die Geschäftigkeit der Gedanken ins Nichts ein.

»Nenne mir deine Eigenschaften«, fordere ich das Nichts auf, »damit ich dich erkenne.«

Die Antworten formen sich langsam, sehr leise, im Licht, eine tiefe Süße, Sätze, die ohne Stimme ins Bewußtsein rücken, ein plötzliches inneres Wissen, Antworten, um die ich nicht weiß wie bei Buddhi.

»Freude, Heilung, Vergebung, Friede«, höre ich.

»Das ist die Stimme, die du suchst«, freut sich Jivatman.

Ich stelle meine Testfragen, die ich schon mehrfach in Briefen an Baba formuliert habe, ohne diese Briefe abzugeben.

»Wirst du mich zum Ozean heimbringen?«

»Noch nicht«, höre ich die sanfte Stimme.

»Wovon hängt das ab?«

»Wie du leben wirst.«

»Wirst du mir meine Aufgabe zuweisen?«

»Ja, wenn es an der Zeit ist.«

»Wirst du mir einen Gefährten geben?«

»Ja.«

Ich bin aufgeregt. Sollte ich die Verbindung zu der inneren Quelle gefunden haben, um die ich in den letzten Wochen so oft gebeten habe? Diese permanente Verbindung, die mir innere Sicherheit gibt, mich von den Verführungen des Ichs unabhängig macht? Ich bitte vor dem Einschlafen um eines der beiden Zeichen, die ich erkennen kann: die vertraute Qualität des plötzlichen, aus dem Nichts auftauchenden inneren Wissens oder einen Traum.

In der Nacht träume ich von einem großen Stein in der Mitte eines Zelts, um den herum ein Sonnenritual zelebriert wird, ein Ritual für die Kraft, die das Licht und die Erkenntnis bringt. Ich greife in den Traum ein, befrage den Stein, ob ich in meinem inneren Dialog die Stimme meines höheren Selbst gefunden habe. Der Stein bestätigt die Stimme und den Weg, sie zu erreichen.

Der Weg ist ein schwerer Prüfstein für meine Geduld. Ich verliere die Lust am inneren Dialog, wenn ich längere Zeit warten muß, kann den Gedankenfluß nur für kurze Zeit stoppen. Oft lautet die Antwort: »Warte ab.« »Du wirst es wissen, wenn es an der Zeit ist.« »Hab' Geduld, ich bin kein Wahrsager«, wenn ich etwas über die Zukunft wissen will. Doch manchmal tröstet sie mich auch, wenn mich die nächste Krise erfaßt, ich bei einem erneuten »Gang durch die Waschmaschine« lande, bei der Reinigung von den Schlacken der Vergangenheit. »Sei, wie du bist, das genügt. Du mußt nichts anderes sein als du selbst. Ich liebe dich auch so. Traue dir selbst.«

Gelingt mir die innere Konzentration nicht, fehlt es mir an Geduld, um diese Stimme zu erreichen, weil ich zu verwirrt bin, so genügt es, mich intensiv auf meinen Schutzengel oder Baba zu konzentrieren, je nachdem, wer mir in diesem Moment näher ist. Wenn ich um Klarheit und Einsicht bitte und dann meine Fragen formuliere, kommen die Antworten in der Regel am selben Tag, mal von Buddhi, mal von Jivatman, wer sich eben gerufen fühlt.

»Zuerst kommt der gesunde Menschenverstand, dann der göttliche Verstand«, sagt Baba.

Eine neue innere Landkarte entsteht. Die knappe effiziente Buddhi ist gut vom listigen, konkurrierenden Ahamkara mit seinen Erwartungen und Enttäuschungen, mit seinen Tricks und Machtspielen zu unterscheiden. Jivatman ist vergnügt, sanft, mitfühlend, während die süße Stimme im Licht wissend ist. Habe ich die beiden Teile entdeckt, von denen Magdalena in ihrer Lesung sprach, das kleine Mädchen und das höhere Selbst, die ich miteinander verheiraten sollte? Ist das kleine Mädchen der Gefühlsaspekt, die süße Stimme der Wissensaspekt des gleichen inneren Kerns? Beide gehören unzweifelhaft zusammen, sind Ausdruck einer anderen Ebene als der, der die Psyche entstammt, sind eine andere Qualität von Gefühl und Wissen, unabhängig von äußeren Belohnungen, frei von Erwartungen, sich aus sich selbst und in sich selbst erfüllend.

Die FREUDsche Landkarte der Psyche mit dem Es, Ich und Über-Ich, die aus Untersuchungen über seelische Krankheiten und ihre Ursprünge im Unbewußten gewonnen wurde, sieht diese Ebene nicht vor. Die Psyche ist an die Wahrnehmungen der Sinne und die

Verarbeitung dieser Impulse — sei es als abgespeichertes oder abgespaltenes, verdrängtes Wissen — gebunden. Dort, wo die Psyche herrscht, kann die Seele nicht sein. Dort, wo wir die Seele, unser wahres Selbst, erfahren, verschwindet die Psyche. In unserer an die Motive, an die Sinne gebundenen Welt wissen wir wenig über die normalen geistigen Zustände und ihre gefühlsmäßigen und willentlichen Ausdrucksformen. In den Jogisystemen des Ostens sind die Verbindungen zwischen den mentalen Systemen der abgespeicherten Erinnerungen *(Schitta)*, des unterscheidungsfähigen Intellekts *(Buddhi)*, des Ichs *(Ahamkara)* und des sinnlichen Bewußtseins *(Manas)* präziser erarbeitet und ausgeführt.

Ich bin Atman

»Premaswerupalara« (Verkörperungen der Liebe), spricht Baba seine Anhänger an, *»ihr seid nicht meine Anhänger, meine Untergebenen, meine Kinder. Ihr seid, was ich bin, Verkörperungen der Seele, Verkörperungen der Liebe. In eurem Bewußtsein seid ihr drei Personen: auf der Körperebene die, von der ihr meint, daß ihr sie seid; auf der psychischen Ebene die, von denen die anderen meinen, daß ihr sie seid; doch in Wahrheit seid ihr Atman, der individuelle Teil des kosmischen Bewußtseins.«*

»Wie kann ich eine Beziehung zu dieser Quelle in mir herstellen, die ich wirklich bin?« frage ich Baba im Gruppeninterview am Ende des Jahres.

»Du bist Atman«, sagt er. Seine dunklen schönen Augen funkeln mich an. *»Du bist die Seele, du bist die Quelle. Es gibt nur einen Strom, der alle Glühbirnen speist, gleichgültig, in welchen Farben sie erstrahlen. Beziehungen bestehen zwischen Körpern. Die Quelle bist du selber.«*

Ich sehe ihn an. Den Satz, die Beispiele, habe ich schon oft gehört und gelesen. Und doch berühren seine Worte eine tiefere Schicht in mir, ein plötzliches Erkennen nach all den Mühen, diesen Teil in mir zu finden. Eine Beziehung ist nur zwischen zwei getrennten Teilen möglich. Wie kann ich eine Beziehung zu etwas haben, das ich selbst bin? Ich kann mich durch das Auge meines unbestechlichen Zeugen,

Buddhi, betrachten. Ich kann die Bedürfnisse, Wünsche analysieren, kontrollieren, aber das bin nicht ich, der Gott in mir, die Seele. Um diesen Teil zu finden, muß ich alles andere abstreifen, loslassen, in das Nichts tauchen, aus dem die Seele wie Phönix aus der Asche steigt. Sie ist das, was übrigbleibt, wenn alles andere vergeht.

Doch läßt die duale Struktur des Bewußtseins uns in dieser Einheit nicht verweilen, solange wir sie nicht ganz realisiert haben. Der Weg dahin ist weit. Ich experimentiere mit den Anfängen. Wie kann ich zu dem Kern finden?

BABA

Ich bin Weisheit, Glückseligkeit und Friede.
Das ist meine Natur.

Ich übe kein Asketentum.
Ich meditiere nicht.
Ich studiere nicht.
Ich bin weder Mann noch Frau, alt noch jung.
Und dennoch bin ich all dies.
Ich bin ein Kind unter Kindern,
ein Student unter Studenten,
eine Frau unter Frauen,
ein Mann unter Männern.
Ich bin Gott, wenn ich bei mir selbst bin.

Ich habe eine Aufgabe:
die ganze Menschheit zu umsorgen
und allen ein Leben voller Glückseligkeit zu sichern.
Ich habe ein Gelübde getan,
alle, die vom rechten Weg abgeglitten sind,
wieder auf den rechten Weg zu führen und zu retten.
Ich habe mir eine Arbeit auferlegt, die ich liebe:
die Leiden der Armen wegzunehmen und ihnen
zu geben,
was ihnen fehlt.
Meine Aufgabe ist nicht nur zu heilen,
zu trösten und menschliches Elend zu beseitigen,
sondern es gibt etwas viel Wichtigeres:
Meine Hauptaufgabe ist, allen Menschen
das Wissen der Weden und Schastras zu enthüllen.
Die Wiederherstellung des Dharma,
der göttlichen Ordnung,
ist mein Ziel.

Ich schaue ihn an. Sein wacher Blick trifft auf meinen.

Wer bist du?

Sathja Narajana ist sein Geburtsname: der innewohnende Gott, der die Wahrheit verkörpert. *»Ich bin die Wahrheit der Wahrheit. Ich führe dich zur Wahrheit. Ich manifestiere Wahrheit. Und wenn die Menschen die Wahrheit erkennen, erkennen sie mich«*, sagt er. Die Wahrheit suche ich. Kann er mir die Wahrheit offenbaren, mir helfen, sie innerlich zu realisieren? Kann er der Spiegel sein, in dem ich meinem wahren Selbst begegne? Muß ich etwas für ihn tun, was ich nicht bin? Mißbraucht er mich nicht für eigene Bedürfnisse?

»Komm, sieh, prüfe, erfahre und dann glaube«, bietet er an. Dieser Einladung bin ich gefolgt. Unsere Blicke treffen einander. Zwei prüfende Augenpaare. Ich blicke in den Spiegel.

Und doch, ich traue Spiegeln nicht. Zu viele sind mir in der therapeutischen Szene begegnet, die sich als klare Wasserflächen anboten und nur das Trübe verbargen. Zu viele verkauften die Wahrheit auf dem Markt der Illusionen. Zu viele Heilige entpuppten sich als Scheinheilige. Und jetzt gar Gottvater höchstpersönlich?

Ich beobachte ihn, mal aus kühler Distanz mit dem Schreibblock auf den Knien, mal spüre ich den Wellen nach, die mich erreichen, mal lausche ich anderen, was sie berichten.

Baba, der Avatar

In der Menge der Frauen in der Kantine entdecke ich ein liebes, vertrautes Gesicht.

»Anna!« Erfreut eile ich auf sie zu. Wir schließen einander in die Arme. »Mein Gott, wie lange ist es her?«

»Eineinhalb Jahre.« Sie lächelt das sanfte, gütige Lächeln, das mich schon während der Einführungswoche in der Findhorn-Gemeinschaft eineinhalb Jahre zuvor unwiderstehlich angezogen hat. All die Sehnsüchte nach einer mütterlich-warmen, umhegenden Gestalt, in deren Arme ich mich vertrauensvoll hineinsinken lassen kann, hatte sie während dieser Woche in mir geweckt. Trotz der Fülle des Programms hatten wir die Zeit gefunden, uns auszutauschen, uns anzufreunden.

Berufliche Gemeinsamkeiten verbanden uns: die Arbeit mit dem
Körper — sie als Ärztin und Psychotherapeutin, ich als klinische
Psychologin und Therapeutin für bioenergetische Analyse —, die
Arbeit in der Lehre — ich an einer Fachhochschule, sie an einem
psychotherapeutischen Institut. Sie hatte sich nach der schmerzhaf-
ten Erfahrung einer jahrelangen und scheinbar unheilbaren Krankheit allerdings verstärkt der Heilung von Menschen zugewandt. So
hatte sie von Findhorn gehört, wo unsere Herzen zueinander fanden. In den Falten, die ein gelebtes Leben in ihr fast sechzigjähriges
Gesicht gegraben hatte, schimmerte der hintergründige Humor, den
das Wissen um die Vergänglichkeit des Lebens hervorbringt, das
Wissen darum, daß wir das Bühnenstück spielen, das vor unserer
Zeit geschrieben wurde und in dem ein anderer Regie führt als unser
kleines individuelles Selbst.

»Du hier?« Ich stottere vor Aufregung und Überraschung. »Du
hast mir nie erzählt, daß du Sai Baba kennst?«

Das offene Gesicht unter dem welligen weißen Haar strahlt mich
an.

»Du auch nicht.«

»Damals wußte ich von ihm noch nicht. Wie lange kennst du ihn
schon?«

»Seit vielen Jahren.« Sie lächelt in sich hinein, zeigt dann auf ihre
Hand. »Schau diesen Ring.« Sie zeigt mir eine kunstvoll gestaltete
Goldfassung, in der ein blaßblauer Saphir ruht. »In diesem Ring war
ein blaßgrüner Aquamarin. Es ist der Ring meines Mannes, der Anfang dieses Jahres verstorben ist. Nach seinem Tode bin ich hergekommen. Baba holte mich ins Interview und sprach mich auf seinen
Tod an. Danach konnte ich zum erstenmal richtig trauern. Vor einer
Woche saß ich im Interview zu Babas Füßen. Er tätschelte meinen
Kopf, sprach mit den anderen, deutete zwischendurch auf meine beiden Ringe und fragte: ›Dein Ring und der Ring deines Mannes?‹ Ich
nickte nur, sprach kein Wort. Am Morgen hatte ich zu meiner Mitbewohnerin gesagt, daß ich mir mein ganzes Leben lang einen Ehe-
ring mit einem blaßblauen Saphir gewünscht habe. Beim Abschied
nahm Baba meine Hände, drückte sie kurz, und als ich nach dem Interview auf den Ring sah, lag in der Fassung statt des Aquamarins der

Saphir, den ich immer wollte.« Sie lächelt glücklich, zwinkert mir
aus den Augen zu.

Ich seufze. »Ach, weißt du, ich habe Mühe mit seiner äußeren Gestalt. Ich kann mein Wissen um die Existenz einer universellen Kraft
nicht mit ihm verbinden.«

»So ging es mir vor Jahren bei meinem ersten Besuch auch. Baba
hat sich nach und nach fest in meinem Herzen verankert.«

Ich nicke erleichtert. »Weißt du, seine außergewöhnlichen Fähigkeiten bezweifle ich nicht. Es gibt ja genügend Beispiele aus seinem
Leben dafür, daß er Gegenstände aus der Luft materialisieren kann,
in seiner Körperform an zwei Orten auftaucht, Tote zum Leben erweckt, Krankheiten von Anhängern auf sich nimmt, als Baba oder in
anderer Körperform Anhängern in Notsituationen zu Hilfe eilt. Ich
kann mir vorstellen, daß er Zeit und Raum überschreiten und die
Naturgesetze außer Kraft setzen kann. Aber ich kann nicht glauben,
daß dieser Mann, der jeden Tag die versammelte Menge beruhigt und
tröstet, eine inkarnierte Gottheit ist.«

»Wir können uns nicht vorstellen, wer er wirklich ist. Seine
Macht ist nicht meßbar, seine Wahrheit unergründlich. Das betont
er immer wieder. Die Wunder, die er vollbringt, sind nur seine Visi-
tenkarte, der Ausdruck seines göttlichen Willens. Verglichen mit seiner Herrlichkeit und Majestät seien sie trivial, sagt er.«

»Aber viele kommen doch wegen der Wunder, wollen einen Ring,
ein Amulett oder hoffen darauf, von körperlichen Gebrechen oder
seelischen Leiden geheilt zu werden«, wende ich ein. »Und viele Inder kritisieren ihn genau deswegen, weil es in der Tradition der Jogis
zum schlechten Stil zählt, solche übernatürlichen Fähigkeiten zur
Schau zu stellen.«

»Mit Jogis ist er nicht vergleichbar. Sie erwerben sich durch lange
spirituelle Praktiken übernatürliche Fähigkeiten. Doch sind diese
begrenzt, während seine Kräfte grenzenlos sind. Viele Jogis verfangen sich in der Magie dieser Fähigkeiten, nehmen sie als Ziel statt als
Begleiterscheinung auf dem Weg zur Einheit mit dem Göttlichen.
Baba warnt vor diesen Gefahren und betont, daß die Wunder bei
ihm der natürliche und spontane Ausdruck seines Avatartums sind,
nicht erworbene Fähigkeiten.«

»Behaupten läßt sich viel. Wie ist das überprüfbar?«

»Jogis, die der Magie verfallen sind, nehmen Geld für ihre Zauber-kunststücke. Täten sie es nicht, wären sie bald arm. Baba gibt jedoch Gegenstände in unbegrenzter Menge ab und verlangt nichts dafür außer die Liebe und Hingabe der Menschen.«

»Die Unterscheidung verstehe ich. Aber ich las von einer Reihe von Jogis, die auch zum Ruhme Gottes und nicht des Mammons ihren Körper verlassen oder Gegenstände materialisieren konnten. Ist Baba mit denen vergleichbar?«

»Nein. Jogis werden als Menschen geboren und bewegen sich him-melwärts, während der Avatar aus dem vollen Bewußtsein des Gött-lichen auf die Erde herabsteigt. Seine Aktionen sind vollkommen frei und nicht durch Karma gebunden. Jogis mögen die Kontrolle über die fünf Körperfunktionen, die fünf Sinne oder die fünf Natur-elemente erlangen — was langes Training erfordert —, aber nur der Avatar verfügt über unendliches Bewußtsein, Allwissenheit, Allge-genwart und Allmacht. Beispielsweise kann er das Karma eines Men-schen ändern. Dies vermag kein Sterblicher. Und über die Wunder zieht er die Menschen zu sich heran, um sie durch sein wichtigstes Werkzeug zu verwandeln — durch Liebe. Nur wenn wir diese Liebe spüren, fangen wir an, seine Wirklichkeit zu erahnen.«

Annas Augen leuchten. Ihr Gesicht strahlt vor Glück. Das Wun-der des Steins hat sich in inneres Glück verwandelt.

»Das Wunder der Liebe lockt mich her, nicht die billigen Ringe und Amulette, die aussehen, als stammten sie aus einem der Läden draußen«, sage ich.

Anna lacht. »Er gibt den Menschen, was sie wollen. Und so billig, wie manche Gegenstände aussehen, sind sie nicht. Ein Freund von mir, ein Chemiker, hat ein Amulett im Labor untersucht und darin einen Stoff gefunden, der ihm von den irdischen Substanzen her nicht bekannt war.«

»Wirklich?« Ich klinge nicht überzeugt. »Aber selbst wenn . . . Ich suche nach der Liebe und der Wahrheit, nicht nach Wundern.«

Warm und mitfühlend sieht Anna mich an. In ihren Augenwinkeln schimmert Skepsis. »Kein einfaches Ziel . . . Wenn dir das *hier* gelingt — bei so vielen kranken Menschen —, das wäre ein Wunder.«

»Wir müssen uns auf seine Wellenlänge einstellen, um seine Energien zu erfahren«, sagt einer der Lektoren — er ist Atomphysiker —
für die Besucher aus Übersee. »Das Mantra ist das Gerät, auf dem wir
ihn empfangen können. Die Konzentration, die Meditation verhilft
zur richtigen Wahl der Wellenlänge, die bedingungslose Liebe und
Hingabe zur Feineinstellung auf dem Kanal.«

Mit der Feineinstellung hapert es bei mir, ich weiß. Und doch erreichen mich Wellen des Vergnügens, der Wärme, des Entzückens,
wenn er mit seinen Collegestudenten schäkert, plaudert, mal die gütige Mutter Sai, mal der gestrenge Vater Baba, wenn er sich köstlich
über einen gelungenen Trick zu amüsieren scheint, der nur ihm bekannt ist. Mit diesem schalkhaften, spitzbübischen Baba kann sich
Jivatman spontan verbinden. Das ständig wiederkehrende Mißtrau-
en erlöscht in solchen Momenten. In der Wärme und Süße seines Lächelns, mit dem er Anhänger begrüßt, jedem das Gefühl gibt, daß er
ihm der Liebste sei, ihnen die Hand auf die Stirn oder den Kopf legt,
Vibhuti, die heilige Asche, materialisiert und verschenkt, das Licht-
zeichen auf die Stirn drückt, kleinen Kindern die erste Speisung gibt,
Rosen entgegennimmt und wieder verschenkt, in diesem Lächeln
schmilzt ein Teil in mir, öffnet sich ein Strom, momenthaft, ein
Stück weit. Doch meist sitze ich da, dankbar und zufrieden mit den
hinteren Reihen, und betrachte das Schauspiel aus sicherer Distanz.

»Was an ihm ist göttlich, wenn er beim Darschan seine Runde
dreht, so tut, als verstehe er nicht, wenn ihm jemand etwas zuruft,
wenn er Männer und Frauen beim Interview nach ihren Ehegefährten
fragt, obwohl sie gar nicht verheiratet sind?« argwöhnt Ahamkara.

»Laß dich nicht durch das äußere Theater bluffen«, mahnt Jivatman. »Er täuscht uns dadurch, daß er an unserem Leben und Treiben teilnimmt. Aber er kann sich jeden Augenblick in seiner Göttlichkeit offenbaren.«

»Wozu veranstaltet er dieses Theater, wenn er es nicht nötig hat?«
fragt Ahamkara unwirsch. »Es irritiert mich.«

»Damit wir ihm nahe kommen können. Würde er sich in all seiner Macht zeigen, würden wir in Furcht erstarren. So können wir
uns ihm verwandt fühlen und zugleich dem nacheifern, was er mit
seinem Leben demonstriert.«

Baba, die gütige Mutter

Ich sitze im Tempelinnenhof, beobachte Baba, versuche mich auf
seine Wellenlänge einzuschwingen. Der Tempel hat sich in einen
Märchenpalast aus Disneyland verwandelt. Girlanden und Lichtbän-
der schmücken ihn. Von draußen dringen die Menschen in den Tempelinnenhof hinein, Menschen, die zu Hunderttausenden den Platz
füllen. Sie haben ihr Lager auf den freien Flächen des Aschrams aufgeschlagen, um Babas 61. Geburtstag mit ihm zu feiern. In unaufhör-
licher Arbeit wurde der Platz zwischen den Rundhäusern und den
Hallen gesäubert und planiert. Fünf Dutzend Stände, zehn Dutzend
Reihen, mit Holzpflöcken und Leinen errichtet, erwarten den Ansturm der zweihunderttausend Gäste zum kostenlosen Geburtstags-
mahl, die Speisung der Zehntausend in modernem Gewand, eine
kleinere Übung im Vergleich zum 60. Geburtstag, der in Indien als
Wasserscheide des Lebens eine besondere Bedeutung hat. Von diesem Tag an darf sich der Mensch aus seinen weltlichen Verpflichtungen lösen und sich dem eigenen spirituellen Pfad widmen. Baba hatte
angekündigt, daß er von seinem 60. Geburtstag an weltweit bekannt
werden würde. Zu diesem Ehrentag waren vor einem Jahr fast eine
Million Menschen erschienen, die von Baba unter Einsatz der indischen Armee eine Woche lang kostenlos im Stadion und in dafür ein-
gerichteten Feldlagern verpflegt wurden. Lastwagen mit Nahrungs-
mitteln rollten täglich an, füllten die Hallen bis unters Dach mit Ge-
treide, Reis, Gemüse. Tausende von Helfern erlebten seinen Geburtstag im Dienst am Nächsten: im Zerkleinern von Tonnen von
Gemüse, Ausrollen von Weizenfladen (Schapatis), Kochen von Reis,
Austeilen des Mahls.

Ich habe meinen drei Quadratmeter großen Vorraum bei meiner
»östlichen« Mutter, der mir in den ersten Wochen als Heimat gedient hat, geräumt und mich in Halle 15/16, einer Doppelhalle für
westliche Besucher, einquartiert. Auf Leinen gespannte Saris verwandeln die Linien, die meinen Schlafplatz markieren, in ein Privat-
gemach. In einem kleinen Anbau sind Waschbecken, Duschen und
Sitztoiletten untergebracht. »Dies ist eine Dusche, keine Toilette«,
mahnt ein Zettel an jeder Duschtür. Zu groß ist die Gefahr, sie mit

den indischen Toiletten zu verwechseln, einem Loch im Boden, zwei erhöhten Platten für die Füße, einem Wasserhahn zur linken Seite. Auf Toilettenpapier ist die Kanalisation nicht eingestellt. Der Anbau ist ein Zugeständnis an die Komfortbedürfnisse der »Westler«. Für die Inder sind hinter ihren Hallen lange Reihen von Toiletten und Duschen angebracht. Wenn ich in den Morgenstunden zum Darschan eile, warten lange Schlangen vor den blauen Türen.

Trotz der riesigen Menschenmenge habe ich einen Platz in der zweiten Reihe des letzten Darschan im Tempelinnenhof gefunden, bevor die Geburtstagsfeierlichkeiten in der Poornachandra-Halle unter dem Vorhang der Blumengirlanden ihren Lauf nehmen. Eine dunkelhäutige Inderin mit dem scharfen Geruch wasserloser Zeiten setzt sich hinter mich. Sie versteht die Aufforderung, eng zu sitzen, so daß für viele Platz bleibt, sehr unmittelbar. Mit ihren Beinen klammert sie sich um meine Schenkel fest, umfaßt meine Taille, trommelt mir im Takt auf den Rücken, läßt ihre Hand diskret auf meinem Oberschenkel ruhen. Ein guter Liebhaber könnte sich nicht intensiver um mich bemühen. Die äußere Klammer legt sich wie eine innere Klammer um mein Herz. Ich wiederhole meine Lektion aus dem »Kurs in Wundern« für diesen Tag: »Liebe, Friede und Freude wohnen beständig in mir.«

»Tief durchatmen und ruhig bleiben«, sagt Buddhi, »du gehst hier nicht weg.« Solch eine Situation hätte mich vor Jahren noch zum fluchtartigen Verlassen des Platzes veranlaßt.

Ich wende mich der Inderin zu und sage freundlich: »Ich brauche mehr Raum.« Sie weist mit der Hand in die nicht existierende Lücke zwischen meiner japanischen Nachbarin und mir. Sie möchte weiter nach vorne.

»Hier ist kein Platz, bitte«, wiederhole ich eindringlich.

»Jeder möchte Swami sehen«, sagt meine japanische Nachbarin leicht tadelnd.

»Gewiß«, sage ich. Damit sie an meiner inneren Übung in Gelassenheit teilnehmen kann, konzentriere ich meine Gedanken darauf, daß die Hand des mich umklammernden Körpers von meinem Oberschenkel auf ihren rutscht. Aus dem Augenwinkel bemerke ich vergnügt, wie die Hand sich bewegt, löst, auf ihrem Bein landet. Empört sieht meine japanische Nachbarin meine dunkelhäutige Hülle an. Ich kann mich eines Lächelns der Genugtuung nicht erwehren. Nun konzentriere ich meine Gedanken darauf, daß sich die Umklammerung lockert. Die indische Baba-Anhängerin läßt nach. Doch sobald ich mich meiner Lektüre oder dem Geschehen im Tempelinnenhof zuwende, spüre ich ihre eindringliche Nähe, die sich wie eine Klammer um mein Herz legt, erneut. Ich atme weiter tief durch, atme gegen die Klammer an, tauche in die Komik der Situation ein, um meinen Ärger in Freude zu transformieren.

Neidisch blicke ich auf Baba, der seine Füße mit Gleichmut, Wärme und Sanftheit aus den entzückten Umarmungen der Frauen befreit, zwischen denen er wandelt, um sie mit Saris zu erfreuen. Wie eine geschäftige Mutter eilt er hin und her, läßt Saris herbeischaffen und verteilt sie an seine Collegestudenten und an *Seva Dals,* freiwillige Helferinnen. Ein Team von Ärzten und Helferinnen hat in den Vortagen seines Geburtstags die umliegenden Dörfer bereist und die Schulkinder einer gesundheitlichen Vorsorgeuntersuchung unterzogen. Diese »Ferientätigkeit« wird ihnen von seiner Hand persönlich gelohnt. Diese Hand teilt Saris an die Frauen aus, Reihe für Reihe, Seidensaris, Baumwollsaris in allen Farben. Ungerührt nimmt Baba ihn zurück, wenn einer Frau die Farbe oder Stoff des Saris nicht zusagt und sie einen anderen möchte. Den Inderinnen ist der deutsche Gehorsam fremd. Sie halten nichts von dem höflichen Sprichwort: »Einem geschenkten Gaul schaut man nicht ins Maul.«

»Das würden wir uns doch nie getrauen«, sagt eine der Deutschen beeindruckt.

Die gütige Mutter hat Verständnis für die unterschiedlichen Geschmäcker. Baba in seiner menschlichen Form tut so, als wüßte er nicht um sie, als hätte er nur falsch gegriffen.

»Hier kannst du noch einiges lernen«, meint Ahamkara schadenfroh.

»Nur Geduld«, sagt Buddhi, »und immer schön durchatmen.«

Ich habe die Versuche aufgegeben, mich der Umklammerung meiner dunkelhäutigen Hülle zu entziehen, entspanne mich in die Klammer hinein. Der Ärger ist verronnen. Die Situation entbehrt der Komik nicht.

»Inder lieben Körperkontakt«, hat Anna erklärt.

»Na, du doch auch«, sagt Buddhi, »nur meinst du, daß du dir die Leute aussuchen kannst.«

»In jedem ist Gott«, wispert Jivatman.

»Gewiß, gewiß«, antworte ich, »doch hat er mannigfaltige Formen, und manche liegen mir mehr als andere.«

Sie unterbricht ihr rhythmisches Klatschen auf meinem Rücken, legt ihre Hand auf den Oberschenkel meiner italienischen Nachbarin zur Linken.

»Che vuole?« fährt diese sie barsch an.

»Sie möchte nach vorne.« Ich lache erheitert.

Sai, die gütige Mutter, hat ihre Gaben und sich verströmt. Mein Schatten erhebt sich. Die beiden Frauen zu meiner Rechten und Linken atmen erleichtert auf. Auch ich verlasse den Platz, um noch einen Nachmittagstee zu trinken.

Die Heiterkeit und die Gelassenheit, die ich in der Prüfung mit meinem dunkelhäutigen Schatten gefunden habe, leiten mich in den nächsten Tagen sicher durch das geburtstägliche Gedränge. Selbst am Samstagmorgen finde ich den Weg durch die sich stoßende und schiebende Masse in die Kantine zum Frühstück. Meine Intuition bringt mich zur rechten Zeit, wenn sich die Schlangen aufgelöst haben, an den Schapatistand und zum Bäcker, zum Darschan in den Tempel, zur Rede in die Poornachandra-Halle. Baba versorgt mich vorbildlich. Ich bleibe auf meinen Hamsterkäufen sitzen.

Baba, der Sozialreformer

»Für mich ist er ein Sozial- und Bildungsreformer«, sagt eine der Deutschen, die selber in diesem Bereich arbeitet, »aber bei den indischen Verhältnissen sind die Bemühungen aussichtslos.«

»Baba als Sozial- und Bildungsreformer? Das ist nicht schlecht«, sagt Ahamkara. »Dann bist du wenigstens dieses lästige Problem mit Gott los . . .«

»Ob sich das trennen läßt?« zweifelt Jivatman.

Seva-Organisationen des ganzen Landes, die mit ihren freiwilligen Mitarbeitern Sai Babas umfangreiches Netz sozialer Hilfsprogramme tragen, haben zu seinem 61. Geburtstag Delegierte geschickt, um die Arbeit zur Verbesserung der Lage der Dörfer zu planen. Diese Arbeit verkörpert die Botschaft Babas: Liebe ist selbstloser Dienst am Nächsten. Viertausend Dörfer sind in diesem Programm erfaßt, höre ich in der nachmittäglichen Konferenz vom Vorsitzenden des Sathya-Sai-Nationalkomitees für die Verbesserung der Situation in den Dörfern. Für den Bundesstaat, der die Arbeit am stärksten unterstützt, hat der Vorstand einen Pokal gestiftet und für die schönsten Dörfer Preise. Der Stil der Rede ist mir aus den politischen Organisationen und Institutionen, in denen ich tätig war, unangenehm vertraut.

»Sieh da«, denkt Buddhi überrascht, »nicht nur in die Dritte Welt hält der kapitalistische Wettbewerbsstil Einzug, sondern sogar in die Sai-Organisation. Auf der politischen Ebene verkümmert auch das Göttliche zur Bürokratie.«

»Die göttliche Hand wird nun den Pokal und die Preise den Stellvertretern des Landes und der Dörfer überreichen«, verkündet die dynamische Unternehmerstimme des Vorstandsvorsitzenden.

»Ob sich die göttliche Hand diesen Anordnungen fügen wird?« wundert sich Buddhi.

Die Stimme beordert zunächst den Gouverneur des Bundesstaates zum Mikrophon, dann hebt Baba selber zur Rede an.

»Wer soll einen Preis erhalten?« fragt er. *»Der bundesstaatliche Gouverneur, der das Dorf nicht kennt, der Distriktchef, der nicht mitgearbeitet hat, die Sevakas, die die Arbeit ausgeführt, die Dorfbewohner, die sich beteiligt haben? Wer setzt die Kriterien für das beste Dorf? Ist es die frisch gekalkte Schule oder die Fülle des Herzens, die Selbstlosigkeit, die belohnt wird? Und wer schaut in die Herzen außer Swami? Preise fördern die Konkurrenz statt die Liebe. Jeder in seiner Arbeit ist wichtig, sonst wird aus der Kooperation eine Operation.«*

Der Vorsitzende, der im Hintergrund der Bühne Platz genommen hat, schrumpft zusammen. Eine harte Lehre. Ahamkara kann es mitfühlen. Und dennoch freut sich Jivatman diebisch über die Worte des Meisters, sind ihr solche Strukturen doch schon seit eh und je übel aufgestoßen.

»Doch kein Kaninchenzüchterverein«, denke ich befriedigt. Die Preise werden abgeräumt. Statt dessen erfreut ein göttliches Ballett von Schulkindern aus Madras die Herzen. Göttlich ist nicht nur der Inhalt, sondern auch die Kostüme und die Zartheit der Bewegungen der Tänzer sind eine Augenweide.

»Zimperlich geht er mit seinen Leuten nicht um«, rufe ich Sarah zu, mit der mich ein Frühstücksarrangement verbindet, nachdem wir gut über eine Woche beim morgendlichen Darschan zusammengetroffen sind. Ihr blonder Schopf taucht mal vor, mal hinter, mal neben mir auf.

»Was das wohl bedeutet?« frage ich sie.

Das Licht in ihren Augen strahlt zurück. »Das wird seinen Grund haben.«

Wir finden uns zusammen zum morgendlichen Frühstück: sie, die wohlerzogene, gepflegte Tochter aus höherem Hause, an der äußerlich eine Stewardeß, von ihren Interessen, ihrer Klugheit her eine Wissenschaftlerin verlorengegangen ist, die ihr Leben dem Ehemann und seinen Aufgaben gewidmet hat und die nun, mit vierzig, zum Start ins eigene öffentliche Leben ansetzt; ich, der Emporkömmling aus einfachen Verhältnissen, der die eigene Karriere, das öffentliche Leben hinter sich hat, sich mit vierzig nach privatem Rückzug, Mann und Familie sehnt. Uns verbindet, daß wir beide es hassen, unsere Zeit in Warteschlangen zu verbringen. So stellt sie sich für die morgendliche *Dosa*, einen Pfannkuchen aus Reis und Bohnenmehl mit einer scharfen Sauce an, ich mich für den Tee.

An einem der Tische aus schwarzem Terrazzo entdecke ich Anna. Meist zieht sie es vor, das Frühstück in ihrer Wohnung zuzubereiten. Sie hat sich über Spendengelder für eine Wohnung im Rundhaus das Recht erworben, dort zu wohnen, wann immer es die Verhältnisse im Aschram erlauben.

»Du hier«, rufe ich erfreut aus. Wir sehen uns seltener, als mir lieb ist. Die Atmosphäre des Aschrams drängt jeden in seine individuelle Bahn, fördert den eigenen geistigen Weg statt soziale Kontakte.

»Ja, manchmal verlangt es mich nach den Reiskuchen«, lacht sie.

Ich winke Sarah zu uns herüber.

»Zimperlich ist er ja nicht mit seinen Leuten«, wiederhole ich,

noch immer von der Rede beeindruckt, und berichte von meinen Erfahrungen bei der nachmittäglichen Konferenz.

»Bei seinem Geburtstag im vergangenen Jahr hat er sie noch mehr
schockiert«, berichtet Sarah, die dieses Ereignis miterlebt hat. Für
das Programm »Begrenzung der Wünsche« hatten sie im ganzen
Land sechs Millionen Rupien gesammelt und ihm zum Geburtstag
geschenkt. Und er nahm das Geburtstagsgeschenk nicht, sondern be-
auftragte die Präsidenten der verschiedenen Staaten und die Amtsträ-
ger der Sai-Organisation, das Geld für die Armen, die Notleidenden
und Hilflosen in den Bezirken zu verwenden, in denen es gesammelt
wurde.«

»Und warum?« frage ich.

»Weil es aus falschem Verständnis des Programms gesammelt wurde, aus falschen Motiven.«

Ich sehe sie fragend an.

»Für Swami lag der Sinn des Programms darin, den Menschen zu
helfen, sich von den an die physische Welt gebundenen Wünschen
zu befreien. Die Aufforderung

›verschwendet kein Geld,
verschwendet keine Nahrung,
verschwendet keine Zeit,
verschwendet keine Energie‹

sollte dazu dienen, Unmäßiges und Überflüssiges aus unserem Leben zu verbannen und die sich daraus ergebenden Ersparnisse für weniger begünstigte Menschen einzusetzen. Aber statt sich selbst zu dis-
ziplinieren und auf alles Nutzlose im Leben zu verzichten, meinten
viele seiner Anhänger, sie könnten ihr Gewissen damit beruhigen,
daß sie karitativen und humanitären Organisationen Geld geben . . .«

»Na ja, wie in Deutschland auch, wenn Geld für Afrika, Hungers-
nöte oder Naturkatastrophen gesammelt wird«, wende ich ein. »Was
ist daran Verwerfliches?«

»Das Motiv, das dahinter steht. Baba geht es nicht um das Geld. Er
hat oft betont, daß es ihm an Geld nie mangeln werde. Wann immer
man Mittel für ein spezielles Projekt, wie etwa eine Schule oder ein
Planetarium, benötigte, würde ein Anhänger die Kosten mit einer
freiwilligen Spende decken«, erklärt Sarah.

Anna, die sich mit ganzer Konzentration in ihre Reiskuchen versenkt hatte, hebt den Kopf. »Er möchte, daß die Menschen sich seiner Liebe öffnen und darüber zu einem rechtschaffenen Leben finden, und das bedeutet die Aufgabe alter Gefühle, Gewohnheiten und Verhaltensweisen. Nur in dem Maße, in dem die Menschen sich von diesen Bindungen befreien, werden sie das Glück erfahren können, das in der Erfüllung der vornehmsten menschlichen Aufgabe liegt: Dienen und nichts als dienen.«

»Daß darin das Glück liegen soll, kann ich mir nur schwer vorstellen. In meiner Erfahrung war der Dienst am Nächsten bislang mehr eine Bürde als eine Wonne«, widerspreche ich. »Aber vielleicht liegt der Grund dafür in meinem falsch verstandenen Dienst am Nächsten.«

Annas Augen blinzeln zustimmend, bevor sie sich erneut ihren Reiskuchen zuwendet.

»Gerade weil die Gebildeten und Intellektuellen die Dinge oft verzerrt sehen, legt Baba sehr viel Wert auf Bildung und Erziehung«, sagt Sarah. Sie drückt mir eine seiner Reden in die Hand, ehe sie zum morgendlichen Bhajansingen in den Tempelinnenhof enteilt.

Baba, der Bildungsreformer

»Der Mensch hat alles erobert, nur sich selbst nicht«, kommentiert Baba das Bildungssystem. *»Er hat Millionen Kilometer des Weltraums erkundet, aber nicht die Fähigkeiten erworben, auch nur einen Zentimeter des Innenraums zu erforschen. Die Helden der Wissenschaft auf den Bühnen der Kongresse entpuppen sich als Nullen im praktischen Leben. Die Menschen beherrschen die Naturgesetze, doch zeigen sie sich außerstande, das Gleichgewicht der Kräfte aufrechtzuerhalten. Umweltzerstörung ist das Ergebnis. Das Bildungssystem vermittelt nicht mehr die Kombination von Wissen, Fähigkeit und Gleichgewicht der Kräfte. Seine Orientierung an weltlichem Erfolg und dem Erwerb eines hohen Lebensstandards erzeugt engstirnige, nur auf die eigenen Interessen bezogene Menschen, ohne Rücksichten auf die Interessen anderer. Eine echte Erziehung muß jedoch neben den weltlichen Fähigkeiten und Fertigkeiten auch moralische und spirituelle Werte vermitteln, die das Leben erst*

lebenswert machen: Dankbarkeit, Mitgefühl und Toleranz, Gleichmut und Sinneskontrolle, Hingabe an Gott und das Verlangen nach der Realisierung der Wahrheit. Der Test für wahres Gelehrtentum liegt nicht darin, wie viele Bücher jemand gelesen hat, sondern in den Antworten auf die Fragen:

— Sind die gesprochenen Worte sanft und süß?
— Werden gute Werke geplant und ausgeführt?
— Engagieren sich die Gelehrten in der Gesellschaft für gute Zwecke?
— Sind sie denen dankbar, die ihr Glück fördern?«

»Die Erziehung muß bei den Kindern anfangen«, sagt Baba zum Abschluß des Trainingsprogramms »Erziehung in menschlichen Werten« (EMW), das Ende des Jahres 1986 drei Tage lang in Praschanti Nilajam stattfindet. Insgesamt 250 Lehrer aus dreißig Ländern nehmen an dieser Konferenz teil, die für das Training der EMW-Lehrer in anderen Ländern und Kontinenten ein Startzeichen setzt.

»Ein überreifer Schlangenkürbis kann auch mit einem schweren Stein nicht mehr geradegezogen werden. Ist der Schlangenkürbis aber noch zart, genügt ein kleiner Stein, um ihm zu gesundem, geradem Wachstum zu verhelfen. Wenn der Kürbis wächst, wird auch der Stein schwerer. Ebenso muß die Disziplin mit höherem Alter härter werden, damit das Kind sich zu einem aufrechten, beständigen und starken Menschen entwickeln kann«.

Und er rügt die Eltern: *»Die Eltern verwöhnen heute ihre Kinder aus falsch verstandener Liebe, aus falsch verstandener Freiheit heraus, machen sie zu einer Bürde für sich und die Gesellschaft. So kommt den Lehrern die schwierigste und wichtigste Aufgabe in der Erziehung zu.«*

Doch sind auch die Lehrer dieser Aufgabe nur zum Teil gewachsen.

»Die Lehrer verstehen nicht«, so mahnt er sie, *»daß die Erziehung ohne ihre Zuneigung und Liebe für die Schüler mechanisch wird, daß die Studenten keinen Respekt, keine Hingabe entfalten können. Die Liebe ist die Basis, der Grundstein der menschlichen Werte. Durchdringt sie die Rede, führt sie zur Wahrheit, durchdringt sie die Handlung, zur Redlichkeit. Wer beständig von Liebe durchdrungen ist, hat Verständnis für andere, ist zur Gewalttätigkeit nicht mehr in der Lage, praktiziert Gewaltlosigkeit. Damit aber erreicht er Frieden, inneren und äußeren, der die wahre Bedeutung der Liebe ist.«*

Um ein Beispiel zu geben, rief Baba seit seinem 32. Lebensjahr 35 Sri-Sathja-Sai(SSS)-Institute ins Leben, die Kindergärten, Schulen und Universitäten umfassen. Sie sind vom Erziehungsministerium der indischen Regierung anerkannt. In einem fünfjährigen integrierten Studiengang führt das Studium in den Colleges zu Bachelor-, Master- und Promotionsabschlüssen in Geistes-, Natur- und Betriebswissenschaften.

Das Ziel der Erziehung liegt in einer ausgewogenen und ganzheitlichen Entwicklung aller Aspekte der Persönlichkeit, der körperlichen, geistigen, emotionalen, seelischen und spirituellen Seite des Menschen. Das jetzige Erziehungssystem betont hauptsächlich die ersten beiden Aspekte, nämlich Fertigkeiten und Wissen. Die Entfaltung aller Seiten des Menschen befähigt ihn, die fünf menschlichen Werte der Redlichkeit, Wahrhaftigkeit, Friedfertigkeit, Liebe und Gewaltlosigkeit zu leben. Dazu braucht er über den Erwerb von Fertigkeiten und Wissen hinaus ein emotionales Gleichgewicht, Einsichtsfähigkeit und das Wissen um seine Identität.

Das wahre Selbst (Atman) ist die Göttlichkeit in jedem. Sie zu verwirklichen, heißt, die fünf menschlichen Werte zu leben. Diese sind der Weg zur Göttlichkeit und zugleich der Ausdruck wahren Menschseins, wahrer Göttlichkeit. Wenn ich begreife, was oder wer ich bin, weiß ich, was ich zu tun habe und was mein Ziel ist. Ich weiß um den Sinn des Lebens.

Dieses hohe Ziel ist auch in den SSS-Instituten nicht ohne Kritik und Korrektur der Praxis erreichbar, wie der Erzieher der Erzieher, der Kanzler der Universität, Baba, es anläßlich der vierten Intercampusspiele deutlich macht.

Anfang des neuen Jahres eröffnet er die sportlichen Wettkämpfe seiner Studentinnen und Studenten, die sich aus dem Frauencollege in Anantapur und dem Männercollege in Whitefield den hiesigen Studenten für die vier Wettkampftage zugesellt haben. Unter dem Dach des kleinen Tempels, der für die Feierlichkeiten zu seinem 60. Geburtstag gebaut wurde, nimmt er die Parade der jungen Männer und Frauen ab, die er persönlich ausgewählt und zum Studium zugelassen hat. Zu den Klängen der Musik marschieren sie in weißen Anzügen und weißen Beinkleidern im Stechschritt an der Tribüne vorbei, salutieren dem Kanzler der Universität, der im orangefarbenen Gewand die Fahnenträger grüßt, bauen sich in Kolonnen vor ihm auf.

Sarah, Anna und ich haben unseren Platz auf einem Felsen auf dem Hügel gefunden, der den Aschram vom Collegegelände trennt. Durch das Fernglas fasse ich die Szene unter mir genauer ins Auge.

»Ich kann mir nicht helfen«, murmle ich, »aber solche Bilder sind mir nicht geheuer.«

Anna nickt. »Ja, wir Deutsche sind gebrannte Kinder.«

»Er bildet seine Studenten zur Elite aus«, erklärt Sarah, die sich schon länger mit dem indischen Bildungssystem auseinandergesetzt hat. »Und Disziplin gehört nicht zu den indischen Tugenden. Baba vertritt jedoch die Auffassung, daß sich der Charakter ohne Disziplin nicht forme und die Studenten sich nicht zu den Vorbildern entwickelten, die eine Transformation der Werte im indischen Volk herbeiführen könnten.«

»Ich finde Disziplin durchaus wertvoll, aber muß er sich deshalb als Militäroberst präsentieren?« frage ich irritiert.

»Ich glaube, wir sind an diesem Punkt besonders empfindlich«, sagt Anna.

»Doch wohl zu Recht«, brumme ich voller Unbehagen.

»Kennst du die *Sufi*-Geschichte von dem Mann, der nach dem Augenschein urteilte?«

»Nein.«

»Ein Suchender kam zu einem Weisen und bat ihn, von ihm das lernen zu dürfen, was jener sich an Wissen erworben hatte. Der Weise warnte ihn: ›Du wirst nicht die Ausdauer und Geduld haben, die Ereignisse sorgfältig zu studieren. Du wirst nach dem Augenschein urteilen, statt zu lernen.‹

Der Suchende versprach Geduld und die Bereitschaft, zu lernen, statt nach seinen Vorurteilen zu handeln. So willigte der Weise unter der Bedingung ein, daß der Suchende bei keinem Ereignis nach dem Grund frage, sondern warte, bis der Weise ihn von sich aus nenne. Der Suchende versprach dies, und beide begaben sich auf die Reise.

Kaum hatten sie das Boot betreten, das sie über den Fluß bringen sollte, bohrte der Weise ein Loch in den Boden. Mit dem Leck schien er dem Bootsmann seine Hilfe zu entlohnen.

Der Suchende war empört. ›Menschen können ertrinken, das Boot wird sinken und verlorengehen. Kann ein guter Mensch so handeln?‹

›Sagte ich dir nicht‹, bemerkte der Weise sanft, ›daß du voreilig Schlüsse ziehen wirst?‹

›Oh, ich hatte diese Bedingung bereits vergessen‹, sagte der Suchende. Und er bat um Vergebung für den Ausrutscher. Aber er war sehr verwirrt.

Sie reisten weiter, bis sie zu einem Land kamen, in dem der König sie willkommen hieß und zur Jagd einlud. Der kleine Sohn des Königs wurde auf das Pferd des Weisen gesetzt. Sobald er und der Suchende von der übrigen Jagdgesellschaft durch ein Dickicht getrennt waren, sagte der Weise: ›Folge mir, so schnell du kannst.‹ Er verdrehte den Knöchel des jungen Prinzen, setzte das Kind im Dickicht ab und verließ das Königreich, so schnell er konnte.

Der Suchende war überwältigt von Schuldgefühlen darüber, an einem Verbrechen beteiligt gewesen zu sein. Er rang die Hände und rief aus: ›Ein König hieß uns willkommen, vertraute uns seinen Sohn und Erben an, und wir haben ihn so abscheulich behandelt. Was für ein Verhalten! Nicht der Gemeinste unter den Gemeinen würde so handeln.‹

Der Weise drehte sich einfach zu dem Suchenden um und sagte: ›Freund, ich führe meine Aufträge aus. Du bist ein Beobachter, und nur wenige Menschen erlangen diese Position. Doch scheint mir, daß du diese Gelegenheit nicht nutzen kannst, denn du urteilst von deinen Vorurteilen her. Ich erinnere dich an dein Versprechen.‹

›Ich erkenne an, das das Versprechen mich bindet‹, sagte der Suchende. ›Vergib mir noch einmal. Es ist schwierig, die eigenen Vorurteile zu brechen. Falls ich noch einmal in diesen Fehler verfalle, kannst du dich von mir trennen.‹

Sie reisten weiter und erreichten eine große, wohlhabende Stadt. Die Reisenden baten um ein wenig Essen, aber keiner wollte ihnen auch nur einen Brocken geben. Nächstenliebe war ein Fremdwort und das Sakrileg der Gastfreundschaft vergessen. Im Gegenteil, wilde Hunde wurden auf sie angesetzt.

Als sie den Stadtrand erreichten, hungrig, durstig und müde, sagte der Weise: ›Laß uns hier ein wenig verweilen, denn wir müssen die Mauer reparieren.‹

Einige Stunden lang arbeiteten sie. Sie mischten Schlamm, Stroh und Wasser, bis die Mauer wiederhergestellt war.

Der Suchende war so erschöpft, daß er seine Disziplin vergaß und sagte: ›Für diese Arbeit werden wir nicht bezahlt. Wir haben zweimal Gutes mit Bösem vergolten. Jetzt vergelten wir Böses mit Gutem. Ich bin am Ende meiner Geduld und weiß nicht weiter.‹

›Fürchte nicht mehr‹, sagte der Weise, ›und erinnere dich daran, daß du mich beauftragt hast, dich gehen zu lassen, wenn du mich noch einmal fragst. Unsere Wege trennen sich hier, aber bevor ich dich verlasse, will ich dir den tiefen Sinn einiger meiner Handlungen erklären. Vielleicht wirst du eines späteren Tages in der Lage sein, auf solch eine Reise zu gehen.

Das Boot, das ich beschädigte, sank, so daß es von dem Tyrannen, der alle Boote für einen Krieg einzog, nicht benutzt werden konnte. Der Junge, dessen Knöchel ich verdrehte, kann nicht mehr zu einem Machthaber heranwachsen oder das Königreich erben, weil das Gesetz bestimmt, daß nur ein körperlich Gesunder die Nation führen darf. In dieser Stadt des Hasses leben zwei Waisen. Wenn sie herangewachsen sind, wird die Mauer wieder zerbröckeln und den Schatz freigeben, der jetzt darin verborgen liegt und ihr Erbgut ist. Sie werden stark genug sein, ihr Erbe anzutreten und die ganze Stadt reformieren, denn dies ist ihre Bestimmung.‹

Und so entließ er den Suchenden.«

»Ja, ich verstehe«, sage ich.

Baba schreitet von der Tribüne hinab zur Fahnenstange, hißt unter dem Beifall der Studenten und Zuschauer die orangefarbene Flagge. Der Gruppenleiter schwört für seine Kameraden den sportlichen Eid, die Wettkämpfe im Geist der niedergelegten Regeln zu Ehren des Sports, des Landes und Sais durchzuführen.

Staffelläufer umrunden mit der von Baba entzündeten Fackel das weite Stadion, das mit viel Liebe und Mühe in die steinige, dornige Landschaft hineinplanert wurde. Das Hospital und die Institutsgebäude: das englischsprachige Gymnasium für die internationalen Schüler, das Telugugymnasium für die hiesige Bevölkerung und ein

Internat für die Studenten der Universität begrenzen das Stadion links von mir, zur rechten Seite sind Tribünen in die steinigen Felsen eingeschlagen. Die Fackelträger tragen die helleuchtende Flamme auf die oberste Stufe hinauf, um das »olympische« Feuer für die Zeit der Spiele zu entzünden. Von der Höhe wacht die Riesenstatue *Krischnas* über das Geschehen, begleitet von der aus dem Felsen geschlagenen Statue *Wischnus.*

Erstklässler der Grundschule laufen auf die Fläche vor der Tribüne, formen mit ihren Körpern den Spruch: LOVE IS SAI. Nach ihnen demonstrieren Jungen, dann Mädchen der Grundschule zum Schlag der Pauken Drillübungen.

Zum erstenmal nehmen Frauen an den Wettkämpfen teil. Zu den Klängen konzertanter Musik zeigen sie auf Rädern, dann Mopeds, daß ihnen im Rahmen dieser Erziehung auch die Technik offensteht. Mit akrobatischer Eleganz beherrschen sie die Zweiräder allein, zu zweit, zu dritt, zu viert, in Gruppen.

Babas Freude über die selbstbewußten, engagierten Frauen wird durch das Verhalten der Studenten getrübt, denen er sonst seine größte Aufmerksamkeit widmet. Er beklagt den fehlenden Kameradschaftsgeist, die fehlende Einheit, die sich in den leeren Zuschauerbänken bei den sportlichen Wettkämpfen äußere, und richtet seinen Blick auf die Lehrer, die ihre Aufgaben, ihre Pflicht nicht angemessen wahrnähmen. Diese zögen sich auf ihre fachlichen Lehrverpflichtungen zurück, statt sich um die Probleme der Studenten während ihrer Freizeit im Internat zu kümmern. Sie würden Verantwortungen delegieren und die Studenten entmutigen, statt sie liebevoll zu unterstützen. Aus Angst vor der Autorität der Professoren wendeten sich die Studenten — oft durch den Lehrkörper daran gehindert — an Swami, statt auf gemeinsame Lösungen mit den Professoren zu drängen. So verrinne die Aufmerksamkeit und Liebe, die Swami ihnen tagtäglich zufließen lasse, im Sande. Die Studenten verlören das Interesse und die Lust am ganzheitlichen Studium. Sie konzentrierten sich auf gute Noten für die spätere Karriere und auf die zukünftige Ehefrau. Nach dem Examen verschwänden sie spur- und kommentarlos.

»Dies wird sich von heute an ändern«, verkündet der Kanzler seinem Stab. Vierzehntägige Konferenzen sollen helfen, die aktuellen Probleme gemeinsam zu erörtern, Komitees, deren Verantwortlichkeiten klar geregelt sind, sollen für die Entwicklung der studentischen Jugend im Sinne der Ziele der Sai-Colleges sorgen.

Baba, der geistige Lehrer

»Wie die Bilder einander gleichen!« bemerke ich zu Anna und Sarah, mit denen ich auf dem Felsen sitze und auf das Stadion hinunterblicke. »Die Klagen über die Kollegen sind mir nur zu vertraut. Und ich kenne meine eigene Unlust an der Lehre, wenn alle Initiativen zur Verbesserung der Lehr- und Studiensituation sich im juristischen oder bürokratischen Kleinkrieg verschlissen.«

»Davon spricht Baba aber nicht«, protestiert Sarah. »Gerade deshalb gründete er ja eigene Institutionen, um sich nicht im Dschungel der indischen Bürokratie zu verfangen. Er spricht von der menschlichen Bequemlichkeit und Faulheit und von der Angst voreinander. So wird die Erziehung mechanisch.«

»So wie bei uns in den Schulen!« hake ich nach.

»Bei uns liegt das Problem noch etwas anders«, schaltet sich Anna ein. »Die Schulbildung und die Medien bei uns vermitteln ›oberflächliches‹ Wissen. Das Fernsehen beispielsweise orientiert die Menschen an Klischees, Bildern und Worthülsen. Und das Ergebnis sind Menschen, die Klischees, Bilder und Worthülsen mit dem Leben verwechseln. Die Tiefendimension des Lebens ist vielen ein unbekanntes und bedrohliches Gelände.«

»Und woran liegt das?« fragt Sarah.

»Daran, daß wir heute kaum noch Führer haben, mit denen wir solch ein Gelände erforschen könnten, wie früher mit den Omas und Opas. Sie waren ja deswegen begehrt, weil sie Geschichten erzählen konnten, in denen sich die Spannung der Inhalte mit der liebevollen Wärme eines Nestes verband und deshalb von den Kindern aufgesogen wurde. Wir lernen ja nicht nur deswegen, weil wir geistig angesprochen sind, sondern weil wir jemanden verehren und ihm nacheifern wollen.«

»Aber das ist ja nichts anderes als das Konzept des östlichen Gurus, des spirituellen Lehrers, der durch sein Beispiel wirkt, der die Persönlichkeit seiner Anhänger formt, weil es seinen Schülern erstrebenswert scheint, so zu werden wie er.« Sarahs Augen leuchten auf. Ich kann an ihrem Gesicht ablesen, wie die zehnjährige Suche nach einem solchen Vorbild an ihrem geistigen Auge vorüberzieht.

»Gewiß.« Anna lächelt vor sich hin. »Aber gerade deshalb ist er den meisten von uns suspekt, ganz abgesehen von den Schauergeschichten, die die Medien über Gurus verbreiten. Da wir als Kinder solche Vorbilder kaum noch hatten, fürchten wir uns vor der Abhängigkeit, die in solch einer Beziehung liegt, verwechseln unsere Beziehungsunfähigkeit mit Unabhängigkeit. Und zugleich sehnen wir uns nach echten Lehrern. Aber das ist uns erst recht verdächtig, weil wir ahnen — und vielleicht auch bei Freunden erlebt haben —, daß wir ihm tatsächlich verfallen könnten, da wir nicht gelernt haben, zwischen Hingabe und Hörigkeit zu unterscheiden. Es sind dieselben Ängste, die viele Menschen gegenüber Therapeuten haben. Ein guter Lehrer oder Guru ist immer auch ein guter Therapeut, so wie ein guter Therapeut zugleich ein guter Erzieher ist, eine gute Mutter. Alle drei wirken durch ihre Persönlichkeit, durch ihre Liebe und durch ihr Verständnis.«

»Aber ist das Mißtrauen nicht berechtigt?« wendet Sarah ein. »Gibt es nicht in all diesen Bereichen genügend ›Gurus‹ — ob Erzieher, Therapeuten oder geistige Lehrer —, die die Bedürfnisse der Menschen mißbrauchen?«

Anna nickt unmerklich. »Von daher brauchen wir Unterscheidungsvermögen, statt das Kind mit dem Bade auszuschütten.«

»Und wie erwirbt man das?«

»Durch Erfahrung, indem wir handeln, indem wir uns in die Situation hineinbegeben, nicht indem wir sie von außen betrachten.«

»Nur, in welche Situation sollen wir uns begeben? Baba warnt ja selber vor den falschen Gurus, die sich mehr für ihr Geld und den Ruf ihrer Institute interessieren als für das Wohl derer, die ihnen anvertraut sind. Baba sagt, der einzig wirkliche *Sadguru*, der, der die Schleier der Täuschung von den Augen wegzieht, kann heute nur Gott selber sein.«

Skeptisch schaue ich Anna an. »Also er? Davon bin ich noch nicht überzeugt.«

»Jeder muß für sich herausfinden, wer für ihn der richtige Lehrer ist. Der Glaube ersetzt die Erfahrung nicht. Und manche suchen länger, manche finden ihn schneller«, lächelt Anna.

»So ist es. Und ob er für mich der richtige Lehrer ist, diese Frage muß ich erst noch prüfen.«

»Warum traust du ihm nicht?« fragt Jivatman. »Genügen dir die Beispiele seiner Gunst nicht?«

»Ich traue meinem inneren Wissen«, antworte ich, »ich traue den Gesetzen der Manifestation, die hier so prompt wirken, aber einer äußeren Gestalt? Für mich ist Gott ein formloses Prinzip. Wie kann ein Mensch Gott sein?«

»Er ist kein Mensch, er hat nur eine menschliche Form«, sagt Professor N. Kasturi in der Vorlesung. »Solange ein Mensch sich mit dem Körper identifiziert, Körperbewußtsein hat, kann er das formlose Prinzip nicht verstehen. Baba hat die menschliche Form gewählt, um die Menschen im heutigen Massenzeitalter sanft davon zu überzeugen, seinem Beispiel zu folgen, zu begreifen, daß es nur eine Religion gibt, die Religion der Liebe, nur eine Kaste, die Kaste der Menschheit, nur eine Sprache, die Sprache des Herzens, nur einen Gott. Er ist allgegenwärtig. Sein Leben ist seine Botschaft. Er hat die menschliche Form gewählt, um die altberühmte Autobahn zu Gott zu erneuern, die Fehlinterpretationen der Heiligen Schrift zu korrigieren, ihnen ihre wirkliche Bedeutung zurückzugeben. Die Menschen heute schlagen sich die Bücher um die Ohren, die Bibel, den Koran, die Weden, die Schriften Zarathustras und Buddhas, statt ihren gemeinsamen Kern zu begreifen, die Botschaft zu leben. Als seine Zeitgenossen muß unser Leben seine Botschaft sein, die Verkörperung der menschlichen Werte.«

Diese will ich gerne verkörpern, aber muß ich deswegen losrennen, wenn Baba in der Ferne auftaucht, beim Bhajansingen sitzen, nur um ihn zu sehen, ihm Briefe hinhalten, um einen Beweis seiner Gunst zu erhaschen?

Die täglichen Darschans sind eine Herausforderung.

»Jeder hält ihm Briefe hin, warum du nicht?« bohrt Ahamkara.

»Er beantwortet meine Fragen und inneren Briefe doch auch so.«

»Darauf kommt es nicht an. Innen ist doch nicht dasselbe wie außen.«

»Bist du sicher, daß du dich mit deinen inneren Dialogen nicht vor der Hingabe drückst?« fragt Buddhi.

Ich bin nicht sicher. Der Zweifel hält Einzug. Als wir während des Darschans auf ein Gruppeninterview warten, schreibe ich einen Brief. Der Brief ist bis zum Abend beantwortet. Am nächsten Morgen halte ich ihm den Brief dennoch entgegen. Ein langer, langer, langer Blick trifft mich. Ich laufe leer, Stillstand.

»Siehst du...«, sage ich schwach zu Ahamkara, »nur um seiner Anerkennung willen hält man ihm keine Briefe hin.«

»Unsinn«, erwidert Ahamkara, »darum ging es doch gar nicht.«

Beim Nachmittagsdarschan trifft mich der Blick noch zweimal. Er ist Babas Antwort auf meine Bitte, mir den sich anbahnenden inneren Konflikt zu ersparen und statt dessen mit dem göttlichen Willen, dem wahren Selbst zu verschmelzen, damit mein Inneres Frieden finde. Als ich zum Meditationsbaum hinaufsteigen will, um meine Verwirrung zu klären, zieht es mich zum erstenmal während meiner Zeit im Aschram unwiderstehlich in den Tempel zum Bhajansingen. Lautloses Schluchzen schüttelt mich. Welch ein Narr ich bin, mich so gegen die Heimkehr zu wehren. Ich kehre heim. Ich spüre es, wie ein Fluß, der zum Meer zurückkehrt, aus dem er entsprungen ist.

Ich schreibe einen Brief an Baba. »Ich lege mein Schicksal in Deine Hände, nimm mich als Deine Schülerin an und zeige mir den Weg zur Wahrheit.« Er nimmt den Brief nicht an. Ich bin erleichtert.

»Siehst du«, triumphiert Ahamkara, »du willst dich doch gar nicht aufgeben.«

»Meinem inneren Wissen würde ich mich gerne hingeben, mich von ihm leiten lassen, aber *ihm*?«

»Wozu brauchst du einen Meister, das hast du doch längst hinter dir«, meint Ahamkara.

Ich bin nicht sicher, befrage mein inneres Wissen.

»*Soham*« (Das bin ich) formt sich in der Stille. Ich bin beruhigt. Als Modell kann ich ihn akzeptieren.

Ich gehe zur zweiten Vorlesung von Professor Kasturi. Welche Freude, welche Lebendigkeit, welcher Humor entspringen seinen Augen, die dieser Welt neunzig Jahre lang zugesehen haben. Die Kraft der Seele ist in sein Gesicht eingeschrieben. Die fünfunddreißigjährige gemeinsame Zeit mit Baba hat ihre Spuren hinterlassen. Er lebt, was Baba sagt. »Ich bin Du, Du bist Ich. Wisse, daß Ich und Er nicht zu Wir werden. Ich und Er waren nie getrennt, nur Eins war, ist und wird sein.«

Er schildert den Lebensweg. Der Weg beginnt mit der Frage: »Wer bin ich *(Koham)?*« »Ich bin der Körper, die Sinne, die Gefühle, das Bewußtsein *(Dehoham)*«, so lautet unsere erste Antwort. Der Lebensprozeß schleift unsere Illusionen ab, bis wir erkennen, wie wenig unsere menschlichen Errungenschaften zählen, bis wir erkennen, daß wir nur ein Werkzeug in der Hand einer größeren Kraft sind. Und so suchen wir nach dem Meister, um ihm zu dienen *(Dasoham)*. Indem wir dem Meister nacheifern, erkennen wir: Das bin ich *(Soham)*, eine Zelle im göttlichen Körper. Wir werden selber zum Meister, zum AUM, dem Ursprungslaut.

Neue Verwirrung. Meine Gedanken fahren Karussell. Habe ich die Phase des *Dasoham* übersprungen? Brauche ich einen äußeren Meister? Habe ich ihn vor oder hinter mir? Brauche ich die Phase überhaupt? Haben nicht andere Gott über den inneren Weg realisiert, den Weg des Wissens, den Weg der Erkenntnis? Nur, wenn dies so wäre, müßte ich ihn dann nicht als die universelle Kraft erkennen, die er verkörpern soll? Und wenn ich dies nicht erkennen kann, liegt es daran, daß meine Entwicklung auf diesem Weg nicht fortgeschritten genug ist, oder daß mein Empfänger nicht fein genug eingestellt ist, um ihn zu hören, oder daran, daß er es nicht ist?

Und wenn die Feineinstellung nicht stimmt, mit welchen Mitteln kann ich sie herstellen? »*Liebe ist der Weg zu Gott*«, sagt Baba. Gewiß, gewiß. Doch brauche ich dazu ihn, die äußere Gestalt? Ist Gott nicht in jedem? Nur — dann ist er auch in ihm. Warum umgehe ich ihn? Drücke ich mich mit den inneren Dialogen vor der Unausweichlichkeit der Hingabe? Bei dieser Frage traue ich mir nicht über den Weg, bin ich darin doch ein Meister der Vermeidung. Ich versinke im Morast meiner Gefühle, in Selbstmitleid, der Dunkelheit der Schwäche.

»Ich muß mit Professor Kasturi darüber sprechen«, denke ich.

Am nächsten Morgen stolpere ich über den Spruch des Tages:

»Das göttliche Prinzip ist die Wirklichkeit, die Basis, das Wissen, der Ozean, in dem die Wellen aufsteigen, tosen und fallen. Lege den Namen und die Form ab, die sich verändern und sinne über die Dreieinheit von Sein, Bewußtsein und Glückseligkeit nach, aus der jede Zelle, jeder Partikel aufgebaut ist, dann kannst du in die ewige Glückseligkeit eintauchen, die allgegenwärtig ist. Man muß nur wissen, wie man sie entdeckt und aus der Quelle gewinnt, die überall vorhanden ist.«

Ich bin erleichtert. Also brauche ich den äußeren Baba doch nicht. Auf das göttliche Prinzip kann ich mich einlassen, Baba als meine Hilfe, als Wegweiser, als Modell begreifen.

Nach meiner zweitägigen Schweigephase kommt Peter auf mich zu.

»Möchtest du Professor Kasturi vorgestellt werden?«

»Der Meister arbeitet aber schnell hier bei der Erfüllung meiner Wünsche«, staune ich.

»Und du mißtraust ihm ständig«, mahnt Jivatman sanft.

»Es könnte ja auch Zufall sein«, sagt Ahamkara.

Wir gehen zu Professor Kasturi. Er empfängt uns im Vorraum seiner Wohnung auf seiner Lagerstatt vor seiner Bücherwand. Krankheit und die Schwäche des fast neunzigjährigen Leibes verurteilen ihn zum Liegen, doch schränkt dies seine Lebendigkeit, seine geistige Wachheit nicht ein.

»Was ist der Körper?« lächelt er. »Er ist verbraucht.« Die Hand schnippt ihn beiseite. »Aber die Seele ist jung.«

Ich glaube es ihm aufs Wort.

»Du schreibst ein Buch über Swami?« fragt er mich.

Ein Buch über Swami? Ich bin verwirrt. Nein, ein Buch über Swami will ich nicht schreiben, den Wundermann, den Avatar. Damit will ich nichts zu tun haben.

»Ich schreibe über den Aschram, über meinen Prozeß hier.«

Mit dem wissenden Blick, der durch meinen Schutzwall dringt, sieht er mich an. Mit wem spreche ich hier, mit Kasturi, mit Baba? Mir ist höchst unbehaglich zumute. Ich trete die Flucht nach vorne an.

»Mich irritiert der äußere Rahmen hier«, sage ich. Ich rede schnell und hastig. »In mir kann ich zu meiner inneren Quelle finden, in meinem Herzen spüre ich Babas Kraft, aber außen kann ich mich nicht auf ihn beziehen.«

»Er ist innen und außen. Es ist dasselbe.«

Ich bin skeptisch.

»Swami sagt, wenn ich das Wort ›Mangofrucht‹ höre, weiß ich um die Süße, habe ich die Frucht aber in der Hand, kommen die Zweifel.«

»Hhmmm . . .«

»Swami verwirrt dich. Holt er dich in die Nähe, pflanzt er zugleich die Furcht in dich ein. Wenn er dich gelobt hat, macht er dich lächerlich. Und warum? Er schäumt die Milch deines Herzens auf, um das Beste daraus zu gewinnen, *Ghi*, das kostbare reine Butteröl, Gott. Nur Herzensmenschen finden die Butter. Die Buttermilch ist das Geschenk für die Intellektuellen.«

»Ja, davon handelt das Buch: Wie man Butter gewinnt«, lache ich, »reines Butteröl.«

»Brauchen wir einen Meister, ist *Dasoham* ein notwendiges Stadium?« Meine zweite Frage drängt.

»Hattest du einen Meister?«

»Ich weiß es nicht, ich hatte viele Lehrer.«

»Ein Meister schult den Charakter, nicht nur das Gehirn. Ohne einen Meister ist es schwer, sich selbst zu erkennen.«

»Dieser Meister war meine psychoanalytische Mutter, der Spiegel, in dem ich mich neu entdecken konnte.«

Er nickt.

»Die Psychoanalyse des Westens und der Jogaweg der Selbsterforschung des Ostens, sind sie nicht miteinander verwandt?«

Er schüttelt bedächtig den Kopf, sagt nichts.

Ihre Landkarten des Bewußtseins sind verschieden. Das wahre Selbst ist eine Neuentdeckung des Westens, doch bleibt der ihr innewohnende göttliche Funke aus der Wissenschaftssprache ausgespart.

»Swami ist kein gewöhnlicher Meister«, sagt Professor Kasturi. »Er ist der Meister der Meister, der Meister jenseits der Meister, der Weg und das Ziel, der eine, der als viele Gottheiten erschienen ist. Mit ihm brauchst du keinen anderen Meister mehr.«

»Wie erkenne ich seine Stimme in mir?«

»Sie ist unverwechselbar . . . Du unterdrückst dein Selbst.«

Die Bemerkung trifft mich unerwartet, fährt mir stechend ins Herz, treibt mir die Tränen in die Augen. Ich kämpfe um meine Fassung. Er sieht mich an, mit einem wachen langen Blick, dem Blick des Wissenden, dem Blick, der durch die Fassaden dringt. In mir tobt der Kampf. Ich winde mich wie in einem Schraubstock, möchte fliehen, mit einer Tarnkappe ins Unsichtbare entschwinden.

»Sei dein eigener Zeuge, beobachte, verbinde dich nicht damit«, sagt er.

Ich bin sprachlos, ringe um meine Distanz. Er wendet sich an Peter, erläutert die Fotos an der Wand, erzählt von Vibhuti, der grauen Asche, die sich bei einer Baba-Anhängerin in Deutschland auf dem Foto sammelt, es fast bedeckt, hinunterfällt, sich neu bildet. Er zeigt auf eine Katze, die geschlagen wurde und mit einer Hülle von Vibhuti vor den Schlägen der aufgebrachten Baba-Anhängerin geschützt wurde. Ich sitze auf der Stuhlkante, warte auf eine günstige Gelegenheit, mich höflich zu verabschieden. Der Zeiger der Uhr rückt vor.

»Er muß doch langsam müde werden«, flehe ich.

Er wird nicht müde. Ich lächle, beteilige mich am Gespräch, wohl wissend, daß nichts mehr stimmt. Nach einer Stunde verabschieden wir uns. Erst gegen Abend erwache ich aus meiner Betäubung. Ging es mir im Gespräch mit Professor Kasturi nicht genauso wie in der Lesung mit Magdalena?

»Das war die Handschrift des Meisters«, sagt Buddhi ahnungsvoll.

Baba, der Spiegel

Zwei Wochen später trifft mich beim Darschan unerwartet der gleiche lange Blick, aufmerksam, wach, gegenwärtig, der Blick, der einen neuen »Gang durch die Waschmaschine« ankündigt. Der Blick ist das Einweichprogramm. Er setzt die Schatten der Vergangenheit frei, die Gefühle, die Widersprüche, die hochkochen, bis das reinigende Wasser die Schlacken der Vergangenheit hinwegspült, der Schleudergang die falschen Programme, Illusionen hinwegfegt, die

Leere der Erschöpfung hinterläßt, die für das Neue offen ist. Ich laufe leer unter diesem Blick. Unbehagen kriecht in mir hoch, Schuldgefühle. Mache ich etwas falsch?

Ich rette mich mit den Engelkarten, die mich in Findhorn im »Spiel der Transformation« so trefflich begleitet haben. Wenn der Kontakt zu meinem inneren Wissen abreißt, ich zu verwirrt, zu unruhig bin, um die Stille zu finden, in der ich die Stimme des höheren Selbst vernehmen kann, ziehe ich sie zu Rate.

»Was bedeutet sein Blick?«

»Erziehung.«

»Und was ist die Lektion?«

»Flexibilität, Spontaneität.«

Die Karten sagen mir nichts. Erst Wochen später, als ich mit meinen Plänen immer wieder scheitere, begreife ich die Lektion.

»Sei vorbereitet«, empfiehlt Peter, »aber halte nichts fest. Babas Wille geschieht, nicht deiner.«

Während der Tage zuvor überrascht mich das ungewohnte Bedürfnis, Babas Gesicht ganz aus der Nähe zu sehen, im Großformat, die Weichheit, die Süße zu trinken, die von seinen Lippen, seinen Wangen fließt. Ich ziehe mich mit dem Fernglas in die letzte Reihe hinter die Säulen zurück, um seinem Blickfeld zu entgehen. Anziehung und Furcht halten einander die Waage. Sein Blick erreicht mich dennoch.

Während des abendlichen Bhajansingens saugt der Tempel mich an wie zwei Wochen zuvor, nachdem mich sein langer Blick dreimal berührt hat. Ich betrachte Baba lange und aufmerksam aus sicherer Ferne, während er den Takt zu den Bhajans schlägt. Ich betrachte sein Gesicht und dessen Ausdruck. Die Sehnsucht schmilzt den Widerstand. Ich schlucke die Tränen. Der Hals entzündet sich. Die Schlacht ist noch nicht geschlagen. Ich kehre in mein Zimmer zurück, räume ein Bücherbord frei.

»Findest du nicht, daß du merkwürdige Anwandlungen bekommst?« fragt Ahamkara.

»Es muß sein«, entgegnet Jivatman.

Bisher weigerte ich mich standhaft, meine Wände mit Bildern von Baba zu füllen. Nur ein Foto ziert meine Karton-Bibliothek, das einzige, das mich bislang anspricht: Baba als jugendlicher Liebhaber in männlicher Schönheit mit einem warmen Lächeln auf den vollen Lippen.

Ich kaufe Weihrauchstäbchen, einen Halter, Kerzenständer, Kerzen, Blumen, Girlanden, suche Babas Hausfotografen auf. Ein Foto im Großformat fesselt meinen Blick, sein Blick, *der* Blick. Der Blick wird das Zentrum des Altars. Ich schaue in Babas Augen. Was bedeutet der Blick?

Er zieht mich nach oben. Ich verschränke die Hände auf dem Rükken, der Kopf neigt sich leicht nach vorn, während mein Blick seinem Blick begegnet. Unter diesem Blick, der mich ernsthaft, prüfend ansieht, komme ich mir vor, als hätte ich meine Schulaufgaben nicht gemacht. Als ich länger hinsehe, entschwindet das Gefühl. Wie schon vor zwei Wochen nimmt mich die Wachheit des Blicks gefangen, seine Aufmerksamkeit, das Gegenwärtige.

Er sieht mich, stelle ich verblüfft fest. Er ist da, so wie ich mir immer jemanden gewünscht habe, der da ist, wenn ich ihn brauche.

»Die Furcht erzeugt die Einsamkeit«, höre ich eine innere Stimme. Ihre Qualität ist unverwechselbar. Den ganzen Tag habe ich nach dieser Stimme geforscht, viele Worte vernommen, aber nicht dieses sanfte Schwingen, das sich lautlos in der Leere formt: »Furcht ist Einsamkeit«. Tränen schießen hoch, ich lasse ihnen freien Lauf. Das tiefe Schluchzen öffnet den Hals, der sich dick entzündet hat.

»Warum so hart, warum so viele Jahre?« frage ich den Blick.

»Gute Eisen muß man lange schmieden.«

Die Furcht weicht. Voller Ehrfurcht betrachte ich die Augen, die ihren Blick auf mich geheftet halten, gleichgültig wo ich stehe, sitze oder liege. Ich sehe jedes einzeln an. Das rechte Auge blickt wachsam, aufmerksam, das linke gütig, voll Mitgefühl. Die bitteren Jahre waren nötig, kein Raum für Sentimentalität, für Selbstmitleid. Es ist so. Trost liegt in der einfachen Feststellung. Es ist ihr nichts hinzuzufügen. Die Reise ist beendet. Ich bin angekommen. Nicht bei dem fürchterlichen, dem zu fürchtenden Gott, dem Auge, das jede Sünde wahrnimmt, dem »lieben« Gott, der alles sieht, der Verkörperung des schlechten Gewissens, sondern bei dem wachsamen Auge, dem aufmerksamen Auge, das meine Schritte begleitet, lenkt, voll Geduld und Güte, Stunde um Stunde, Tag und Nacht, allgegenwärtig. Wie sehr hat sich Jivatman nach jemandem gesehnt, der ihm auf seine Fragen Antworten gibt, ihm zur Seite steht, da ist in der Not. Welch anderes Auge als das, von dem mir Patienten oft berichteten, das Auge, das sie kontrolliert, verfolgt, mahnt, warnt, straft, keinen Platz für die Lust, die Erfüllung sinnlicher Freuden läßt, aber auch keinen Trost, keine innere Erfüllung für die äußere Entsagung, keine tiefe Freude über das Geleit verspricht. Zu stark hat das deutsch-christliche Erbe den Respekt in Unterwerfung, die Ehrfurcht in Furcht verwandelt. Der Verkörperung dieses Blicks kann Jivatman die Hand entgegenstrecken, um sich voll Vertrauen und Dankbarkeit leiten zu lassen. Freude steigt in mir auf, als ich beide auf dem langen Weg entlangschreiten sehe, dem Horizont entgegen.

Viertes Kapitel
Zwischen den Welten

Kreuzige dein Ich!
Laß es sterben, um die Ewigkeit zu erlangen.

Je näher du deinem wahren Selbst kommst,
desto geringer wird der Abstand zu anderen.
Je tiefer du in dich selbst gehst,
desto weniger Schranken und Unterschiede bestehen.

Die Wahl

»Du hast eine Wahl, die Wahl zwischen zwei Welten: der Illusion und der Wahrheit, der Vergangenheit und der Zukunft, deinem und seinem Willen. Die Entscheidung hängt von dem ab, was du lernst und weißt. Erst wenn die Alternativen klar gesehen und verstanden werden, kann sie erfolgen. Doch läßt sich die Wahrheit selbst nicht lernen, sondern nur erkennen.«

Wie eine geduldige Mutter ihr störrisches Kind führt der »Kurs in Wundern« den Leser an das Undenkbare heran.

»Die Welt, die du für wirklich hältst, ist eine Illusion. Was du siehst, spiegelt wider, was du denkst, und was du denkst, zeigt die Werte, die dir wichtig sind. Du siehst, was du sehen willst. Du schaffst dir die Welt, die du für wirklich hältst. Aber diese Welt mit all den Trennungen, Unterscheidungen und der Vielfalt der Unterschiede ist ein Traum, ein Trugbild deiner Sinne, deines an die Sinne gebundenen Bewußtseins. Hinter ihr liegt eine andere Wirklichkeit, doch kannst du sie mit deinen Sinnen nicht erkennen. Es ist unmöglich, zwei Welten zugleich zu sehen, die keine Überschneidung haben. Suche nach der einen, und die andere verschwindet. Wer kann die Welt aus den Fesseln befreien, die dein Bewußtsein ihr auferlegt, außer du selbst? Es gibt keine Welt außerhalb von dir, und darin liegt letztlich deine Erlösung. Gedanken verlassen ihre Quelle nicht, und diese Quelle bist du, so wie Gott dich geschaffen hat, eins mit dem Schöpfer, eins mit der Schöpfung. Du kannst nicht unabhängig von ihm denken, nicht unabhängig von ihm sein. Dein Wille und sein Wille sind eins.«

»Na, das wüßte ich aber . . .«, sagt Ahamkara.

»Du bist nicht gemeint, sondern Jivatman«, greift Buddhi korrigierend ein, »und daß dein Wille und sein Wille nicht derselbe sind, ist kein Geheimnis.«

»Mit Jivatman ist wenigstens manchmal zu reden, doch wie oft hast du dich schon vergeblich bemüht, Babas Willen zu erkennen. Und diesem unklaren Willen willst du trauen?«

«Vergeblich war's nicht, wenn es auch bisher nicht jedesmal von Erfolg gekrönt war«, wendet Jivatman ein. »Es braucht alles seine Zeit.«

Die tägliche Konfrontation mit dieser anderen Welt im Darschan, die spirituellen Übungen und die Zeit der Reflexion unter dem Meditationsbaum rütteln an Ahamkaras Grundfesten. Aber je stärker die Angriffe auf seine Mauern werden, um so stärker wird sein Widerstand. Der Kampf zwischen der alten und der neuen Welt, Vergangenheit und Gegenwart, Ahamkara und Jivatman bricht erneut aus.

Ich verfasse einen Rundbrief an die Freunde in Deutschland. Die Sehnsucht nach dem alten Leben erwacht. In der Nacht darauf träume ich, daß alle Flüge nach Deutschland abgesagt sind. Nur eine Linie nach Addis Abeba steht mir offen, aber dahin möchte ich nicht fliegen.

Meine Mutter schreibt: »Lasse dich von diesem Baba nicht betören. Bleibe, wie du bist.«

Die Freunde fragen: »Wieso schreibst du wieder ein Buch? Wolltest du nicht ganz etwas anderes machen?«

Indem ich dieses Buch schreibe, mache ich ganz etwas anderes. Doch wie soll ich das vermitteln?

»Deine Aufgabe in diesem Leben ist es, dein Selbst auszudrücken«, sagte das tibetanische Medium.

»Mein Selbst ausdrücken heißt Gott ausdrücken«, erkenne ich. Der Gedanke erschreckt mich.

»Wenn du dieses Manuskript je veröffentlichen solltest, ist dies dein wissenschaftlicher Abgesang«, warnt Ahamkara.

»Man kann nicht zwei Herren dienen«, flüstert Jivatman.

Es wird eine Grundsatzentscheidung. Ahamkara zieht alle Register, probt den Aufstand, beschwört die Schönheiten und die Schatten der Vergangenheit meines bisherigen Lebens. Die Vergangenheit, die Unsicherheit, das Mißtrauen, das Unvertraute im Umgang mit dem göttlichen Willen im Alltag türmen sich in der Strömung auf, die zum Ozean drängt, sind die Felsen in der Brandung, die sich ihren Weg bahnt.

Wie die Fangarme eines Polypen greifen die Ansprüche, die Aufgaben nach mir: Tagebuch schreiben, Abschnitte für dieses Buch zusammenstellen, die Übersetzung von Babas Vorlesungen korrigieren. Der »Kurs in Wundern« liegt seit Tagen brach, die sozialen Kontakte nehmen überhand, und ich möchte lediglich ein einziges Buch lesen. Die vertraute Hektik stellt sich ein. Ich fühle mich zwischen den verschiedenen Möglichkeiten zerrissen. Meine rechte Fußsohle entzündet sich. Ich brauche Ruhe.

»Ein kleines Geschenk von Sai Baba«, wispert Jivatman, »damit du dir über deine Vergangenheit klar wirst.«

»Du erzeugst den Streß selber. Er existiert nur in deinem Bewußtsein, nicht in der Wirklichkeit«, sagt Buddhi.

»Du hast gut reden. Und wie soll ich den Streß lösen?« frage ich.

Keine Antwort. Ich befrage meine Engelkarten, wie stets, wenn mein Bewußtsein die Verbindung zu meinem inneren Wissen blokkiert.

»Loslassen«, empfehlen sie, »laß alle Vorstellungen los.«

Ich lasse los, konzentriere mich auf die Wärme, die beim Darschan von Baba zu mir herüberweht, auf das Licht in der Meditation, verbinde die Quelle im dritten Auge mit der Quelle im Herzen. Wie ein Spuk entschwinden die Ansprüche.

»Ja, Anna hat recht«, denke ich dankbar. »Das Äußere ist nur eine Projektion des Inneren.« Ich finde zu meiner Heiterkeit und Gelassenheit zurück.

Krankheit als Botschaft

»Bei Sarah und Rainer wohnt jetzt Markus, ein behinderter Mann«, berichte ich Anna, als wir uns auf dem Hügel zwischen Campus und Aschram treffen. »Gott sei Dank habe ich damit nichts mehr zu tun.«

»Das liegt nicht in deiner Macht«, lächelt sie. »Dienen ist die vornehmste menschliche Aufgabe.«

»Ich habe mein Soll davon erfüllt. Vierzehn Jahre Kampf gegen das menschliche Elend im Kaffeesatz des Wohlstands sind genug. Und schließlich ist hier der Meister zuständig. Er braucht keine Helfershelfer.«

»Wir dienen anderen, um uns zu dienen ... und ihm. Es gibt keinen Unterschied. Es ist eins.«

Ich treffe Anna und Sarah beim Frühstück.

»Markus hat Durchfall und hohes Fieber. Rainer war die ganze Nacht auf. Markus ist bewegungsunfähig, muß zur Toilette getragen werden. Ich weiß gar nicht, was wir machen sollen.«

»Beschreibe mir die Symptome«, verlangt Anna.

Sie klingen nach Paratyphus. Anna gibt Sarah einige Hinweise.

Beim nächsten Frühstück sehe ich Sarah wieder.

»Markus ist zur Zeit ein voller Pflegefall. Wir kommen zu gar nichts anderem mehr. Rainer ist genervt. Er war schon im Büro, um nach einer anderen Wohnmöglichkeit zu fragen, aber die haben nur ganz kühl gefragt, ob sie Markus nach Hause schicken sollen.« Sie seufzt. »Kannst du nicht mal vorbeikommen und kurz nach ihm schauen?«

Ich zögere. »Damit wollte ich nichts mehr zu tun haben ... Na gut«, willige ich schließlich ein, »wenn Anna mit mir kommt.«

Ich treffe Rainer. »Na, bist du genervt?«

»Was heißt genervt? Ich habe nur ein Gespür dafür, wenn jemand anfängt, von meiner Energie zu leben. Wenn er nicht zum Darschan gehen will, was will er dann hier? Er fliegt in kürzester Zeit aus dem Aschram.«

»Oh, so streng sind hier die Bräuche?«

»Ja, was glaubst du! Wenn sie hier Pflegefälle akzeptierten, wäre der Aschram in kürzester Zeit ein überlaufenes Hospital. Wer sich nicht selbst versorgen kann, muß nach Bangalore in die Klinik. Da kennen die Mitarbeiter kein Pardon.«

Rainer auch nicht. Ihm reicht's. Das ist seiner Stimme deutlich anzumerken. »Wer sich nicht fügt ...«

»Naja, Kranke sind Kranke. Aber ich kann's ihnen nicht verdenken. Unter den Bedingungen des Aschrams kann es nur um Heilung und nicht um Versorgung gehen. Wenn Markus nicht versteht, was seine Stunde geschlagen hat, ist der ganze Aufwand mit Pflege und Therapie umsonst.«

»Eben.« Rainer nickt erleichtert.

Das Fieber ist gefallen, als ich mich mit Anna an Markus' Lager setze. Ein Bettgestell, ein mit Medikamenten, Schüsseln und Bechern angefüllter Tisch haben den kleinen Vorraum der Wohnung in ein Krankenzimmer verwandelt. An der Tür und an der Wand hängen zwei große Baba-Plakate.

»Wie lautet deine ärztliche Diagnose?« fragt Anna.

»ALS, amyotrophe Lateralsklerose.« Mühsam und von Hustenanfällen unterbrochen bahnen sich die Worte einen Weg durch die verkrampfte Halsmuskulatur. Trotz der Lähmung, dem Abbau der Muskulatur, der Schwächung durch das hohe Fieber und den Durchfall ist der schöne, intelligente Jüngling noch zu erkennen, der er vor Ausbruch der Krankheit war. Die einjährige Arbeit mit einem psychoanalytisch orientierten Psychosomatiker hat seinen Blick für die leib-seelischen Zusammenhänge geöffnet und erleichtert den Zugang zu ihm.

Die Geschichte, der ich zuhöre, füllt eine neue Seite in dem Buch der Leiden des verlorenen Selbst, das mich in den vergangenen Jahren so oft beschäftigt hat. Eingefangen in die Familie seiner Frau, von allen eigenen Ausdrücken des Selbst entmachtet, ließ Markus sich widerstandslos in ein bequemes, arriviertes Leben mit luxuriösen Reisen, teuren sportlichen Wagen und Feinschmeckermenüs hineinfallen, in den vorbereiteten Sarg der eigenen Lebendigkeit. »Die haben alles für mich getan. Nur die Rolle des guten Kochs wurde mir gelassen«, sagt er selbstironisch.

»Du hast den falschen Teil in dir sterben lassen«, sagt Anna. »Die Sklerose ist nur der äußere Ausdruck deiner inneren Lähmung. Aber daß du hierher gefunden hast, zeigt, daß du dir noch ein Stück Lebendigkeit bewahrt hast. Doch wenn du — im wahrsten Sinne des Wortes — auf die Füße kommen willst, mußt du selber an deiner Gesundung arbeiten.«

Sie gibt ihm Stärkungsmittel, Glukose und Elektrolyte.

»Ich kann die Elektrolyte nicht trinken. Mir wird übel davon.« Abstoßende Bilder der Kindheit verbinden sich für ihn mit dem süßlichen Geschmack des Wassers.

»Wir haben keine Zeit für die Aufarbeitung deiner Vergangenheit, aber du kannst deine Bilder ändern«, informiert Anna ihn. »Deine

Erinnerung produziert die Übelkeit. Erinnere dich an ein schönes
Bild und verbinde das Wasser damit.«

Er greift nach dem Glas, trinkt zögernd einen Schluck.

»Seine Symptome sind psychischer, nicht somatischer Natur. Stelle ihm die Nahrung hin, die er braucht, aber bitte ihn nicht ständig,
sie zu nehmen. Übernimm nicht die Rolle seiner Mutter, sonst kann
er nicht erfahren, daß er für seine Gesundung selbst verantwortlich
ist, und du wiederholst die Struktur, die ihn krank gemacht hat«, un-
terweist Anna Sarah.

Sarah greift die Idee mit der Änderung der Einstellungen auf. Sie
hat selbst genügend Erfahrung im Umgang damit.

Ich erwache um drei Uhr morgens. Das *Gayatri*-Mantra, Tod und
Wiedergeburt drängen als Themen in mein erwachendes Bewußtsein. Plötzlich bin ich wie elektrisiert. Heißt dies, daß ich mich an
der Arbeit mit Markus beteiligen soll? Soll ich praktisch überprüfen,
was ich mit meiner therapeutischen Arbeit noch anfangen will? Ist
dies eine Chance, mit Anna und Baba an meiner Seite ein anderes
Verhältnis zu dieser Arbeit zu finden, eine unerwartete Erfüllung
des tiefen Bedürfnisses, mit der gesamten Verantwortung nicht so
alleine zu stehen?

Ich treffe Anna vor dem Darschan, berichte ihr von meinem morgendlichen Erwachen.

»Wirst du mit ihm arbeiten?« frage ich sie.

»Wenn er es will, ja.«

»Soll ich mich an den Gesprächen beteiligen?«

Anna lächelt. »Wenn du es willst . . . gerne.«

»Ich weiß nicht, ob ich will. Meine Frage ist, ob ich soll?«

Anna sieht mich auffordernd an.

»Ich kämpfe mit dem Problem, wessen Wille hier geschieht, seiner
oder meiner? Und ich frage mich, wie ich das unterscheiden kann.
So viele, die ich hier sehe und die ergeben auf Babas Anweisungen
warten, drücken sich nach meinem Eindruck lediglich davor, eigene
Entscheidungen zu treffen. Aber vielleicht bin ich einfach zu west-
lich, zu stark an Ergebnissen orientiert, um das Verhalten richtig ein-
schätzen zu können.«

»Oh, manche Westler verwechseln Ergebung mit Willenlosigkeit! ›Hingeben kann man nur, was man hat‹, sagt Baba. Ich muß mir meiner eigenen Entscheidung, meines eigenen Willens bewußt sein, um ihn hingeben zu können oder auch nur, um die Interessen des Ichs von denen des wahren Selbst trennen zu können.«

»Wie sieht das aus? Was bedeutet das konkret?«

»Wenn du zwischen deinem Ich und deinem wahren Selbst unterscheiden kannst, kannst du dich in deinen Handlungen von deinem inneren Wissen leiten lassen. Und du überläßt ihm die Ergebnisse deiner Handlungen, statt das Ich damit aufzublähen. Damit übergibst du ihm die Verantwortung für dein *Karma*. So kannst du die Glückseligkeit finden, die du suchst.«

»Das heißt, daß ich handeln soll, nur nicht im eigenen Interesse?«

»Ja, du handelst, auch wenn du deine Hände in den Schoß legst. Aus dem Gesetz der Handlung kann er dich nicht entlassen. Aber die Folgen deiner Handlung kannst du ihm überlassen. Die Kunst liegt darin, in der Welt zu leben, ohne mit ihr identifiziert zu sein.«

»Und was heißt das für die Arbeit mit Markus? Soll ich mich daran beteiligen?«

»Frage ihn.«

Wir sitzen vorne. Als er sich unserer Reihe nähert, blicke ich Baba an.

»Soll ich mich an der Arbeit beteiligen? Bist du an unserer Seite?«

Sein Blick trifft mich wie ein Strahl, der tief hinunter in die sorgsam gehütete Schatzkammer meines Herzens reicht: Ich bin angenommen. Ich stehe in seiner Gnade. Es wird sich alles fügen.

Wir gehen zu Markus.

»Hat Sarah dir gesagt, daß ich zu den professionellen Helfern gehöre?« fragt Anna ihn.

Markus nickt.

»Dann weißt du, daß ich für unseren gemeinsamen Prozeß ein Arbeitsbündnis brauche. Ich biete dir an, jeden Tag für eine Stunde zu dir zu kommen, damit wir Schritte für deine Gesundung entwickeln.«

»Für wie lange?«

»Das weiß ich nicht. Das hängt nicht von mir ab. Das findet sich.«

Ein kurzer skeptischer Blick streift sie.

»Was kannst du zu deiner Gesundung beitragen?« fragt sie ihn.

»Ich bleibe jetzt erst mal hier, bis es mir körperlich besser geht.«

»Das ist der Beitrag, den andere für dich leisten können«, Anna lächelt aufmunternd. »Und was willst *du* tun?«

Er sieht sie fassungslos an. »Ich bin zu schwach. Ich habe gerade vierzig Grad Fieber und Paratyphus hinter mir und das vor dem Hintergrund der ALS. Ich kann nichts tun.«

»Die ALS hat keine Verbindung mit dem Paratyphus. Und andere machen das hier genauso durch. Das ist Reinigungsfieber, Reinigung des Körpers. Dein Körper befreit sich von den Medikamenten, die du in Deutschland genommen hast.«

Sein verzweifelter Blick schmerzt mich, aber ich verstehe auch, daß Anna in das leckende Boot nicht einsteigen kann. Sie muß ihm vom Ufer aus Hinweise geben, wie er das angeschlagene Boot alleine zum Ufer zurückrudern kann.

»Verstehst du, Markus, so kann ich nicht arbeiten«, sagt Anna. »Ich kann nichts tun, was du nicht tust. Ich brauche ein klares Ja zur Mitarbeit von dir.«

Hilflos und fragend schauen seine Augen sie an.

»Du kannst es dir nicht leisten, dich in die Krankheit fallen und versorgen zu lassen. Du mußt die Kraft in dir finden und stärken, die leben will.«

Markus windet sich. »Was soll ich denn tun?«

»Ich entwerfe einen Arbeitsplan mit dir, wenn du bereit bist, die Hausaufgaben auszuführen, die ich dir auftrage.«

Er zögert.

»Wenn du zur Kooperation bereit bist, haben wir eine Chance, verstehst du?«

»Was du gestern über Leben und Tod gesagt hast, ist mir völlig fern. Ich sterbe doch nicht?« Kaum getraut sich seine Stimme, dies zu fragen.

»Was ist deine Vorstellung vom Tod?«

»Zum Tod hatte ich zwei Träume. Den ersten mit fünf oder sechs. Er hat sich mir tief eingeprägt. Ich erinnere mich an eine Art Keller. Ich gehe an einem Skelett vorbei, das in grünes Licht getaucht ist. Es macht mir Angst. Durch eine Glaswand sehe ich eine Riesenlokomotive mit einem Menschen darauf, der Teil der Lokomotive ist. Das Bild erschreckt mich. Ich versuche, den Schlüssel in der Tür zu drehen, um wegzukommen, aber es gelingt mir nicht. Ich komme nicht raus.«

Den zweiten Traum hatte er nach der Diagnose »ALS«. Der behandelnde Arzt hatte ihn hereingeholt: »ALS haben Sie? Dagegen ist multiple Sklerose ja ein Zuckerschlecken. Nehmen Sie am Schluß, wenn der Atemstillstand kommt, Opium gegen die Schmerzen.«

Er bekam in der Nacht Erstickungsanfälle, träumte von einer Bücherwand, die sich öffnete und den Blick auf ein schwarzes Loch freigab. Im Hintergrund blinkte das grüne Licht des ersten Traums.

»Was bedeuten die Träume für dich?« fragt Anna.

»Mit dem ersten kann ich nichts anfangen. Den zweiten hat ein Freund interpretiert. Wenn das Intellektuelle wegfällt, kommt die Dunkelheit, doch damit will ich nichts zu tun haben.«

»Das verstehe ich.« Ihre Augen umschatten sich in mitfühlender Erinnerung an ihre eigene Lebenskrise. »Dennoch führt der Weg durch die Dunkelheit.«

Das Bild des Gerippes macht mich stutzig. Welch eine fatale Verbindung zur Krankheitssymptomatik der ALS, dem Muskelschwund! Kündigte der Traum bereits das spätere Leiden an? War er Symbol für den innen erlebten »Tod« des wahren Selbst?

»Was bedeutet dieses Bild der Riesenlokomotive für dich?« fragt Anna nach.

»Der Mensch ist nichts wert. Er ist nur Teil einer größeren Maschinerie.«

Er berichtet aus seinem Leben. Studentenbewegung; Kampf gegen das Lebensgefühl, fremdbestimmt, nur ein Rädchen in einer großen Maschine zu sein; Versuche, den Sinn des eigenen Lebens zu finden; Rückzug ins Private, als der politische Versuch einer Aufhebung der Entfremdung sich als falscher Lösungsversuch erweist.

Wir teilen ein Stück Geschichte.

»Du bist nicht der erste, von dem ich höre: gestorben an Krebs oder multipler Sklerose. Die sensible Generation hat den Kampf außen statt innen geführt«, sage ich.

Anna nickt. »Und manchem blieb der Weg nach innen verschlossen.

Mancher konnte für sich nicht sehen, daß Lebensleiden Ausdruck der Entfremdung sind und daß der Kampf gegen die Krankheit die Suche nach der Wahrheit ist.«

»Ich habe die Zeichen ignoriert«, meint er sinnend.

Ich berichte von den beiden Themen, die sich in der Nacht in mein Bewußtsein gedrängt haben: dem Gayatri-Mantra und von Tod und Wiedergeburt.

»Haben diese Themen mit Markus' Situation zu tun?« frage ich Anna.

»So wie ich es verstehe, geht es in dieser Arbeit um eine Neuorientierung«, sagt sie. »Die Sklerose ist der Tod des wahren Markus.« Sie wendet sich an ihn. »Du hast den Falschen leben lassen — den intellektuellen Markus, die Bücherwand —, und der muß sterben, damit dein wahres Selbst die Chance zum Leben erhält.«

»Und was bedeutet das konkret?« Erschrocken schaut Markus sie an. »Soll ich mir den Kopf abnehmen?«

»Nein, so meine ich das nicht«, lacht Anna. »Du brauchst deinen Intellekt, um dein Leben zu bewältigen. Die Frage ist, wer dein Lebensschiff steuert. Bislang hast du das Ruder deinem Verstand überlassen, und er hat dich in die Sackgasse geführt. Übergib das Steuer deiner Seele, dem wahren Selbst, dem göttlichen Kern in dir und nimm den Verstand in seine Dienste. Folge deinem inneren Wissen für deine Lebensentscheidungen und setze deinen Verstand für die Ausführung ein.«

»Und wie finde ich zu diesem Teil in mir?«

»Wir können gemeinsam versuchen, die Verbindung zu diesem Kern herzustellen. Was hältst du denn von Baba?« Sie weist mit dem Kopf auf das große Bild, das von der gegenüberliegenden Wand zu uns herüberschaut.

»Er ist mir unheimlich. Er sieht durch meine Mauer. Ich weiß, ich muß sie öffnen, doch stehen siebenunddreißig Jahre gegen vier Wochen.«

Sie nickt. »Und doch ist es eine Chance, sonst wärst du nicht hier.«

»Welche Chance?«

»Dich innerlich mit Baba zu verbinden. Er und der wahre Markus: sie sind derselbe. Du kannst ihn, seine Form nutzen, um dich zu finden, doch dazu müssen wir durch die Dunkelheit. Nur, wenn du dich der Tatsache stellst, daß dein Körper sterblich ist, vermagst du zu begreifen, daß deine Seele leben kann. Krankheit ist eine Verteidigung gegen diese Wahrheit. Sie demonstriert uns, daß wir uns mit dem Körper identifizieren statt mit der Kraft des Bewußtseins, dem der Körper untertan ist.«

»Und das Gayatri-Mantra, das mir heute nacht eingefallen ist?« frage ich. »Was hat das mit dieser Situation zu tun?«

»Es ist die Bitte an die göttliche Mutter um Intelligenz«, erklärt Anna, »nicht Intellekt, nicht die Fähigkeit des logischen Denkens und Analysierens, sondern die Fähigkeit, das Wirkliche vom Unwirklichen, das Licht von der Dunkelheit zu unterscheiden und« — sie wendet sich an Markus — »den wahren vom falschen Markus. Es schützt den Sänger vor der Sterblichkeit, nicht des Leibes, aber der Seele.«

Markus nickt nachdenklich.

Sie singt uns das Mantra vor. Wir lernen es gemeinsam.

»Und was ist mit unserem Arbeitsbündnis?« fragt sie Markus. »Du hast mein Angebot noch nicht angenommen.«

Nach langem Schweigen kommt sein Ja.

Am nächsten Tag berichtet er von einer Auseinandersetzung mit Rainer.

»Er hat mich heute morgen glatt erpreßt, zum Darschan zu gehen.«

»Warum hast du dich erpressen lassen?« fragt Anna.

»Ich habe mich bis zum Schluß gewehrt, bin fast vom Stuhl gefallen während des Darschans, aber Rainer war so sauer, daß er mich rausgeworfen hätte, wenn ich nicht gegangen wäre.«

In Annas Mundwinkeln erscheint jenes unmerkliche Lächeln, das ihr offenes Gesicht in einen Kelch an Güte verwandelt. »Oh, so meinte ich das nicht. Warum bist du nicht von dir aus gegangen, wie vereinbart, statt Rainer in diese undankbare Rolle zu drängen? Sieh ihn nicht als deinen Vater und dich als opponierenden Sohn. Es geht um dein Leben, nicht um die Vergangenheit. Du mußt deine Kraft für das ›Jetzt‹ einsetzen.«

Markus berichtet von Erstickungsanfällen bei dem Versuch, das süße Wasser mit den Elektrolyten zu trinken.

»Die Erstickungsanfälle liegen in deiner Hand«, erklärt Anna ihm. Sie zeigt ihm Atemtechniken, Entspannungstechniken, lehrt ihn die Lichtmeditation. Zu seiner eigenen Verblüffung lassen die Krämpfe in der Halsmuskulatur nach. Er versteht, daß sein Bewußtsein die Krämpfe produziert und nicht sein kranker Körper.

Baba geht nach Whitefield, um im Sri-Sathja-Sai-College nach dem Rechten zu sehen. Ich entscheide mich, in Puttaparthi zu bleiben.

»Charles kommt«, höre ich von einer Bekannten.

»Wer ist Charles?« frage ich.

»Mein geistiger Lehrer, ein Hellseher.«

»Oh, wirklich?« sage ich erfreut. »Stelle mich ihm bitte vor. Ich habe eine wichtige Frage.«

Sie führt mich zu ihm, gerade bevor die Taxis nach Whitefield aufbrechen, um Baba zum dortigen College zu folgen.

»Kann ich dich gerade noch sprechen? Ich habe eine Frage, und da ich nicht nach Whitefield fahre . . .«

Der Blick, mit dem er mich ansieht, drückt aus, daß er sich mit überflüssigen Worten nicht aufhält.

»Wieso fährst du nicht nach Whitefield?« fragt er.

»Weil ich hier zu tun habe. Und Baba hat mir gerade per Brief bestätigt, daß ich besser meine Arbeit erledige, als hinter ihm herzujagen.«

»Dein Herz hat für Whitefield entschieden. Erledige deine Arbeit hier und folge ihm. Folge deinem Herzen. Erlebe ihn in seinem Krischna-Aspekt. Du weißt doch selbst, daß es für dich darum geht, dein Herz zu öffnen, und das ist in Whitefield leichter möglich als hier. Dort ist die Situation viel familiärer, Baba gelöster, verspielter, mütterlicher als hier im Aschram, wo er so oft die gestrenge Rolle des Vaters und Erziehers einnimmt. Lerne ihn von einer anderen Seite kennen. Sai Ram.«

Offenen Mundes schaue ich ihm nach. So hatte ich mir das Gespräch nicht vorgestellt. Aber er ist entschwunden, bevor ich die Sprache wiedergefunden habe.

»Recht hat er«, sagt Jivatman. »Die Sehnsucht lockt dich hinter Baba her. Du bist nur zu stolz, es dir einzugestehen.«

»Fährst du nach Whitefield?« frage ich Sarah.

»Nein, ich bleibe hier und arbeite an den Übersetzungen. Weißt du«, sagt sie schmunzelnd, »es gibt Anhänger und Gefolgsleute.«

»Und was ist der Unterschied?«

»Die Anhänger arbeiten, auch wenn Baba nicht da ist, und die Gefolgsleute folgen ihm, weil sie ohne seine äußere Form nicht sein können.«

»Und was ist mit denen, die bestens ohne seine äußere Form zurechtkommen?«

»Na, du folgst ihm besser«, lacht sie.

»Fährst du nach Whitefield?« frage ich Anna.

»Ja, ich komme zwei Tage später.«

Auch Markus entscheidet sich, nach Bangalore umzusiedeln. Von einem behinderten Mann hat er die Adresse einer Klinik bekommen, die mit den Naturheilverfahren der in Indien entwickelten ajurwedischen Medizin arbeitet. Nach dem morgendlichen Darschan finden wir uns unter dem großen Baum zusammen, lassen uns von der winterlichen Sonne wärmen, die auf die Palmen und Mimosen strahlt.

»Soll ich das Angebot der Klinik annehmen?« fragt Markus. »Ich sehe die Gefahr, in meine Versorgungshaltung zurückzufallen.«

»Die ajurwedische Medizin hilft nur, wenn der wahre Markus mit ihr kooperiert. Deine Überzeugung, daß du sterben wirst, ist stärker als die Behandlung. Beide, dein Bewußtsein und die ajurwedische Medizin, operieren auf der gleichen Basis. Sie arbeiten mit Schwingungen, mit energetischen Feldern«, sagt Anna. Sie erklärt ihm den somatischen Prozeß der Sklerose aus ihrem Verständnis der Materialisierung von Gedankenfeldern und führt ihn in Visualisierungstechniken ein, die er dagegensetzen kann.

Ich empfehle ihm einen Blick in die Lehre der atomaren Physik, die mir den Zugang zur Spiritualität erleichtert hat, berichte ihm von meinen kleinen »Wundern« im Aschram: meiner Begegnung mit Professor Kasturi; der Erfahrung, daß ich Krankheitssymptome in dem Moment auflösen kann, in dem ich ihren Hintergrund und ihre Dynamik erfaßt habe.

»Jedesmal, wenn ich mit euch gesprochen habe, fühle ich eine solche Stärke und Hoffnung in mir. Dann fange ich an zu glauben, daß es Hilfe gibt.«

Mittags sehe ich im Halbschlaf einen Sarg mit Blumen und Markus' Gesicht. Ich berichte Anna davon.

»Im Moment stärken wir ihn mit unserer Energie, aber Markus muß sich seiner eigenen Kraft bewußt werden«, sagt Anna, »und diese Kraft kommt aus dem Glauben.«

»Wenn deine linke Hand deinen Glauben an Baba und deine rechte Hand deinen Zweifel ausdrückte, wie wäre das Verhältnis beider Hände zueinander?« fragt sie ihn am nächsten Tag.

Die Hand des Zweifels erhebt sich doppelt so hoch über die Erde wie die Hand des Glaubens. Sie nickt, als bestätigten die Hände ihre Vermutung.

»Markus.« Ihre Stimme klingt weich und eindringlich zugleich. »Es ist gleichgültig, ob du diese Krankheit überlebst oder nicht. Wir alle sterben zu unserer Zeit. Das ist nicht in unserer Hand. Es ist jedoch nicht gleichgültig, wie wir bis dahin gelebt haben — unabhängig davon, ob wir an ein Weiterleben nach dem Tode glauben oder nicht. Die Erfahrung, ich selbst zu sein, der oder die zu sein, die ich wirklich bin, kann uns für all die Jahre der Fremdbestimmung entschädigen. Der *Moment* der Erkenntnis zählt. Er wandelt unser Leben, nicht die Dauer der Erfahrung.«

»Und wie finde ich zu dieser Erkenntnis?«

»Nutze Baba für dich. Der Glaube an ihn ist der Glaube an dich, der Glaube an das Leben. Und ohne Glauben ist Heilung nicht möglich.«

»Was ist Glaube?« fragt Markus nach. »Ich bin von Natur aus ein Skeptiker. Es fällt mir schwer zu glauben. Ich brauche Beweise.«

»Glaube ist nicht blindes Vertrauen oder Selbsttäuschung. Es ist die innere Gewißheit, daß eine größere Kraft unser Leben steuert als unser kleines individuelles Ich, daß wir Teil eines größeren Universums sind, daß unser Leben einen Sinn und ein Ziel hat. Der Glaube ist die Kraft, die uns mit dem größeren Ganzen verbindet. Er ist die Quelle, aus der wir die Kraft ziehen, um Hindernisse auf unserem Lebensweg zu nehmen.«

»Und wie finde ich zum Glauben?«

»Indem du die Quelle in dir selbst entdeckst.«

»Das klingt wie ein Teufelskreis. Um zu der Quelle in mir zu finden, muß ich glauben. Um glauben zu können, muß ich die Quelle in mir entdecken.«

Annas Augen schweifen in die Ferne. Sinnend nickt sie. »Ja, ich weiß, es klingt paradox. Es ist nicht in unserer Hand, wann wir Gott erfahren. Es liegt in seiner Gnade. Ein Weg aus dem Teufelskreis ist der Vertrauensvorschuß, den du Baba geben kannst. Bitte ihn so ernsthaft, wie es dir möglich ist, darum, dir den Weg zu zeigen. Den ersten Schritt mußt du tun, alles andere folgt.«

»Du meinst, wenn ich um Heilung bete, werde ich gesund?«

»Nein, zwar ist Heilung ohne Gebet nicht möglich, aber Gebete führen nicht notwendigerweise zur Heilung in deinem Sinne. Heilung und Gesundung sind zweierlei. Heilung zielt auf die Befreiung der Seele ab, Gesundheit auf das leibliche und seelische Wohlbefinden. Und auf welchem Weg sich deine Seele am besten befreien kann, hängt von deinem Karma, deiner Geschichte ab. Möglicherweise ist es für dich erforderlich, diese Krankheit zu durchleben oder an ihr zu sterben. Das weiß ich nicht. Ich kenne den göttlichen Plan für dich nicht.«

»Das klingt nicht sehr motivierend. Wozu soll ich beten oder glauben, wenn ich nicht einmal sicher sein kann, daß ich gesund werde?«

Anna schmunzelt. »Heilung ist nicht käuflich. Trüge sie ein Preisschild: ›Eine Heilung kostet zwanzig inbrünstige Gebete‹, würden sich mehr Menschen angesprochen fühlen. Aber die göttliche Ordnung funktioniert nicht nach kaufmännischen Prinzipien. Und dennoch: Gebete werden erhört und beantwortet, nur möglicherweise anders, als du es erwartest. Glaube ist die unumstößliche Gewißheit, daß die Ereignisse, die dir widerfahren, zu deinem Besten dienen, auch wenn dein Intellekt dies anders sehen mag.«

Annas Blick versenkt sich nach innen. Sie schweigt.

»Für mich hatte diese Erkenntnis etwas sehr Befreiendes und Tröstliches«, sage ich in die eingetretene Stille. »Ich weiß, daß ich bekomme, was ich brauche, zu meiner Zeit. Und auf die Zeit habe ich keinen Einfluß.«

»Und du wirst nicht ungeduldig oder zweifelst daran?« Markus sieht mich ungläubig an.

»O ja, ich werde häufig ungeduldig, und ›oberflächlich‹ zweifle ich. Doch auf dem Grunde meiner Seele bin ich sicher, daß für mich gesorgt ist, und diese Sicherheit erlaubt mir den Zweifel. Er bedroht und erschüttert mich nicht. Der Zweifel, der Konflikt zwischen meinem inneren Wissen und meinem sozialen Selbst, ist mehr ein Spiel, manchmal unumgänglich, manchmal ermüdend, manchmal schmerzhaft, manchmal verwirrend, aber nicht lebensbedrohend.«

»Und wie hast du zu dieser Sicherheit gefunden?«

Ich überlege einen Moment. »Durch die Erfahrung der Sterblichkeit. Vielleicht müssen wir, oder einzelne von uns, durch die Dunkelheit, um das Licht zu finden.«

»Auch nicht tröstlich«, murmelt Markus.

Am nächsten Tag treffen wir uns wieder.

»Meine Skepsis ist stärker denn je«, sagt er. »Wenn Baba doch Gott ist, warum läßt er dieses soziale Elend, diese Krankheiten, die Kriege zu?«

Anna nickt. Diese Frage ist ihr vertraut. »Damit die Menschen lernen und sich entwickeln, im einzelnen wie als Gattung. Würde er ihre Probleme auf der Stelle lösen, gäbe es diese Entwicklung nicht. Solch ein Akt würde sowohl gegen die Natur als auch gegen das karmische Gesetz verstoßen. Krankheit ist das Ergebnis von Handlung, gleichgültig, ob dir das Negative deiner Tat bewußt ist oder nicht. In einer bestimmten Kultur mag die Mehrheit bestimmte Unternehmungen als positiv ansehen, wie bei uns solche, die den Wohlstand mehren. Dort ist jeder sich selbst der Nächste. Doch nur, weil es normal, also die Norm darstellt, ist es noch lange nicht gesund. Nur wenn das Bewußtsein sich verändert, ändern sich die Verhältnisse. Wenn die Menschen die göttliche Ordnung erkennen, sind sie in der Lage, die Naturgesetze zu beherrschen, ohne die Natur auszubeuten. Wenn die Menschen Frieden in sich finden, können sie auch außen Frieden schaffen. Krieg entsteht zunächst im Bewußtsein der Menschen, bevor er auf der Weltbühne stattfindet. Von daher ist Babas Aussage zu verstehen, daß er die Revolution der Revolution anstrebe, die Revolution des Bewußtseins, die die ökonomische und soziale nach sich zieht.«

»Und wie will er den Atomkrieg verhindern?«

»Indem der bestehende Haß und die Gewalt durch Liebe und Gewaltlosigkeit ersetzt werden, Ko-operation an die Stelle der Ko-destruktion tritt, die Unterschiede der Klassen, Kasten, Glaubensgemeinschaften, Hautfarben und Rassen in der Bruderschaft der Menschheit unter der Vaterschaft Gottes aufgehoben werden, was er hier ja praktiziert.«

»Aber der Weg hierher führt täglich durch das soziale Elend, und das macht mir sehr zu schaffen.«

»Es ist leichter, sich auf das äußere Elend, das Elend der anderen, zu konzentrieren als auf das eigene, innere Elend«, sagt Anna.

Zwei Tage später, während des Darschans, sehe ich zu meiner Freude, wie Baba Markus' Hände tätschelt, als dieser eine Frage stellen will. Was ist geschehen?

»Gestern nachmittag, als ich alleine war und mir überhaupt nicht helfen konnte, habe ich Rotz und Wasser geheult und gefleht: ›Herr, erbarme dich meiner!‹, und in diesem Moment rief ein Freund an«, berichtet er. »Und neulich habe ich für einen verkrüppelten Mann, der Tag für Tag verloren dasitzt und darauf wartet, abgeholt zu werden, gebetet, jemand möge doch kommen und sich seiner annehmen. Und in dem Moment kam tatsächlich jemand. Und gestern, als das Zittern in den Beinen anfing, habe ich gesagt: ›Hör auf zu zittern!‹, und es hörte auf zu zittern.«

Ich freue mich mit ihm.

»Es scheint, als habest du die Kraft des Gebets entdeckt. Jedes echte Gebet, das von Herzen kommt, wird erhört«, sagt Anna, die sich während seines Berichts zu uns gesellt hat.

Ein Bekannter von Markus kommt vorbei. »Wie geht's? Nur nicht den Mut verlieren. Alles ist möglich. Ich habe mit eigenen Augen gesehen, wie er einen Mann im Rollstuhl angewiesen hat zu gehen, und der Mann ging.«

Markus' Augen leuchten auf.

»Was würde geschehen, wenn dir jetzt solch eine Heilung widerführe?« fragt Anna ihn.

»Vor zwei Wochen wäre ich sofort in mein altes Leben zurückgekehrt. Heute stünden die Chancen fünfzig zu fünfzig.«

»Ich fürchte, fünfzig zu fünfzig reicht nicht«, lache ich augenzwinkernd. »Der Mensch ist bequem und vergißt schnell, wenn er nicht mehr leidet.«

Markus grinst. »Ja, ja, ich verstehe . . .«

Er kommt in die Klinik. Von seinem Betreuer höre ich, daß Markus gut auf die Behandlung anspricht. »Der Arzt meint, daß er nach einer Woche schon ohne Krücken gehen könne und nach vier Wochen neunzig Prozent der Erkrankung aufgelöst seien«, ruft er mir aufgeregt zu.

»Das ist nicht gut«, sage ich spontan zu Anna. »Wir sollten ihn warnen.«

»Die Heilung liegt nicht in unserer Hand«, sagt sie.

»Ich weiß, aber es sieht doch so aus, als habe er eine gute Chance. Nur, wenn er später in seine alten Muster zurückfällt, die Lehre hier vergißt, kann er einen Rückfall erleiden, der härter ist als das jetzige Stadium seiner Krankheit. Kehrt er zu früh zu seinem alten Leben zurück, mag ihm dieses hier wie ein böser Traum erscheinen, und er beginnt zu zweifeln, was Traum ist und was Wirklichkeit.«

»Wenn es dich beruhigt«, willigt Anna ein.

Ich kopiere den »Kurs in Wundern«, und wir fahren in die Klinik, die in einem gut gepflegten Wohnhaus, dem Haus des Arztes, untergebracht ist. Ein geräumiger heller Raum ist Markus' neues Zuhause.

»Ich bekomme jeden Tag eine lange Behandlung, Massage mit einem wohlriechenden Öl und Akupressur«, berichtet er.

»Es freut mich zu hören, daß dir die Behandlung zusagt, aber die angekündigte schnelle Heilung bereitet mir Unbehagen.« Ich erzähle ihm von dem Sarg, den ich im Traum gesehen habe, und meinem guten Gefühl, als er von der Wirkung seiner Gebete berichtete.

Fragend sieht er mich an, ich blicke auf Anna. Nach kurzem Schweigen erklärt sie es ihm.

»Wir manifestieren, was wir denken. Das Bewußtsein produziert die Krankheiten. Der Körper ist neutral, gesund, nützlich, ohne Gefühle, ohne Schmerz, ohne Lust. Dein Bewußtsein stattet ihn damit aus, dein sinnliches Bewußtsein. Wenn du dich mit deinem Körper identifizierst, wählst du den Tod, denn der Leib ist sterblich. Diese Wahl ist machtvoller als die Wahrheit, daß die Seele unsterblich ist.

Entscheidest du dich für die Wahrheit, fällt dein ganzes bisheriges Leben wie ein Kartenhaus zusammen. Es gibt keinen Kompromiß zwischen beiden Welten. Im Grunde gibt es nur *eine* Wahl: die Entscheidung für das Leben und die Wahrheit. Der Tod ist der Lehrmeister, der uns mit der Wirklichkeit unserer physischen Endlichkeit konfrontiert, solange wir uns mit dem Leib identifizieren. Sie zu leugnen, hebt die Sterblichkeit nicht auf, wird die Lehre uns doch durch unheilbare Krankheiten aufgezwungen, wie du weißt. Dein Umfeld und der Teil in dir, der mit ihm kooperiert, ist die Sklerose. Erinnere dich daran, wenn die Vergangenheit dich ansaugt, und unterschätze ihren Sog nicht. Der Kampf gegen die Krankheit ist die Suche nach Wahrheit. Verwechsle die Wirklichkeit nicht mit der Illusion.«

»Ich bin mir darüber im klaren. Meine Frau besucht mich eventuell zu Weihnachten. Ich habe ihr einen entsprechenden Brief geschrieben.«

»Das ist ein Test«, sage ich. Wir verabschieden uns. Die Arbeit ist beendet.

Erst im nachhinein wird mir deutlich, wie sehr sein Kampf und mein Kampf identisch sind. Indem ich jeden Tag aufs neue zuhöre, wie Anna seine Entscheidungssituation thematisiert, reift die Entscheidung auch in mir heran. In der Tat, es gibt keinen Kompromiß zwischen den beiden Welten. Die Welt, in der wir leben, ist unwirklich, Produkt unserer Sinne, unseres Bewußtseins, Maja, Unwissenheit, Täuschung. Wie kann die Täuschung mit der Wahrheit einen Kompromiß eingehen? Und doch ist sie verführerisch, diese Welt der Sinne, der Leidenschaften, der Begierden. Frei bin ich von ihnen nicht, nur geschützt durch die Regeln des Aschrams, die den Versuchungen Einhalt gebieten. Indem ich miterlebe, wie Markus an seiner Richtung arbeitet, wird mir die eigene Richtung deutlich.

Der Dienst am Nächsten erhält eine neue Bedeutung. Wir sind Zellen eines Organismus. Ist der Organismus krank, nützt es wenig, wenn die einzelne Zelle nur für sich alleine, getrennt von den anderen, zu gesunden versucht. Ihre Verfassung beeinflußt die Verfassung der anderen mit. Will sie Gesundheit für sich, muß sie an der Gesundung aller arbeiten. Was ich für mich tue, tue ich zugleich für andere. Was ich für andere tue, tue ich zugleich für mich, nicht als Ausgleich für den eigenen Mangel, die eigene Bedürftigkeit, sondern aus dem Bewußtsein der Einheit heraus, die uns umschließt.

Sein und mein Wille

Ich begegne Charles. Die Frage, die ich hatte, ist noch nicht geklärt.

»Kann ich mit dir mal in Ruhe sprechen?« frage ich.

»Gehen wir spazieren.«

Wir gehen über die trockene rote Erde, vorbei an rastenden Kühen, grasenden Maultieren. Erfrischend streicht der Wind über die Bohnenstauden und durch die Palmen, deren trockene Wedel den Durst der Erde verraten. Nur ab und zu begegnet uns ein Mensch in der aufsteigenden Mittagshitze — eine Frau mit einem Korb, in dem sie auf dem Kopf Heu transportiert, ein Mann, der auf einem Fahrrad zur Arbeit ins Feld fährt. Wir gehen zügigen Schrittes, überqueren einen Bach, der noch Wasser führt, nähern uns einem Bambusfeld.

»Wie kann ich das Ich abwerfen?« frage ich Charles.

»Du kannst es nicht abwerfen. Es gibt nur zwei Möglichkeiten, das Ich aufzulösen: Entweder du trocknest es aus, oder aber — da es selber nach Glück strebt — es strebt auf Gott zu und verschmilzt mit ihm.«

»Gibt es keinen freien Willen im göttlichen Plan?«

Charles lacht. »Es gibt nur einen freien Willen, den göttlichen. Der menschliche Wille ist relativ. Der Mensch muß sein Karma durchleben. Dafür wird er mit Fähigkeiten ausgestattet, die wie ein freier Wille aussehen können, doch ist er in Wirklichkeit Teil des göttlichen Spiels, Maja, Illusion.«

»Aber ich kann mich doch entscheiden, ob ich dem göttlichen Plan folge — sofern ich ihn überhaupt erkenne —, oder ob ich mich dem widersetze?«

»Wie kann die Dunkelheit mit dem Licht kooperieren, die Illusion mit der Wahrheit? Zwischen beiden gibt es keinen Kompromiß.«

»Aber die Dunkelheit kann sich auf das Licht zu bewegen . . .«

»Ja, sie kann ihrem eigenen Ende entgegenstreben . . .«

»Indem sie vom Licht durchdrungen wird, meinst du? Also doch eine Wahl.«

»Eine relative Wahl.«

»Die Wahl, ob ich mitspiele oder mich verweigere? Die Wahl, ob ich mehr oder weniger unter dem göttlichen Plan leiden will?«

»Ja, wir haben die Wahl, seinen Plan freudig anzunehmen, was immer er uns beschert, oder darüber zu jammern und zu klagen. Am liebsten sind Baba die, die gleich sind in Hitze und Kälte, Freude und Leid, Lob und Tadel, denn sie haben nicht nur ihren Geist, sondern auch die äußere Welt in der Hand.«

Doch so leicht läßt sich ein solide gefügtes individuelles Ich, Ahamkara, nicht davon überzeugen, wer die Welt in der Hand hält: es selbst, im Verbund mit den Sinnen, oder Jivatman im Verbund mit dem göttlichen Willen.

Die Taxigemeinschaft, die ich für die Rückfahrt nach Puttaparthi organisiert habe, fällt auseinander.

»Wer von uns beiden organisiert die Rückfahrt?« frage ich innerlich Baba.

»Überlasse es mir, es wird sich fügen.«

Baba fährt frühmorgens. Aufgeregt rennen die »Westler« durch das Gästehaus, in dem wir zu viert oder zu fünft Unterkunft gefunden haben. Ein Kleinbus wartet vor der Tür. Kein Platz.

»Es kommt noch ein Bus«, sagt der Kokosnußmann, der die Busse organisiert.

»Kann ich da mitfahren?«

»Ja.«

»Besorge dir lieber ein Taxi«, meint Ahamkara, »wer weiß, ob der Bus kommt.«

»Nein«, entgegnet Jivatman, »warte ab, es wird sich fügen.«

»Alles nur Einbildung«, sagt Ahamkara, »sieh zu, daß du für dich sorgst.«

Nervös laufe ich die fünfhundert Meter nach vorn zum Portal des College-Campus, versuche, eine Taxigemeinschaft zusammenzustellen, aber es ist kein Taxi zu bekommen. Alle Taxis sind ausgebucht.

»Der Bus steht drüben«, sagt der Kokosnußmann.

Ich laufe zurück. Ein großer Bus steht vor der Tür, halbleer. Ich hole mein Gepäck. Ein Kuli verstaut es auf dem Dach des Busses. Aufatmend setze mich mich in eine Reihe. Der Bus fährt zum Portal des Campus. Leute steigen zu. Der Bus füllt sich. Sie haben Platzkarten. Ich setze mich um.

»Platz sechsundvierzig gibt es gar nicht«, sagt eine Karteninhaberin überrascht, »der Bus hat nur zweiundvierzig Sitze. Fünfzig Karten sind verkauft.«

Mein schlechtes Gewissen treibt mich hoch. So viele stehen, und ich habe keine Reservierung.

»Setzen Sie sich!«, befiehlt die Stimme des Schaffners. Ich setze mich.

»Weil Sonntag ist, konnten wir nur einen kleineren Bus als bestellt bekommen«, erklärt der Besitzer des Busunternehmens, »daher muß jeder zwanzig Rupien mehr bezahlen.«

Unter den »Westlern« setzt großer Tumult ein.

»Jedesmal das gleiche Spiel. Sobald wir im Bus sitzen, verlangen sie mehr. Wir bezahlen das nicht«, sagen die einen.

»Ich glaube ihm das«, die anderen, »ich bezahle.«

»Wir zahlen nicht«, entscheidet die Mehrheit.

»Dann fahren wir nicht«, sagt der Besitzer. Palaver, Aufregung.

»Jeder, der die siebzig Rupien nicht bezahlen will, kann aussteigen. Er bekommt seine fünfzig Rupien zurück«, versucht er eine neue Strategie.

Alle bleiben sitzen. Neues Palaver, neue Aufregung. Einige zahlen, andere nicht, eine Stunde vergeht.

In dem Tumult komme ich nicht dazu, eine Fahrkarte zu erstehen. Jedesmal, wenn ich mich erheben will, kommt jemand vorbei und sagt: »Bleib sitzen.«

Schließlich haben alle bis auf eine ältere indische Frau Platz gefunden. Ich biete ihr meinen Platz an, entscheide mich, auf der Treppe mitzufahren.

Der Busfahrer lädt mich in das Führerhaus ein, das von dem Bus abgetrennt ist. Vier sitzen dort eingequetscht auf der Seite. Seine Handbewegung weist auf eine Liege hinter ihm mit einer dicken komfortablen Matratze. Ich strecke mich auf dem Bauch aus, lasse mir das Panorama der Landschaft vorführen, das sich mir in einem Winkel von 180 Grad darbietet. So angenehm bin ich selten gereist. Ich spende das Fahrgeld dem Fonds zur Speisung der Armen.

Therapie und Heilung

Ich sitze mit Sarah und Anna beim Frühstück, berichte Sarah von meinen Erfahrungen während Annas Arbeit mit Markus.

»Im Grunde ist es so einfach. Wenn wir unseren eigenen Willen loslassen, nicht mehr die »Therapie-Macher« sind, sondern uns für die Energie der Liebe öffnen, sie durch uns hindurchfließen lassen wie durch einen Kanal, dann wird Therapie zum Vergnügen. Dann nährt uns die Energie, die wir durchschleusen. Was ich gebe, wird mir gegeben«, sage ich.

»Gerade das Einfache ist oft am schwersten«, lächelt Anna.

»Werden Therapeuten nicht deswegen Therapeuten, weil sie die Macht über ihre Klienten reizt?« fragt Sarah.

»Diese Therapeuten gibt es. Sie sind Teil jener Kultur, die von Machtinteressen bestimmt ist. Auf der anderen Seite stehen diejenigen, die aus echtem menschlichem Engagement heraus Not lindern oder Wachstumsprozesse fördern wollen«, sagt Anna.

»Greifen Therapeuten nicht in der Regel aus einem Bedürfnis nach Selbstheilung heraus zu diesem Beruf?« frage ich, »und geben, weil sie nicht bekommen haben und selber brauchen?«

»Das mag für viele ein tiefliegendes Bedürfnis sein, wenn sie diesen Beruf anstreben«, bestätigt Anna, die Psychotherapeuten an ihrem Institut ausgebildet hat. »Doch verändert sich dieses Motiv, wenn sie während der Arbeit an sich und mit anderen selbst zu ihrer Ganzheit finden.«

»Dennoch liegt in diesem Motiv für mich der bedeutendste Unterschied zu Baba«, sage ich. »Er gibt, weil er die Fülle ist. Er gibt, weil er die Liebe ist. Und damit ist er wirkungsvoller, als Therapeuten dies sein können.«

»Wie kann jemand Therapeut werden, wenn er selber nicht ›geheilt‹ ist?« fragt Sarah nach.

»Gerade weil . . . wenn jemand ›heil‹ wird: also seine eigene Ganzheit findet, verliert er oft das Interesse daran, sich Tag für Tag eine Leidensgeschichte nach der anderen anzuhören. Er sucht nach der Freude, nicht dem Leid. Er braucht die Arbeit mit Klienten nicht mehr, um daraus ›Gewinn‹ für sich zu ziehen, zum Beispiel Gewinne wie Anerkennung, Aufwertung des eigenen Selbstwertgefühls, Kontakt, Intimität. Und er braucht den Klienten nicht, um in dessen Spiegel Teile von sich selbst zu entdecken und zu verstehen«, sagt Anna.

»Aber sind nicht gerade diejenigen, die in diesem Sinne heil und ganz sind, zum Dienst an der Menschheit verpflichtet?« erkundigt sich Sarah.

»Sprichst du von Heilern oder Heiligen?«

»Hhmm«, Sarah stutzt, »über diesen Unterschied habe ich noch nicht nachgedacht.«

»Die Heiligen waren und sind in der Regel Heiler. Sie verfügten über ein Wissen, das den meisten von uns nicht mehr zugänglich ist. Sie waren in der Lage, Menschen auf der Stelle von Gebrechen zu befreien, weil sie an die Kraft des göttlichen Bewußtseins angeschlossen waren. Und weil sie wußten, daß sie nicht die Macher sind, sondern der Kanal, durch den die heilende Energie fließt. Und weil sie unterscheiden konnten, wer zur Heilung fähig ist.«

»Denkst du an Jesus: ›Gehe hin und sündige nicht mehr‹?«

»Ja. Heilung setzt Glauben auf seiten dessen voraus, der Heilung sucht. Wenn ich nicht bereit bin, alte Gewohnheiten zu ändern, ist sie wirkungslos. Heilung bedeutet mehr als Gesundheit, bedeutet Ganzheit, Verbundenheit mit den Kräften des Universums. Und die Heiligen wußten darum. Sie arbeiteten im Auftrag Gottes, nicht des Ichs oder des Mammons.«

Sarah lacht. »Ja, ich verstehe, und nicht jeder Heiler ist ein Heiliger.«

»Nein, im Unterschied zu Therapeuten kennen zwar viele von ihnen den Zugang zu diesen feinstofflichen Heilquellen, doch sind sich nicht alle klar darüber, in wessen Auftrag sie arbeiten. Heilung und Geld vertragen einander schlecht.«

»Aber finanzieren Therapeuten nicht ihren Lebensunterhalt über solch eine Arbeit? Wie läßt sich das mit der Heilung vereinbaren?«

»Heiler und Therapeuten streben verschiedene Ziele an. Therapeuten sind ein Produkt moderner Zeit. Sie sind Bewußtseins-, Körper- oder Beziehungshandwerker, manche auch Künstler. Sie erwerben ein Rüstzeug an Techniken und Methoden. Sie werden für begrenzte Aufgaben engagiert, setzen ihr Können und Wissen im Rahmen eines Arbeitsvertrags ein und werden für diese Arbeit bezahlt. Das finde ich angemessen. Oft sind Therapeuten ihren Klienten nur um eine Nasenlänge voraus. Sie haben eine geschulte Fähigkeit, zuzuhören und Probleme zu erfassen, und sie verfügen über das notwendige Handwerkszeug, eine Lösung dieser Probleme in Angriff zu nehmen. In ihrem privaten Leben sind sie aber häufig nicht weniger verwirrt und desorientiert als ihre Klienten.«

»Wie können sie ihnen dann den Weg weisen?« Sarah ist irritiert.

»Das ist eine gute Frage, die ich mir selbst oft gestellt habe, besonders im Rahmen der Ausbildung. Für mich hat diese Frage zwei Seiten. Die Stärke des Therapeuten besteht darin, daß er aus eigener Erfahrung um das Leiden der Klienten weiß, und die eigene Erfahrung ist der beste Ratgeber. Sein Schwachpunkt liegt in den Grenzen seiner eigenen Entwicklung. Kein Therapeut kann seine Klienten über die eigene Schwelle gehen lassen. Ein guter Therapeut, der sich der Wahrheit verpflichtet fühlt, weiß, wo er steht, und teilt seinen Klienten mit, wenn sie seine Grenze erreichen, so daß der Klient die Wahl hat, den Therapeuten zu wechseln oder mit dem Therapeuten gemeinsam auf Entdeckungsreise zu gehen. Denn das ist Teil seines beruflichen Ethos: der Mut und die Bereitschaft, das eigene Niemandsland zu erkunden, die eigenen Grenzen zu erweitern, sich gemeinsam mit dem Klienten zu entwickeln. Wir sind nicht Baba und haben unsere menschlichen Schranken, die ich akzeptiere, solange wir um sie wissen und nichts anderes vorgeben.«

»Nur, woher weiß ich, wer sich der Wahrheit verpflichtet fühlt, wenn ich einen Therapeuten suche?« fragt Sarah.

»Angesichts des großen Angebots auf dem Therapiemarkt ist das ein schwieriges Unterfangen. Natürlich gibt es, wie überall, schwarze Schafe, denen nur das Geld wichtig ist, und ernsthafte Therapeuten, die menschliches Leiden lindern helfen wollen.«

»Und wie finde ich die heraus?«

»Es gibt ein paar Kriterien: Ist das, was der Therapeut als Zielset-
zung für eine Wochenendveranstaltung formuliert, realistisch? —
Keiner findet in zwei Tagen das Glück, das er ein Leben lang vergeblich gesucht hat. — Hat der Therapeut eine solide Ausbildung oder
gerade selbst an zwei Trainings in dem Bereich teilgenommen? Bietet
er die Möglichkeiten, für eine festgelegte Zeit auszuprobieren, ob er
mir menschlich liegt, oder muß ich gleich ein ›Therapiepaket‹ kaufen?«

»Dennoch bleibt einem das eigene Ausprobieren, die eigene Erfahrung nicht erspart«, schalte ich mich in das Gespräch ein, »und ich
habe mein Lehrgeld ebenso bezahlt wie viele andere auch.«

Neugierig sehen Anna und Sarah mich an.

»Es gehört zum ›Talent‹ der Klienten, sich solche Therapeuten
auszuwählen, die im Familienroman die dramatische Rolle einnehmen können, und die Gretchenfrage ist, ob der Therapeut die Fami-
lieninszenierung mitspielt, oder das Spiel durchschaut, analysiert
und mit dem Klienten verarbeitet. Ja, und ich habe nicht nur meine
analytische Mutter gefunden, die mich aus dem Spiel gerettet hat,
sondern zuvor einen ›Mitspieler‹, mit dem sich die soundsovielte Geschichte wiederholte . . .«

»Nur hast du dafür bezahlt . . .«, ruft Sarah entgeistert aus.

»O ja«, ihr Gesicht reizt mich zum Lachen, »in mehrfachem Sinne, nicht nur finanziell. Eine Zeitlang war ich enttäuscht und fühlte
mich als Versager, dann wieder habe ich vor Wut gekocht über all
die Wunden, die mir mein ›Mitspieler‹ zugefügt hat, bis ich erkannte, wie viel ich durch diesen Prozeß gelernt habe.«

Anna nickt. »Wir entscheiden darüber, ob eine Erfahrung positiv
oder negativ ist. Die Erfahrung selber ist neutral. Wir statten sie mit
Wertungen aus.«

»Und was ist dir daran klargeworden?« Annas Antwort befriedigt
Sarah nicht. Ich sehe die Skepsis in ihrem Gesicht, die mir aus Gesprächen mit denen vertraut ist, die von gescheiterten Therapien gehört oder diese gar selbst erfahren haben und sich darin bestätigt fühlen, daß »man« sich auf so etwas erst gar nicht einlassen sollte.

»Beispielsweise habe ich darüber meine analytische Mutter gefunden. Ohne diese Erfahrung wäre mir nicht klar geworden, wonach

ich wirklich suche. Ich habe gelernt, in meinen Therapien mit Klienten die Fehler zu vermeiden, die ich am eigenen Leibe erfahren habe. Und ich habe begriffen, daß Therapeuten nicht die wissenden Halbgötter sind, sondern Menschen, die in der eigenen Entwicklung stecken.«

Anna nickt mit halbgeschlossenen Lidern. »Therapeuten teilen die Geschichte der kulturellen Verwirrung und Desorientierung in den menschlichen Werten, und sie müssen ihren Weg herausfinden.«

»Wie meinst du das?« fragt Sarah nach.

Anna scheint in Gedanken versunken. Der Blick hinter den halbgeschlossenen Lidern ist nach innen gekehrt.

»Ich weiß nicht, ob du an dasselbe denkst«, wende ich mich an Anna, »aber als ich mit den körperorientierten Verfahren zu arbeiten begann, mit bioenergetischer Analyse, Rolfing, Shiatsu, merkte ich sehr rasch, wie effektiv sie Blockaden aufbrechen und festgehaltene Energie freisetzen können. Und ich habe mich gefragt, was ich mit diesen neu gewonnenen Energien anfangen soll. Ich erhielt jedoch nur die Antwort, dies sei meine Privatangelegenheit, in die sich der Therapeut nicht einmische.«

»Und warum?« fragt Sarah.

»Weil solche Fragen auf den Sinn des Lebens abzielen, daher in den spirituellen und nicht den therapeutischen Bereich gehörten.«

Anna blickt auf. »Das ist die FREUDsche Tradition des Abstinenzprinzips«, erklärt sie. »Freud wollte, daß die Menschen zu ihren eigenen inneren Werten finden. Er sah den Therapeuten lediglich als eine Projektionsfläche, auf die seine Klienten ihre inneren Konflikte abbilden konnten, um sie darüber verstehen zu lernen.«

»Das klingt sehr vernünftig«, sagt Sarah.

»Gewiß, für seine Methode und seine Zeit war das sinnvoll. Doch arbeiten die therapeutischen Richtungen, von denen Ulla sprach, mit viel wirkungsvolleren Techniken und Energien als beispielsweise die Psychoanalyse. Ohne eine klare Orientierung, wohin die Reise gehen soll, kam es notgedrungen zu Fehlentwicklungen: zu sexuellem Mißbrauch von Klienten, Gruppenexperimenten und so weiter.

»Was hat das mit der therapeutischen Richtung zu tun?«

»Nun, die ganzheitlichen therapeutischen Techniken der humanistischen Psychologie oder der bioenergetischen Analyse wecken die schlafenden Hunde der niederen Instinkte. Viele Menschen, die sich von diesen Richtungen angesprochen fühlen, spüren eine Leere in ihrem Leben, ohne sagen zu können, was ihnen fehlt. Im Verlauf solch eines therapeutischen Prozesses stoßen sie auf primitive Gefühle und Bedürfnisse, von denen sie bei sich nicht einmal etwas geahnt haben, oder von denen sie meinten, sie hätten sie bereits überwunden.«

»Intellektuelle, meinst du?«

»Nicht nur. Gerade bei Menschen, die sich auf den spirituellen Pfad begeben haben und meinten, ihr Platz sei in den höheren Regionen der Chakren, habe ich oft erlebt, daß sie mit den niederen noch gar nicht in Berührung gekommen waren. Sie benutzten Spiritualität als Abwehr gegen diese grundlegenden animalischen Instinkte im Menschen, was wiederum zum Verruf des Spirituellen beigetragen hat.«

»Das verstehe ich nicht. Baba fordert uns doch dazu auf, Gutes zu denken, zu reden und zu tun und uns von den niederen Instinkten abzulösen.«

»Gewiß, doch sind Ablösung und Abspaltung oder Verdrängung solcher Impulse zweierlei. Und dies wird oft verwechselt.«

»Das ist mir auch nicht klar.«

»Die Ablösung, die Entbindung ist ein bewußter Prozeß, die Verdrängung ein unbewußter. Und ohne den ›Feind‹ zu kennen, kann ich ihn nicht besiegen. Die körperorientierten Verfahren setzen die animalischen Instinkte frei, die — verdrängt oder abgespalten — die Handlungen der Menschen steuern, ohne daß sie sich dessen bewußt wären. Hinter der Ordnung lauert oft das Chaos, hinter der Sauberkeit die Verwahrlosung, hinter dem Edlen der Schmutz.«

»Und wie weiß man, was was ist?«

»Das ist nicht leicht, weil das Unterscheidungsvermögen erst mit der Erfahrung wächst. Doch haben viele Menschen ein ungenaues Gefühl, daß etwas nicht stimmt. Und du kannst dir vorstellen, wie erschüttert sie sind, wenn sie plötzlich mit ihrer unbekannten Schattenseite konfrontiert werden. Da öffnen sich neue Welten, die bisher den kulturellen oder familiären Tabus zum Opfer fielen.«

»Aber wozu soll ich mich solchen Erfahrungen aussetzen, wenn

ich im Leben doch ganz gut zurechtkomme. Ist das nicht Selbst-
kasteiung?«

»Viele Menschen sind mit ihrer Lebenssituation zufrieden, aber
nicht etwa, weil sie ihrem Ideal entspräche«, werfe ich ein, »sondern
weil sie gelernt haben, daß es besser ist, den Spatz in der Hand zu haben als die Taube auf dem Dach.«

»Oder weil sie für sich die Aufgaben in diesem Leben gefunden haben, die ihrer Bestimmung entsprechen. Sie reifen unter dem Licht
der Sonne durch Freude und Glück«, sagt Anna.

»Nur sind das nicht die Menschen, die in den therapeutischen Pra-
xen auftauchen«, sage ich. »Diese motiviert das Leiden, sich zu entwickeln.«

»Manche haben auch ein innewohnendes Bedürfnis nach Selbst-
entfaltung, und sie möchten ihr Potential zu ihrem und anderer
Menschen Besten nutzen.«

»Und dazu müssen die blockierten Energien freigesetzt werden.«

»Ja, die Energien sind der Saft, der die Frucht füllt, von der Baba
spricht. Wenn die Energien jedoch aus den alten Bindungen gelöst
sind, der Saft des Lebens wieder fließt, fehlen die Anleitungen, wie
sie am besten zur Reifung genutzt werden können. So identifizieren
sich im Gegenzug viele mit den Sinnen, den niederen Instinkten.
Überwältigt von der Kraft des Lebens, die sich plötzlich Bahn
bricht, von der Urgewalt primitiver Gefühle und Bedürfnisse,
scheint der Sinn des Lebens sich darin zu erschöpfen, sich in das Bek-
ken der Sinnenlust hineinfallen zu lassen, ihre Dimensionen auszu-
kosten, sie für das Leben selber zu nehmen. Aber darin liegt die
Sackgasse: Die sinnlichen Freuden lassen sich ihrer Natur nach nicht
befriedigen und sind unbefriedigend, verlangen nach mehr, da sich
ihre Reize ohne die Tiefe mitmenschlicher Gefühle rasch erschöpfen. Auf der Jagd nach Neuem zerstört die Identifikation mit den
sinnlichen Freuden die alten Beziehungen, ermuntert oder rechtfer-
tigt Bindungslosigkeit, fordert zum Ausleben hemmungsloser Leidenschaften, zur Konkurrenz um jeden Preis auf. So kommen die
Menschen vom Regen in die Traufe. Das, was wie das Leben schien,
endet leicht in neuer Leere, Enttäuschung, Resignation, Isolation, im
schlimmsten Fall in Krankheiten wie Aids. An der Ausbreitung

dieser Krankheit läßt sich das kulturelle Ausmaß dieser Haltung ablesen.«

»Aber das willst du doch den Therapien nicht anlasten«, sage ich bestürzt.

»O nein, das wäre nur Wasser auf die Mühlen jener, die gegen jegliche ›Aufbrüche‹ erstarrter Strukturen zu Felde ziehen und am liebsten wieder alles zum alten wenden würden. Doch helfen die Therapien zweifellos vielen Menschen, die Kräfte freizusetzen, die das Leben lebenswert und sinnvoll machen. Und für die meisten Menschen in unserer Kultur bedarf es genau dieses Schrittes: ihre Sinnlichkeit zu entfalten, die Freude zu entdecken, Sinn in ihrem Leben zu finden.«

»Und dafür sind Therapeuten zuständig?« fragt Sarah.

»Nicht nur, aber auch.«

»Wie können sie Menschen dazu verhelfen, wenn ihre Ziele so unklar sind?«

»Die therapeutische Landschaft verändert sich. Auch ihre Einrichtungen wachsen und reifen. In den vergangenen Jahren haben die noch jungen therapeutischen Richtungen begonnen, ihr Selbstverständnis und ihre Ziele zu formulieren.«

»Und die wären?«

Anna überlegt kurz. »Das Leben im Hier und Jetzt, die Erfahrung und das Erleben der Einheit alles Lebendigen; die Transformation der sexuellen Energie in Liebe und Mitgefühl; die Integration von sexueller Lust und Liebe; das Einstehen für die Qualitäten des Lebens, die als wahr erkannt werden. Hier sehe ich Parallelen zu Babas menschlichen Werten.«

»Aber setzt Baba nicht genau dort an, wo die Therapien hier aufhören: an der Kontrolle der Sinne, der Ablösung von ihrer Herrschaft, der Kanalisierung der Energien von den niederen Chakren in die höheren Bereiche zwischenmenschlicher Qualitäten?« frage ich.

»Ja, aber dazu muß ich den Menschen diese Energien natürlich erst einmal bewußt machen. Und das leisten unsere therapeutischen Verfahren. Doch dort, wo Babas Lehren traditionelle Werte wie Verantwortung, Pflicht, Disziplin und Redlichkeit betonen, die das Klima schaffen, in dem die Frucht reifen kann, um sich schließlich vom Baum des Lebens abzulösen, haben sich die meisten westlichen Therapeuten bislang in Schweigen gehüllt. Und damit trugen sie dazu bei, die Verwirrung im Bereich der menschlichen Werte aufrechtzuerhalten, statt den Dschungel zu lichten. Dies — hoffe ich — ändert sich.«

»Dennoch: Für mich bleiben erhebliche Unterschiede«, sage ich. »Baba ist für mich mit Therapeuten in unserem Sinne nicht vergleichbar. Er ist sozusagen ein Modelltherapeut, den wir nicht erreichen können. Er arbeitet mit Zigtausenden, wir mit einzelnen. Wir schauen nur hinter die Fassade dieses Lebens, Baba hinter die vergangener Leben. Bei ihm genügt ein Blick, ein Wort für den Prozeß, der bei uns Monate dauert. Er heilt, wir therapieren.«

»Oh«, sagt Sarah überrascht, »neue Töne? Bist du mittlerweile davon überzeugt, daß er allwissend und allgegenwärtig ist?«

»Ja, es ist eigenartig. Schaue ich ihn an, schaue ich ihm zu, erkenne ich mich in ihm wieder als Lehrerin, Erzieherin, Therapeutin, und doch ist dies nur eine Ebene. Dahinter liegt eine andere, dessen bin mich mir gewiß. Doch diese ist vermutlich nur über den Weg der Hingabe erreichbar. So wird der Kelch an mir nicht vorübergehen.«

Fünftes Kapitel
Das Band der Liebe

Nur die,
die meine Liebe erkannt und erfahren haben,
können versichern,
sie hätten einen Zipfel meiner Wirklichkeit geschaut.

Nur wo eine Blüte ist,
bekommt ihr auch die Frucht.
Hingabe ist die Blüte.
Ohne sie ist die Frucht des Wissens nicht möglich.

Die menschliche und die göttliche Liebe

Ich kaue an dem unverdauten Brocken meines ersten Satzes aus meinem zweiten Brief an Sai Baba. Damals floß mir der Satz spontan aus der Feder: »Ich bin aus Deutschland hergekommen, um meine Liebe einer göttlichen Mutter gegenüber auszudrücken.«

»Man kann nur das ausdrücken, was man hat«, sagt Ahamkara siegessicher.

Wenn es auch keine Liebe ist, so keimt doch eine tiefe Dankbarkeit für den Frieden dieses Platzes und die Fülle der Geschenke, die ich hier erhalte, in mir: für die raschen Antworten auf meine Fragen, die Erfüllung meiner Bitten, die innere Führung.

»Dankbarkeit ist der Weg, wie du dein Mißtrauen ihm gegenüber bewältigen, zur Hingabe finden kannst«, sagt mein inneres Wissen.

Die Hingabe ruht verschlossen in der Schatzkammer meines Herzens, abgeriegelt durch das Verdikt der Peinlichkeit, die Erfahrung der Lächerlichkeit, die ihr ungeübter Ausdruck in den Kindertagen hervorrief. Der vertraute Schmerz, der sich einstellt, wenn mich sein Lächeln berührt, dieses verschmitzte spitzbübische Lächeln, als lache er sich über einen gelungenen Scherz ins Fäustchen, er kündet von dem Öl, das in das verrostete Schloß der Eisentür geträufelt wird, die den Tempel der Hingabe verschließt, in die knarrenden Scharniere, die langsam gängig gemacht werden. Der Schmelz des Schmerzes läßt die Süße der Erfahrung ahnen, die ich suche, die Süße, die er ausströmen kann, die alles verzeihende, verstehende Wärme, das Mitgefühl.

Habe ich mich in den vergangenen zehn Jahren, in meinem inneren Exil, nicht danach gesehnt, so zu sein: Teil des Stroms, Teil des Bandes, das alle eint?

»Du mußt die Hingabe ausdrücken«, sagt Buddhi. »Du mußt die Tür von innen sprengen.«

»Das ist unmöglich«, sage ich. »Dafür reicht Jivatmans Kraft nicht aus. Ahamkaras Mißtrauen ist mindestens so stark wie Jivatmans Sehnsucht.«

»Du mußt sie ja nicht Baba gegenüber ausdrücken. Baba ist in jedem. Also kannst du jedem deine Dankbarkeit zeigen«, sagt Buddhi. »Sie fällt an dieselbe Quelle zurück.«

Zwei Tage später sitze ich unter dem Meditationsbaum, in meiner Naturkapelle, in dessen kühlem Schatten ich die Morgenstunden des Tages verbringe. Wenn die Bhajans vom Tempelgelände nach oben schallen, bleibe ich oft alleine dort, genieße die Stille und den Frieden dieses Platzes. Manchmal drängt sich die Hand des Bettlers in mein Bewußtsein. Auf den Stufen, die mich zum Baum hochführen, bittet er Vorbeigehende um Almosen. Meine kühle, abweisende Geste, mein »Nein« schneiden mir selber ins Herz, zumal ich ihn liebgewonnen habe. Sein voller, weißgrauer Bart verdeckt ein waches Gesicht und das verschlissene Gewand auf dem schlanken, sehnigen Körper verhüllt eine menschliche Würde, die sich darunter erhalten hat.

Doch wird das konsequente Nein in unerwarteter Weise belohnt. In den vergangenen zehn Tagen gesellte er sich zu mir, ohne mich anzubetteln. Zunächst streckte er sich unter dem Baum nur zum Schlaf aus. Aber bald wandte er sich mit gefalteten Händen dem Baum zu, wenn ich in die Stille versank.

Auch an diesem Tage sehe ich ihn zum Baum hinaufsteigen, als sich die Menge zum morgendlichen Bhajansingen zum Tempel hinunterbegibt.

»Du mußt ihm heute zehn Rupien geben, als Belohnung dafür, daß er nicht mehr bettelt«, sagt Jivatman plötzlich in meine Stille hinein.

»Kein schlechter Gedanke«, meint Buddhi, »vielleicht löst sich damit ein Teil der Anspannung, unter die das soziale Elend dich setzt.«

»Ja, vielleicht kann ich lernen, gelassener damit umzugehen, auch in dem konsequenten Nein warm und freundlich zu bleiben, unterscheiden zu lernen, wem ich was geben kann, ohne in diese Struktur hier blind einzugreifen«, überlege ich.

Das *Arati*, der Schlußgesang der Bhajans, ertönt. Noch zwanzig Minuten, dann beginnt die Vorlesung. Ich eile hinab, da halten meine Füße plötzlich inne.

»Du wolltest ihm doch zehn Rupien geben«, erinnert Jivatman.

In Stille versunken verharrt der Bettler unter dem Baum. Ich krame in der Tasche, kehre um, drücke ihm einen Zehn-Rupien-Schein in die gefalteten Hände, die kein Geld erwarten. Ich eile hinunter, ohne mich umzudrehen, werfe nur einen Seitenblick nach oben. Fassungslos starrt der Mann auf den Baum.

Mein Herz hüpft vor Vergnügen, hat er mich doch als Bote verstanden, als Instrument der Weisheit des Baumes, über den unser Gespräch gelaufen ist. Als ich am Nachmittag auf die deutsche Gruppe warte, um mich zum Darschan einzureihen, sehe ich ihn um die Ecke biegen. Die Haarpracht sauber gewellt, die abgewetzten Kleider ordentlich gefaltet, strebt er gemessenen Schrittes auf die Männerseite zu, um sich zum nachmittäglichen Darschan in den Tempelinnenhof zu begeben.

Auf dem Hügel zwischen Aschram und Campus treffe ich Anna. Die untergehende Sonne zieht rosa Streifen in das Beige der Federwölkchen auf dem blauen Grund des Himmels. Die weitausladenden Gebäude des Campus in ihrer blau-beige-rosafarbenen Pracht spiegeln sich im Kolorit der Abenddämmerung wider. Anna und ich genießen die Vielfalt der sich verändernden Schattierungen, die der ungekrönte Meister »Natur« in diese Landschaft malt.

Eilige Schritte, die sich ihren Weg durch das Gestrüpp des Hügels bahnen, unterbrechen den Fluß der Stille.

»Ach, Anna, ich habe dich gesucht, ich muß mit dir sprechen«, sagt eine atemlose Stimme. Die blauen Augen in dem schmalen, feinziselierten Gesicht sehen betrübt und verweint aus. Die langen blonden Haare, die Christiane sonst mit so viel Sorgfalt pflegt, hängen strähnig an ihr herunter.

Annas nach innen gekehrter Blick wendet sich nach außen, ruht ruhig und aufmerksam auf ihr.

»Ich habe eine solche Sehnsucht, ich komme damit nicht zurecht.« Anna schaut sie aufmunternd an.

»Seinetwegen bin ich hergekommen, aber er bemerkt mich nicht einmal. Er will doch, daß wir ihn lieben. Warum erhört er mich dann nicht?«

»Was heißt das für dich, daß er dich erhört?« forscht Anna nach.

»Ja, daß er mich ansieht, meine Briefe nimmt, mich anlächelt . . .«

»Das ist eine menschliche Form der Liebe, er aber verkörpert die universelle Liebe«, erwidert Anna sanft.

Christiane blickt sie verständnislos an.

»Diese Art der Sehnsucht könnte sich auf jeden Mann richten. Du möchtest äußere Zeichen seiner Liebe zu dir, und solange du diese Erwartung hast, wird er dich ignorieren.«

»Mit einem Mann habe ich das Ganze durchlebt. Deswegen richte ich mich direkt an ihn, weil es mit diesem Mann so frustrierend war.«

»Was würde geschehen, wenn er deine Erwartungen erfüllte?«

»Gestern hat er mich zum erstenmal angelächelt, und ich war im siebten Himmel. Heute ignorierte er mich, und ich vergehe vor Sehnsucht.«

»Und würde er dich zehnmal anlächeln, wäre deine Sehnsucht dann befriedigt?«

Sie überlegt. »Nein, wahrscheinlich würde ich immer mehr wollen.«

»Das ist die menschliche Form der Liebe. Ihre Bedürfnisse lassen sich nicht befriedigen, weil du ihre Erfüllung von etwas Äußerem abhängig machst, statt das Glück in dir selbst zu suchen. So kannst du nie Frieden finden.«

»Aber er ist doch Gott. Er kann mir endlos geben. Deshalb bin ich extra hergekommen. Ich habe schon keinen Vater gehabt, dann kann er mir wenigstens diese Sehnsucht erfüllen.«

Voll Mitgefühl sehe ich sie an. Diese Sehnsucht ist mir nur allzu vertraut.

»Wenn er ein Avatar ist, kann er kein Interesse daran haben, dich von seiner äußeren Form abhängig zu machen. Es kann nur darum gehen, daß du selber fähig wirst, so bedingungslos zu lieben«, sagt Anna.

»Diesen Schritt habe ich längst hinter mir. Diesen Mann, von dem ich gerade sprach, habe ich bedingungslos geliebt. An ihm habe ich das gelernt.«

»Wirklich?« frage ich skeptisch. »Bei meinen Lektionen in dieser Richtung habe ich eine Menge Männer ›verschlissen‹, und ich strample immer noch in den Begegnungen mit meinen Sehnsuchtsgefährten, obwohl ich sie mittlerweile lieben kann, ohne etwas von ihnen zu brauchen oder zu wollen, ohne daß sie meinen Vorstellungen entsprechen müssen.«

»Bei Männern ist das ganz was anderes. Die sind immer eine Enttäuschung. Damit will ich gar nichts mehr zu tun haben. Deswegen wende ich mich jetzt direkt an ihn.«

»Aha.« Sehr überzeugt klinge ich nicht. »Wenn du bedingungslos lieben kannst, warum liebst du Baba nicht bedingungslos?«

»Das tue ich ja. Weil ich ihn so liebe, bin ich ja hier.«

»Meinst du bedingungslos oder besinnungslos?«

Christiane seufzt. »Ich will doch nur, daß er mich genauso liebt, wie ich ihn.«

»Du willst äußere Zeichen seiner Liebe und Anerkennung, aber diese Rechnung geht schon im menschlichen Tauschgeschäft nicht auf«, sagt Anna.

»Das verstehe ich mit der Vernunft, aber in meinem Gefühl kann ich das nicht nachvollziehen. Ich will doch nur ihn.«

»Weißt du, was mir bei den Darschans aufgefallen ist?« berichte ich. »In regelmäßigen Abständen kommt mir die Idee, daß ich ihn nur erreichen kann, wenn ich heftig leide. Er sagt: ›*Am willkommensten sind mir die Leidenden, da sie für meine Botschaft offen sind.*‹ Also leide ich ab und zu, doch hat ihn das bislang nicht bewegt, mir seine Aufmerksamkeit zu schenken, und nach einem Tag schminke ich mir die Leidenspose ab. Wenn ich allerdings voller Unschuld, Freude und innerem Frieden dasitze und mich an dem ganzen Schauspiel erfreue, lächelt er mich an.«

»Vielleicht sollte ich das probieren«, überlegt sie.

»O nein, das ist keine Frage der Taktik, sonst geht's dir wie meiner Freundin, die mir vor meiner Abfahrt erzählte, nun warte sie schon ein halbes Jahr lang auf keinen Mann mehr, und er sei immer noch nicht erschienen.«

»Entscheidend ist, ob du innerlich keine Erwartungen mehr hast, wirklich nicht enttäuscht bist, wenn er dich nicht beachtet«, sagt Anna.

»Bist du nicht enttäuscht, wenn er dich nicht bemerkt?«

»Nein, mein Herz weitet sich auch, wenn ich ihn mit anderen scherzen, sprechen oder lächeln sehe. Denn das gilt mir als Teil des Ganzen ebenso. Sein Anblick öffnet mein Herz, und von dieser Quelle aus möchte ich hinausgreifen in die Welt. Das wird aber in dem Moment unmöglich, in dem ich mich auf ihn in seiner äußeren Gestalt fixiere und nicht mehr sehe, was dahintersteht. Dann will ich nur noch ihn und verliere das Interesse an anderen Menschen.«

»Aber wir sollen doch nur ihn wollen. Das sagt er doch immer wieder: ›*Richte deine Aufmerksamkeit auf mich, konzentriere dich auf mich, löse dich von den Illusionen dieser Welt.*‹«

Anna nickt. »Innerlich sollst du dich auf ihn konzentrieren, nicht äußerlich. Du suchst nach seiner Bestätigung, machst deine Liebe an seiner Anerkennung für dich fest und bist damit von ihm abhängig. Wenn er dich anlächelt, schwebst du im siebten Himmel, ignoriert er dich, bist du enttäuscht und traurig. Und dann ist er nichts anderes als der unerreichbare Vater, nach dem sich die Sehnsucht unerfüllt und endlos verströmen kann.«

»Ja, das stimmt«, pflichtet ihr Christiane betrübt bei. »Ich habe so oft über diese Frage nachgegrübelt, sehe aber keine Lösung.«

»Mit Grübeln und Nachdenken ist die Frage nicht zu lösen.«

»Wie denn?«

»Indem du durch diesen Prozeß so lange hindurchgehst, bis du Baba loslassen kannst, statt ihn festzuhalten wie beim Nachdenken.«

»Diese Aussicht finde ich auch nicht tröstlich.«

Einige Tage nach unserem Gespräch begegne ich Christiane am Schapatistand.

»Es geht mir toll«, berichtet sie aufgeregt, »das Problem hat sich aufgelöst. Ich habe gemerkt, daß ich die Form nicht aufgeben muß, um ihn innerlich zu erleben. Jetzt brauche ich seine äußeren Signale nicht mehr, und es ist mir auch nicht mehr wichtig, ob ich vorne oder hinten sitze. Ich spüre ihn gleichermaßen.«

»Oh«, sage ich überrascht.

»Weißt du«, fährt sie rasch fort, »ich wollte *Malas*, Gebetsketten, für Leute aus meiner Gruppe in Deutschland segnen lassen. Aber jetzt kann ich das nicht mehr tun, weil ich weiß, daß es nicht darum geht.«

»Hhhmmm . . .« Ich zögere. »Das eine schließt das andere nicht aus.«

»Nein, nein. Jetzt, wo ich das verstanden habe, will ich nicht, daß die anderen sich auf ihn und die äußeren Zeichen fixieren.«

»Ich fürchte, du kannst diesen Prozeß keinem ersparen, der ihn durchleben muß.« Wir sprechen über Partnerschaft. Ich berichte, daß ich Baba bat, mir einen Gefährten an die Seite zu geben.

»Ich kenne etliche Frauen, die das wollten. Ihnen empfahl Baba, sich doch nicht unglücklich zu machen«, sagt Christiane.

»Merkwürdig«, stutze ich. »Bisher hörte ich nur von Paaren, die er zusammengeführt hat, zum Teil mit drastischen Methoden.«

Ich nenne einen Italiener, der nicht heiraten wollte und fluchtartig den Aschram verließ, als Baba ihm seine zukünftige Frau vorstellte. Als er Monate später in den Aschram zurückkam, war der Platz geschmückt. »Oh, hier ist ein Fest im Gange«, dachte er erfreut. Baba kam ihm strahlend entgegen. »Der Bräutigam kommt zur rechten Zeit, die Braut wartet schon.« Und Baba hat sie getraut.

Christiane hört ungläubig zu.

»Und einer Frau drückte er einen Zettel in die Hand, zeigte zur Männerseite und sagte: ›Geh doch mal 'rüber zu deinem Ehemann und gib ihm den Zettel.‹ Mir sind mindestens ein halbes Dutzend solcher Geschichten erzählt worden.«

»Merkwürdig«, sagt Christiane, »davon habe ich noch nie gehört. Und wie ergeht es diesen Paaren?«

»Oh, unterschiedlich. Sie leben nicht im siebten Himmel, wie man naiverweise meinen könnte, wenn der liebe Gott selber in seinem unerschöpflichen Ratschluß die Menschen zusammenfügt. Viele Beziehungen sind Aufgaben, Abarbeitung karmischer Bürden, wie man hier zu sagen pflegt.«

»Ich will keinen Partner mehr«, sagt Christiane. »Ich bin so erfüllt von der inneren Liebe . . .«

»Erst dann kannst du einen Partner finden. Alle anderen Wahlen sind neurotischer Art. Sie wurzeln in den unerfüllten Kinderträumen statt in einer gemeinsamen Aufgabe.«

»Darüber muß ich nachdenken.«

Eine Woche später treffe ich Christiane nach dem Darschan, sie hat Tränen in den Augen.

»Heute saß ich in der ersten Reihe. Ich war so froh, so voller Erwartung. Er hat mich keines Blickes gewürdigt. Die alte Enttäuschung, Verletzung ist wieder aufgebrochen.«

»Nimm es als Geschenk, denn je größer die Probleme, um so stärker die Kraft, die nach Entfaltung und Bestätigung drängt.«

»Das kann ich nicht so sehen.«

»Dann nimm es als weitere Runde in der ›Waschmaschine‹‹«, sage ich tröstend. »So schnell befreien wir uns nicht von den Schlacken der Vergangenheit.«

Die Gespräche mit Christiane rühren an meine eigenen Gefühle von Unzulänglichkeit. Wo ist mein Verlangen nach der Liebe, deretwegen ich herkam, geblieben? Angesichts der vielen sehnsüchtigen Blicke, die sich auf Baba heften, gerate ich manchmal in Zweifel darüber, wie gut es um meine Liebesfähigkeit bestellt ist. Ich nütze die Gelegenheit meines Spaziergangs mit Charles durch die Felder Whitefields, um ihn danach zu fragen.

»Weißt du, die Frage, mit der so viele hier ringen, nämlich ob Baba sie liebe, stellt sich mir gar nicht, weil mich die Frage, ob ich ihn liebe, viel zu sehr beschäftigt.«

»Die Frage ist unerheblich«, unterbricht mich Charles, »was interessiert es das Licht, ob die Dunkelheit es liebt?«

»Dem Licht mag es egal sein, aber mir nicht«, protestiere ich. »Was heißt es, ihn zu lieben? Muß ich mir all die Qualitäten aneignen, die ich an ihm beobachte: die Gelassenheit, den Gleichmut, die Wärme, die Zuwendung, mit der er die Reihen entlangschreitet und auf die Bedürfnisse der einzelnen eingeht? . . .«

». . . oder auch nicht«, wirft Charles dazwischen, »er ist davon unberührt.«

»Trotzdem strahlt er das aus . . .«

»Wenn er will . . .«

»Und dann dieser Anspruch, alle zu lieben, allen zu dienen: Dieser Schuh ist mir zu groß.«

»Du gehst zu intellektuell an die Frage heran. Es ist keine Frage der Quantität, sondern der Qualität, Herz zu Herz, Liebe zu Liebe. Mit dem Intellekt kannst du einen großen Teil des Weges zurücklegen, aber das letzte Stück muß Baba dich ziehen, und wann er das tut, liegt nicht an dir.«

»Müssen wir nicht unseren Anteil daran leisten? Sagt er nicht, daß sein Herz nur schmilzt, wir seine Gnade nur gewinnen, wenn unsere Sehnsucht, die Qual des unerfüllten Ziels, es berührt?«

»Der Teil in dir, der seine Gnade will, ist der Gott in dir, und dessen Gnade hast du sowieso. Natürlich mußt du deine Pflicht tun. Die Bedingungen dafür kennst du: Dharma — rechtes Reden, rechtes Denken, rechtes Tun. Aber seine Liebe ist unabhängig von deiner Tat. Sie ist bedingungslos.«

Die Antwort befriedigt mich nicht.

»Dann ist es gleichgültig, was ich tue. Das kann nicht sein. Baba sagt, er habe die Macht, Staub in Gold zu verwandeln, aber nicht die Macht, die Herzen der Menschen zu sich zu ziehen. Wenn der Mensch sich entscheidet, sich der Welt zuzuwenden, kann er nichts tun. Dann überläßt er ihn seinem Karma. Geht der Mensch jedoch einen Schritt auf ihn zu, kann er ihm zehn, hundert Schritte entgegengehen.«

»Der Mensch hat eine Spielecke im göttlichen Plan. Aber auch, wenn er vom Licht nichts wissen will, auch wenn er nicht an die Liebe glaubt, bleibt er dennoch im Feld der Liebe. Daß er von ihr nichts wissen will, ändert nichts daran, daß sie existiert. Sie ist unabhängig davon, ob sie erkannt wird oder nicht.«

»Aber meine Befreiung aus der Welt der Illusionen ist doch nicht unabhängig von dem, was ich tue«, hake ich nach.

»Nein, wenn die Dunkelheit auf das Licht zustrebt, beschleunigt sie ihr Ende. Aber das ist sein Plan, nicht dein Plan.«

»Ach, Charles, das Problem mit dir ist, daß du diese Fragen immer vom Absoluten her siehst, während ich sie mit meinem kleinen menschlichen Verstand zu begreifen suche«, stöhne ich.

»Das Problem mit dir ist«, lacht Charles, »daß du diese Fragen von deinem Verstand her zu erfassen suchst, und dabei sind sie nur mit dem Herzen zu erfahren. Und außerdem klingt dein Ich viel zu stark durch. An dem Punkt der Hingabe bist du noch lange nicht. Aber das macht nichts. Je mehr sich das Ich aufbläht, um so heftiger wird es zusammenfallen, bis du die Lektionen begreifst.«

»Danke für die tröstlichen Worte«, lache ich nun. »Die habe ich sonst für die anderen übrig.«

»Wie du es auch drehst und wendest, du kannst ihn nicht umgehen«, meint Buddhi. »Er ist nicht nur göttliches Prinzip. Er ist auch äußere Gestalt.«

»Mein Bild von ihm«, sagt Irmgard, die über die Fähigkeit der Geistheilung verfügt, »ist das Bild einer großen Lichtfläche, vor der links unten in der Ecke ganz klein das Bild des Avatars erscheint.«

»Und wir?« frage ich. »Sind wir nicht auch kleine Bilder vor der großen Fläche? Wird unsere menschliche Rolle nicht genauso von ihm gespielt wie die Rolle des Avatars? Sind wir nicht alle nur Ausdruck, Formen desselben kosmischen Bewußtseins, wir in unserem begrenzten menschlichen Bewußtsein, das seine Herkunft ›vergessen‹ hat, er in seinem unbegrenzten kosmischen Bewußtsein?«

»Schon, schon«, sagt Buddhi, »nur, was hilft dir das?«

»Er ist der Äußere, und doch weiß ich, daß dahinter ein anderer steckt, und den will ich. Er ist nicht der, als der er erscheint.«

»Aber der ist er auch. Und der ist dir schwieriger als das allgemeine Prinzip«, tadelt Buddhi.

»Ja, leider.«

Annäherungen

Ich sitze in Whitefield unter einem schattenspendenden Wellblechdach, das unter den Ästen eines riesigen Baumes angebracht ist. Dessen Zuordnung im Reich der Pflanzen verliert sich in allerlei Spekulationen. Aschokabaum, sagen die einen, Gummibaum, Feigenbaum die anderen, jedenfalls ein heiliger Baum, meinen die dritten. Affen toben über das Dach, dann über die Mauer, die den College-Bereich von den kleinen Läden auf der gegenüberliegenden Straßenseite trennt. Die Affen verschwinden im Geraschel der Kokospalmen, die die Mauer von innen verdecken.

Vor der Mauer haben sich die Händler und Bettler aufgebaut. Sie erscheinen, sobald Babas Anhänger eintreffen, die ihm von Puttaparthi aus hierher folgen oder von Bangalore und der näheren Umgebung per Bus, Rikscha oder Taxi zum morgendlichen Darschan anreisen.

Babas Mitarbeiter kündigen sein Kommen an. Ehrerbietig säumen sie den Weg an dem Torbogen, aus dem er hervortritt, wenn er seinen Studenten den Morgensegen erteilt hat. Sein orangefarbenes Gewand, die schwarze Lockenpracht tauchen auf. Einige Mitarbeiter treten vor, knien nieder. Ein kurzes Gespräch, einige Anweisungen, und bedächtig schreitet er die fünfzig, sechzig Meter auf die wartende Menge zu.

Erwartungsvoll blicke ich ihm entgegen. Während der Nacht hat sich eine neue Sehnsucht in mein dämmerndes Bewußtsein gedrängt. Ich möchte seine Füße berühren, ihm meine Ehrerbietung darbringen, mich an seine Füße heften.

»Wenn ein Mensch eine Straße entlangwandert«, habe ich in einem von N. Kasturis Büchern gelesen, »dann gleitet sein Schatten unversehrt über Matsch und Sträucher, Löcher und Buckel, weil sich der Schatten, wie man sieht, an die Füße geheftet hat. Der Mensch ist Gottes Schatten. Er kann die Hürden des Lebens und die Stockungen auf dem spirituellen Pfad überwinden, wenn er sich an Gottes Füßen festhält.«

Mein Steuerberater fällt mir ein.

»Nach Indien wollen Sie?« Seine Augen zwinkern mich in mitwissendem Vergnügen an. »Wie wollen Sie da zurechtkommen mit dem Bild, das die Inder von Frauen haben?«

Und er berichtet: »Meine Kusine ist mit einem Inder verheiratet, und als sein Vater zu Besuch kam, legte er sich auf dem Flughafen vor ihm auf den Bauch und küßte seines Vaters Füße. Wissen Sie, sonst ist er ganz normal, steht voll im Geschäftsleben, aber das ist seine indische Vergangenheit. Die setzt sich in solchen Situationen durch. Und dann war er noch ganz entrüstet, daß meine Kusine sich geweigert hat, das mitzumachen.«

Er sieht mich an, meines Beifalls sicher. Ich schweige vorsichtshalber.

»Na, liebe Frau Doktor, so was würden Sie doch auch nie tun«, hakt er nach. »Menschen, die hier im Westen aufgewachsen sind, können sich dazu nicht herablassen.«

»Sicherlich bindet uns unsere Geschichte und unsere Kultur, und bestimmt ist uns solch ein Verhalten erst einmal fremd«, sage ich,

»doch wer weiß, wozu wir unter anderen Bedingungen in der Lage sind.«

»Na ja«, lächelt er mir jovial zu, wie einem uneinsichtigen Kind, das erst noch durch Erfahrung klug werden muß, »ich sehe Sie ja bald wieder. Lange werden Sie es in diesem Land nicht aushalten.«

Während Baba seinen Rundgang durch die Reihen in Whitefield beginnt, zieht mich meine Erinnerung nach Puttaparthi zurück.

Ich sitze auf dem Eckplatz unter der »Löwinnen-Arkade«. Baba steht vor dem Block der Frauen, nimmt Briefe an, die ihm von hinten gereicht werden. Die Frauen aus der ersten Reihe greifen nach seinen Beinen und seinen Füßen. Ich habe Zeit und Muße, mich in eine Situation einzufühlen, die mir fremd ist, die mich mal fasziniert und anzieht, mir mal unterwürfig und respektlos erscheint. Die bei großen Festen nach vorne drängenden Frauen, die um jeden Preis seine Füße zu fassen suchen, stoßen mich ab. Ich werde nicht gerne körperlich bedrängt. Von daher mag ich nicht in den persönlichen Raum eines anderen eingreifen, auch nicht in Babas.

Die indische Sitte, die Füße heiliger Männer zu berühren, schützt sie davor, daß sich die Menschen auf ihr Gesicht oder ihren Körper werfen, um sich, den negativen menschlichen Pol, an den positiven göttlichen anzuschließen. Wenn ich die Menschenmassen zu den großen Festen im Aschram auf Baba zustürzen sehe, kann ich mir unschwer vorstellen, daß sie ihn erdrücken würden, gäbe es keine durch Sitte gebundenen Regeln und die äußeren Bewacher. Ich weiß, ich brauche seine ausdrückliche Erlaubnis, seine Füße berühren zu dürfen.

Er schreitet durch die Reihen in Whitefield, nähert sich meinem Platz. Ich nehme meinen Mut zusammen, frage ihn laut, als er an mir vorübergeht. Er reagiert nicht.

Am Nachmittag warten wir auf die Schar der Studenten, die zum Darschan und Bhajansingen in den Privatbereich Babas eingeladen sind. Ein Torbogen, der von zwei Wächterhäuschen mit den himmlischen Wächtern *Dschaja* und *Widschaja* eingefaßt ist und auf dessen Höhe zwei Engel das Sarva-Dharma-Symbol hüten, künden von einer anderen Welt als der des Campus. Hinter diesem Tor zum Allerheiligsten liegt die »Lotosresidenz« Babas und das Wildgehege, in dem sich Damwild, Hirsche und Schwäne tummeln. Das satte Grün der üppig wachsenden Vegetation steht in unübersehbarem Gegensatz zu den struppigen Kokospalmen vor der Vorlesungshalle, die sich im Vergleich zu den beiden stattlichen Gebäuden des Internats mit seinen Kuppeln, Säulen, Lotosblüten wie das Gesindehaus ausnimmt. Auch die Aschokabäume, die die Seitenflügel zu bewachen scheinen, können mit der Kraft der ›paradiesischen‹ Vegetation vor und jenseits der kleinen rosafarbenen Mauer nicht Schritt halten.

Die hohen Baumkronen schützen das 1984 erbaute Lotoshaus vor der Sicht neugieriger Besucher. Achtzehn Markisen wölben sich wie Lotosblüten über den Fenstern. In diesem Haus findet das abendliche Bhajansingen statt. Ein auserlesener Kreis von Gästen — Baba, seine Studenten und einige Geladene — ist zu diesem Ereignis zugelassen, das alle vier bis acht Wochen stattfindet, wenn Baba sich in Whitefield aufhält. Für die Schar der Anhänger beschränkt sich der Kontakt mit ihm auf den morgendlichen Darschan und einen Blick durch das Tor in seinen Privatbereich, wenn er die Studenten dort empfängt.

An deren Stelle erscheinen an diesem Nachmittag die freiwilligen Mitarbeiterinnen. Sie weisen uns auf dem gelben Sand in Reihen ein. Dem erfreuten, aufgeregten Gemurmel entnehme ich, daß wir zum Bhajansingen in der kleinen Halle zugelassen sind. Das Losverfahren, das über die Reihenfolge entscheidet, in der wir in die Halle einziehen, beschert mir einen Platz ganz vorne. Ich sitze direkt hinter den Studentinnen, genieße Baba über zwei Stunden in der Form, die mein Herz öffnet und mir am leichtesten Zugang zu ihm gewährt. Er schäkert mit den Studenten, die »Please, Swami, please!« (bitte) rufen, schüttelt verneinend den Kopf, legt ihn schief, fragt »Äääähhh?«, wenn einer seiner Schüler ihm etwas zuruft. Der Schalk lacht aus seinen blitzenden Augen. Süße und Wärme strömen von seinem Gesicht. Ich sauge sie auf.

Als mich am nächsten Morgen Babas Blick bei seinem Rundgang im Darschan kurz streift, drängt sich unvermittelt der Gedanke in mein Bewußtsein: »Ach, Swami, du weißt doch, ich möchte so gerne mal deine Füße berühren.« Zu meiner Überraschung kehrt er um, spricht eine Frau neben mir an, fragt, woher sie komme. Dann stellt

er mir seinen linken Fuß so zwischen die Beine, daß ich mit den
Händen nur hinunterzufassen, den Kopf nur leicht zu beugen brauche. Einen kurzen Moment zögere ich. Bin ich gemeint? Dann greifen meine Hände zu. Im Bruchteil von Sekunden eile ich zurück
durch die Zeit, schrumpfe zu einem winzigen Menschlein zusammen, das sich mit seinen Patschhändchen an das so unerwartet vor
ihm stehende Elefantenbein klammert. Ich laufe leer, wie anfangs
unter seinem Blick. Ein schmerzhafter Punkt in der Tiefe des Herzens, den der Strahl seines Blickes vor Tagen getroffen hatte, bricht
auf und weitet sich. Mit einer Mischung aus Freude, Trauer und
Sehnsucht bleibe ich zurück.

Die nachmittägliche Gunst der Teilnahme am Bhajansingen bleibt
uns für vier Tage erhalten. Ich sitze in der Halle und schaue fasziniert dem Spiel des schalkhaften, mal verschmitzt lachenden, mal
mütterlich warmen, mal belehrenden Baba zu, das mein Herz berührt.

Jeden Tag beordert er einige der Lektoren auf die Bühne. Sie un-
terweisen die Studenten.

»Ihr ruft seit Tagen: ›Bitte, Swami, bitte‹, doch geht es nicht darum, daß er euch einen Gefallen tut, sondern ihr ihm.«

»Liebe ist Selbstlosigkeit. Swami ist für alle da. Er möchte, daß alle
glücklich sind, dann ist auch er glücklich.«

»Seine Gegenwart auch ohne seine physische Präsenz zu spüren,
ist der Test für die wirkliche Hingabe.«

Baba hebt selber zur Rede an. Er weist auf den Widerspruch zwischen der Liebe zu Gott, die wir auf den Lippen tragen, und den
Herzenswünschen, die nach den weltlichen Früchten verlangen, hin.
Charakter sei das wichtigste im Leben, nicht Reichtum, sagt er. Diese Weisheit alter Zeiten hätten wir vergessen. Geld könne Nahrung
kaufen, aber keinen Appetit, medizinische Versorgung, aber keine
Gesundheit, Medizin, aber keine Immunität, Diener, aber keinen guten Willen, Bequemlichkeit, aber kein Glück. Wir zerstörten unser
Leben durch uns selber. Nur wenn wir unser Verhalten änderten
und dem spirituellen Pfad folgten, könnten wir Freude und Liebe
finden.

Die Studenten wehren sich. Offen, mutig und geschickt ergreift

ihr Vertreter das Mikrofon. »Wir wollen den Westlern nicht die
göttliche Zuwendung entziehen, aber sie muß ihnen ja nicht zur gleichen Zeit und im gleichen Raum zufließen wie uns. Und natürlich
ist es ein Unterschied, ob die Bhajans hier stattfinden oder drüben
im Lotoshaus. Wenn Swami in Puttaparthi ist, leiden wir weniger
unter seiner physischen Abwesenheit als jetzt, wo er da ist und doch
nicht für uns da ist. Wir geben uns alle Mühe, Swamis Pfad zu folgen, aber wir machen Fehler, denn wir sind menschlich. Zur Zeit
wissen wir nicht, wofür wir bestraft werden. Was haben wir falsch
gemacht?«

Wir erfahren es nicht. Doch haben die Studenten sein Herz zu-
rückerobert. Wir sind von den nachmittäglichen Veranstaltungen
ausgeschlossen. Die Studenten ziehen wieder ins Lotoshaus ein.

»Geschickt macht er das«, sage ich zu Anna. »Uns macht er eine
Freude und zugleich setzt er uns als Erziehungsinstrument für die
Studenten ein: des einen Freud, des anderen Leid.«

»Oh, Swami entzieht seinen Mitarbeitern und Studenten seine
physische Gegenwart auch ganz, wenn sie Konflikte in Gegnerschaft
und Streit zu lösen suchen statt in Einheit.« Und sie berichtet: »In
Whitefield war er anderthalb Jahre nicht. Gleich nach der Einwei-
hung des Lotoshauses ist er entschwunden, als es dort Unstimmig-
keiten gab.«

»Liebesentzug ist ja auch bei uns eine bewährte Erziehungsme-
thode.«

»Kein Liebesentzug, sondern körperlicher Entzug. Im Geiste und
in seiner Liebe ist er mit ihnen.«

»Ja, aber er zwingt sie zum Nachdenken und zur Änderung des
Verhaltens.«

»Und wie steht es bei dir damit?«

Sanft, aber unnachgiebig klopft Jivatman an die Pforte meiner inneren Abstellkammer, in der ich das Unbehagliche unterbringe.

»Wovon sprichst du?« frage ich irritiert.

»Bist du nicht hergekommen, um deine Liebe einer göttlichen
Mutter gegenüber auszudrücken?«

»Na, das habe ich doch schon getan, dem Bettler gegenüber«, wehre ich mich. »Und außerdem habe ich mich an der Arbeit mit Markus beteiligt.«

»Das ist nicht dasselbe«, findet Jivatman.

»Wieso, Gott ist in jedem«, protestiere ich.

»Eben, auch in ihm.«

»Ja«, seufze ich, »aber man muß ja seine Liebe nicht zur Schau stellen.«

»Drücke dich nicht«, mahnt Jivatman. »Du weißt es besser...«

Ich lasse Baba ein Blumenbouquet binden, verberge es sorgfältig in meiner Tasche. Das Losverfahren verweist mich in die letzte Reihe. Teils erleichtert, teils traurig schenke ich mir die Blumen selber.

Am nächsten Tag, einem Sonntag, kaufe ich ihm zwei Rosen. Ich suche nach einer Knospe, die sich gerade öffnet, finde keine geeignete. Es ist Bhajantag in Whitefield: den ganzen Tag über füllen die heiligen Gesänge den Platz unter dem Baum. Die Krischna-Statue im Mittelkreis des Platzes, auf dem wir sitzen, ist mit vielen Girlanden bekränzt. Auf den Lehnen des roten Sessels, der zu dieser Gelegenheit neben der Statue aufgebaut wird und auf dem Baba Platz nimmt, liegen Rosen. Viele Menschen sind wegen dieses Tages aus Bangalore nach Whitefield gekommen. Sie bringen Blumen und Girlanden nach vorne. Ich sitze wieder hinten, habe keine Möglichkeit, ihm die Rose zu geben. Ein Gefühl der Peinlichkeit hält mich gefangen.

»Mein Gott, Ulla, du bist doch nicht mehr in der Pubertät, daß du mit Rosen rumläufst wie zum ersten Rendezvous«, sagt Ahamkara.

»Du wolltest deine Liebe ausdrücken, und das heißt, öffentlich zu ihr zu stehen«, mahnt Jivatman.

»Findest du es nicht etwas albern, dich von ihm so abhängig zu machen?« hakt Ahamkara nach. »Schämst du dich gar nicht? Du bist doch kein kleines Kind mehr?«

Ja, ich schäme mich, stelle ich fest. Es ist mir peinlich. Aber die Abhängigkeit fürchte ich nicht. Zu deutlich spüre ich, daß mich seine körperliche Form nicht bindet. Der Wall, den es zu durchbrechen gilt, ist der Spott, die Lächerlichkeit. Zu schwer lasten die Schatten der Vergangenheit auf solch einem kindlichen Ausdruck der Liebe, zu sehr widerspricht er dem erlernten Erwachsenenverhalten, dem, was sich geziemt. Doch mit der Peinlichkeit regt sich in mir gleichzeitig die Freude darüber, daß die kindliche Quelle hinter dem Schutzwall der Souveränität nicht versiegt ist und wieder anfängt zu sprudeln.

»Bring die Rosen nach vorne. Das ist eine gute Gelegenheit, die Peinlichkeit zu überwinden«, sagt Buddhi.

Ich lege sie vorne auf die Brüstung, setze mich, innerlich errötend, wieder auf meinen Platz zurück.

»Nutze diese gute Gelegenheit, die Schwelle der Lächerlichkeit zu überschreiten«, mahnt Buddhi, »und bringe ihm so lange Blumen mit, bis dir diese Geste selbstverständlich geworden ist.«

Am nächsten Morgen finde ich eine dunkelrote Knospe, deren äußere Blätter sich gerade entfalten. Mit Vergnügen halte ich sie in der Hand, lege sie beim Warten offen neben mich.

»Diese Rose stimmt als Ausdruck deines Herzens«, befindet Jivatman.

»Keine Peinlichkeit mehr, nur leichte Unsicherheit«, registriert Buddhi.

Vor mir sitzt eine Mutter mit ihrem Sohn. Seine Hand umfaßt eine gelbe und eine rosarote Rose. Mit pochendem Herzen halte ich Baba meine Knospe entgegen, bitte ihn innerlich, sie zu nehmen und nicht nur zu segnen. Ohne hinzuschauen, greift er sie, läßt sie der Frau vor mir in den Schoß fallen, während er mit den Fingerspitzen auf die Blüten des Jungen tippt. Einen Moment lang bin ich traurig, daß er sie nicht behalten hat, dann bricht das Glück sich Bahn.

»Er hat genau das getan, worum du ihn gebeten hast«, sagt Jivatman, »der Mann im Türrahmen zu sein, durch den und über den du in universeller Liebe in die Welt hinausgreifen kannst. Er ist das Verbindungsglied zwischen dem anderen und dir, das allgemeine Prinzip, das alle verbindet.«

Ich bitte die Frau vor mir, die über das unerwartete Geschenk gerührt ist, um ein Blatt dieser Rose. Der Kreis ist geschlossen.

Zum Festtag der Göttin des Gesangs *(Gita)* werden wir noch einmal zur Vorlesung in die Halle zugelassen. Baba steht vorn, schreibt mit seinem Finger in die Luft.

»Wenn du mich meinst, mußt du mich schon anschauen«, denke ich, »sonst verstehe ich dich nicht.«

Zu meiner Überraschung wendet er sich mir zu. Kann er meine Gedanken lesen? Prompte Reaktionen auf meine inneren Fragen verblüffen mich immer wieder aufs neue.

Er schreibt mit großen Buchstaben in die Luft.

»Ich schreibe doch schon«, sage ich innerlich und lache vergnügt über den Dialog.

Er lacht zurück, lacht mich voll und warm an. Der Strom in meinem Herzen beginnt zu fließen.

»Hast du gesehen, wie er zu uns beiden 'rübergelacht hat?« Meine Nachbarin stößt ihre Freundin an.

»Ja, und vorher hat er *Love* in die Luft geschrieben.«

»Nein, nein, er schreibt *Karma* um.«

»So hat jeder seine Interpretation«, denke ich.

Der Strom verbreitert sich, füllt das Gefäß in meinem Herzen, in dem sich statt des Klumpens an Schmerz, der diesen Teil bewohnt hat, ein tiefer See gebildet hat. Ein Kranz von Schmerzen liegt noch abgelagert am Ufer, strömt von Zeit zu Zeit in die Brust und in den Arm aus. Es ist die schmerzhafte Sehnsucht, nicht der Schmerz der Bitternis, sondern der Schmerz der Süße, nicht der Schmerz der Entsagung, sondern der Schmerz der Erfüllung, eine Liebe, die mich nicht fängt, die mich frei sein läßt, die mich füllt, eine Liebe ohne Reserve, ohne Zensur, und doch nur ein Anfang.

Eine stille Sehnsucht entsteht, seine Füße zu berühren, meine Stirn auf sie zu betten. Ich möchte seine Wangen streicheln, Mamas Wangen, ganz zart, ganz behutsam in dem Bewußtsein der Kostbarkeit, die meine Hände umschließen.

Liebe und Wahrheit

Im warmen Wind liege ich auf den Felsen von Puttaparthi, die noch die Hitze des Tages in sich tragen. Der volle Mond taucht mich in sein gelbfahles Licht. Unbehelligt vom Neonlicht der großen Stadt entfalten die Sterne am nachtblauen Himmel ihre ganze Herrlichkeit. Ich möchte in die Unendlichkeit des Firmaments entschwinden.

»Was ist Liebe?«

Die Frage trifft mich wie ein Schock. So viele Tagessprüche habe ich dazu gelesen, so viele Reden von Baba gehört. Doch habe ich keine eigene Antwort. Ich befrage Jivatman.

»Sie ist die Quelle, die sich nie erschöpft, sich füllt, indem sie gibt, und alles durchdringt«, antwortet es.

»Und was heißt das konkret?«

»Das, was du erfahren hast, als du dem Bettler unter dem Meditationsbaum gabst.«

Die Antwort befriedigt mich nicht.

»Ist Liebe eine Qualität des Lichts? Der Strom, der es speist? Was ist sie?«

»Sie ist der Weg zu Gott«, sagt Jivatman.

»Liebe allein kann die Göttlichkeit offenbaren, die in allem verborgen ruht. Liebe ist Gott. Lebe die Liebe. Die Liebe lebt, indem sie gibt und vergibt. Das Selbst lebt, indem es nimmt und vergißt. Liebe ist Selbstlosigkeit. Selbstsucht ist Lieblosigkeit. Vergeude dein Leben nicht, indem du den engen Interessen des Selbst nacheiferst. Werde, was du wirklich bist: die Verkörperung der Liebe«, mahnt der Tagesspruch vor dem Fest der Liebe.

»Alles schön und gut«, meint Buddhi. »Nur, was heißt das genau?«

Ich ziehe mich in das Schweigen zurück, bewege die Frage in meinem Herzen und in meinen Gedanken. Ich finde keine Antwort.

Am nächsten Morgen berichtet Sarah mir von einem Traum: Sie sah Charlotte, eine Frau, die im Aschram oft verloren wirkt, eher schlampig herumläuft und außerhalb dieser Welt zu leben scheint, in voller Schönheit. Charlotte hielt ein Bild von sich in der Hand. Baba blickte darauf und sagte: »Sehr hübsch.« Eine Klassenkameradin, die sonst immer sehr häßlich und intellektuell wirkte, erschien in vollendetem Liebreiz und sagte: »Ich bin gekommen, um euch allen in die Augen zu schauen.« Sarah war hingerissen von ihrer Anmut. Baba wandte sich Sarah zu, strich mit den Händen von den Hüften an ihren Beinen herunter. Sie legte ihre Hände auf seine Hände und vollzog die Bewegung mit.

»Ja, schönen Dank für die Antwort«, sage ich hocherfreut. »Liebe ist nicht intellektuell zu begreifen. Sie ist kein theoretisches Kon-

zept. In der Begegnung mit anderen müssen wir sie erfahren und leben. Die Seele eines jeden ist schön. Jeder ist hinreißend, wenn ich
ihn liebend wahrnehme, weil ich dann sein positives Bild erschaue,
erkenne, wohin er sich entwickeln könnte.«

Während Sarah mir den Traum erzählt, betritt Charlotte die Kantine. Wir sehen sie an, wir sehen einander an. Wir können ihre
Schönheit hinter der schlampigen Fassade erfassen.

»Was wäre das für eine Welt, was für ein Leben, wenn ich andere
immer so sehen könnte«, seufzt Sarah.

»Dazu muß sich die Liebe vermutlich mit der Wahrheit verbinden.«
Verständnislos fragt Sarah mich: »Und was heißt das?«

»Ich bin nicht mehr sicher. Bisher meinte ich, es sei die Verknüpfung der Fähigkeit, sich zu verströmen, mit der Fähigkeit, zu unterscheiden, so daß die Liebe sich nicht ausbeuten läßt, die Wahrheit
nicht kalt wird. Jetzt stellt sich die Frage für mich auf der kosmischen Ebene. Seit Tagen wühlt sie in meinem Inneren und drängt
nach einer Antwort. Es ist so, als hätte ich beide Teile in je einer
Hand und müßte nur in die Hände klatschen, um sie zusammenzu-
bringen. Doch weiß ich nicht, wie man klatscht.«

»Warte mal. Wenn ich mich recht erinnere, hat JOHN HISLOP
Baba danach gefragt.«

»Und? Was sagt er dazu?«

»Das muß ich nachsehen.«

Als ich tags darauf mit Anna auf den Hügel zwischen Campus und
Aschram hinaufsteige, um die Strahlen der wärmenden Wintersonne
zu genießen, sehe ich Sarah auf einem Stein sitzen, in ein Buch ver-
tieft.

»Ich habe die Stelle gefunden«, ruft sie mir zu.

Ich warte.

»Hislop hat nach dem Licht Gottes gefragt, und Baba antwortete,
das Licht Gottes sei da, wenn sich die Wahrheit mit der Liebe ver-
bände.«

»Wonach suchst du?« fragt Anna.

»Ich frage mich, worin Liebe und Wahrheit sich unterscheiden
und was sie verknüpft. Wegen beiden bin ich hergekommen, und
mir ist so, als sei die Verbindung zwischen beiden der Schlüssel zu ei-

ner Tür, hinter der sich das Geheimnis verbirgt, dem ich auf der Spur bin.

Sarah hat währenddessen N. Kasturis Buch über Sai Babas Wohnsitz *Praschanti Nilajam* aufgeschlagen. Sie liest vor: »Als die Liebe das Netz der Gedanken um sich spann, wurde sie zur Wahrheit. Liebe ohne eine Spur von Furcht oder Falschheit alleine kann zur Wahrheit in den Menschen und den Dingen führen. Solche Liebe wird in dem geliebten Menschen die Liebe erwecken und ihn überzeugen, sich ohne Täuschung oder Verzerrung zu offenbaren. Liebe und Wahrheit sind zwei Seiten derselben Medaille.«

Anna nickt. »Ja, das ist die menschliche Seite. Nur wenn ich mich geliebt weiß, wenn der andere ein echtes Interesse an mir hat, mich sieht, wie ich bin, ohne eigene hinterhältige Interessen und verborgene Ansprüche, kann ich die sein, die ich bin, die Maske fallen lassen, und hinter dem Schutzwall auftauchen. Erst da kann sich das wahre Selbst offenbaren und zur positiven Gestalt heranreifen. Liebe heißt, den anderen so zu sehen, wie Gott ihn gemeint hat.«

»Aber wie kommst du dazu, ihn so zu sehen?« frage ich.

»Das reine Herz ist der beste Spiegel für die Reflexion der Wahrheit. Wenn wir die Tendenzen *(Wasanas)*, die wir aus vergangenen Leben und/oder der Kindheit mitbringen und die unsere Lebensmuster bestimmen, erkannt und unter Kontrolle gebracht haben, wird der Blick, die intuitive Intelligenz frei für die Erkenntnis und die Spiegelung der Wahrheit. Diese oft unbewußten Tendenzen, wie Gier, Eifersucht und Neid, müssen wir aus dem Herzen ausräumen, damit wir anderen in Liebe begegnen können und die Wahrheit sich im klaren Wasser der Herzen spiegeln kann.«

»Von daher empfiehlt Baba die spirituellen Disziplinen, die der Reinigung des Herzens dienen: die Wiederholung des Namens Gottes, Bhajansingen, Lichtmeditation«, sagt Sarah.

»Gut. Das ist der Weg. Wie sieht das Ziel aus?« frage ich.

»Um dies zu wissen, mußt du die Wahrheit realisieren.«

»Deshalb kam ich her. Aber hier habe ich erkannt, daß der Weg dahin viel länger ist, als ich ahnte. Mir ist so, als hätte ich die Bergspitze erklommen, die ich für das Ziel hielt, nur um, oben angekommen, festzustellen, daß ich das Meer suche, das in weiter Ferne liegt.«

Die Frage der Verknüpfung von Liebe und Wahrheit läßt mir keine Ruhe. Ich ziehe die Engelkarten zu Rate.

»Was hilft es mir, Liebe und Wahrheit zu verbinden?«

»Schönheit«, lautet die Antwort.

Ich verstehe sie nicht.

»Was hilft mir zum Verständnis?«

»Geduld.«

»Warte, warte«, sagt Baba im Darschan.

Wenige Tage später treffe ich Charles auf demselben Hügel.

»Was ist der Ursprung des Seins, die Quelle, aus der das Licht stammt? Liegt das Absolute, die Leere, die Wahrheit jenseits der Liebe?« frage ich ihn.

»Den Zusammenhang kannst du nur begreifen, wenn du die Schöpfung verstehst, wenn du erkennst, warum Gott die Welt erschuf. Er fühlte sich allein. Er hatte Langeweile und Liebeskummer weil er sich nicht in jemandem reflektieren, widerspiegeln konnte.«

»Ist das nicht zu menschlich gedacht?« frage ich verblüfft.

»Nein, alles ist eins. Wie oben, so unten. Um seinem eigenen Bild zu begegnen, schuf Gott die Menschen und diese Welt. Doch gestaltete er sie so vollkommen, wie er selber vollkommen ist, so vollendet, daß das Absolute verborgen war. Die Grenze zwischen beiden Welten, die voneinander so unabhängig sind wie zwei getrennte Kreise, ist so dicht, daß kein Mensch sie durchdringen kann. Die einzige Öffnung ist die Liebe. Sie ist die Brücke zwischen dem Absoluten und Maja, der Schöpfung.«

»Wenn die Schöpfung Teil Gottes ist, muß sie ebenso wahr sein wie er. Warum ist sie dann eine Illusion?« hake ich ein.

»Sie ist wahr. Nur die Auffassung über die Welt ist nicht wahr. Die Welt ist nicht objektiv, beständig und unveränderbar. Die Begrenztheit unserer Sinne beschränkt unsere Auffassung. Es gibt nur einen *Strom* von Wahrheit, die ununterbrochen stattfindende Veränderung der Phänomene. Aber der Mensch kann dies nicht erkennen, da er nicht von sich aus in die Welt des Absoluten hinüberwechseln kann. Gott muß in die Schöpfung eintreten, um Menschen zu sich zu holen. Über die Liebe zieht er sie an wie einen Lutschbonbon, und wenn der ihm langweilig wird, nimmt er einen anderen. Denen, die er ausersehen hat, um sich zu vergnügen, gibt er die Gnade der Erkenntnis, daß *er ist*. Das ist nicht ihr Verdienst, sondern sein Gnadenakt. Er testet, wieviel man schon an Liebe aushält. Dann verdampft man ein wenig in seiner Hitze und taucht wieder in die Dunkelheit.«

»Na, das sind ja rosige Aussichten!«

Charles lacht. »Das verletzt deinen freien Willen, hm?«

»Ach, nicht der Rede wert«, murmle ich, weiß ich doch mittlerweile, daß es unter diesem Blickwinkel keinen freien Willen geben kann. »Wenn wir ihn also bei uns haben wollen, müssen wir lernen mitzuspielen?« folgere ich.

»Dann bleibt er vielleicht länger. Er ist ein Spieler. Spiel ist seine Natur: ›Lila‹. Er selber bleibt davon ganz unberührt.«

»Professor Kasturi berichtete in der Vorlesung, daß alles schluchzte, als Babas Bruder am Biß eines tollwütigen Hundes starb. Und Baba habe ihn gefragt, warum er weine. Tod sei doch kein Grund zum Trauern. Wenn es kein Leben und keinen Tod mehr gäbe, womit solle er sich dann die Zeit vertreiben?«

»Leben und Tod ist auch sein Spiel.«

»Als Walter Cowan, den er in Indien vom Tod zum Leben erweckte, in den USA zum zweitenmal starb, schickte Baba ein Telegramm an die Familie nach Amerika mit dem Wortlaut: ›Walter ist hier in guter Verfassung angekommen.‹ Professor Kasturi erzählte davon. Er hat das Telegramm abgesandt.«

Charles nickt. »Er zieht sie letztlich alle an.«

»Ach, steckt das hinter seiner Aussage: ›Wo immer du bist, du bist in meiner Nähe. Du kannst nicht außerhalb meiner Reichweite gehen‹?«

»Ja.«

»Das klingt so, als sei die Liebe das göttliche Gravitationsgesetz. Letztlich entgeht ihm keiner.

Charles lacht. »Ja, so kann man es sehen. Wenn sein Tag beendet ist, in Millionen, Billionen von Jahren, und er sich zur Ruhe bettet, saugt er die Schöpfung einfach wieder ein. Schwupp.«

Genießerisch schnalzt Charles mit der Zunge. Ich kann es ihm nachfühlen. Er beschreibt ein Bild, das er einst sah: Gott in all seiner Herrlichkeit, mit der Lichtkugel in der Hand, umgeben von den Göttern und himmlischen Heerscharen. Sein Licht reichte so weit, daß es auch den Letzten im Winkel noch erreichte.

»Baranowski beschreibt dasselbe etwas weltlicher. Kennst du seine Forschung?«

»Wen?«

»FRANK G. BARANOWSKI. Er ist Auraforscher an der Universität von Arizona, kein Baba-Anhänger. Über hundert heilige Männer Indiens lichtete er mit Hilfe der Kirlian-Fotografie ab. Die Auras der meisten sind nur etwa einen halben Meter breit, weil ihre Träger zu stark mit ihrem eigenen Ich und ihren Instituten beschäftigt sind. Von Babas Aura berichtet er, daß sie sich bis zum Horizont erstrekke: ein Weiß, das zweimal so breit sei wie bei jedem anderen Menschen, und ein grenzenloses Blau mit goldenen und silbernen Bändern, das bis zum Horizont reiche. Für dieses Phänomen, meint er, gebe es keine wissenschaftliche Erklärung. Außerdem hätten ihm die Knie gezittert, als er neben Babas Stuhl stand, weil Babas Ausstrahlung so stark sei.«

»Auf wissenschaftlicher Ebene ist er nicht erfaßbar. Die Wissenschaft ist selber Teil der Schöpfung, Teil von Maja. Baba steht jenseits der Naturgesetze. Er ist die Wahrheit, das Absolute und der Weg dahin: die Liebe.«

»Und was ist die Glückseligkeit, die er auch ist? Und das Licht?«

»Er kann sich auf verschiedenen Ebenen offenbaren: als Licht des dritten Auges, Glückseligkeit, als Laut des Ohres, AUM; als die Liebe im Herzen. Das Licht ist der Urknall, die Bewegung, mit der er diese Schöpfung in Gang setzte, als er an einem neuen Tag die Augen aufschlug, die Bewegung, mit der er sein Gewand Maja um sich legt.«

»Und wir dürfen ab und zu in den Falten des Gewandes spielen.«

»So ist es.«

Liebe und Wahrheit: sie sind die beiden Eckpfeiler, deretwegen ich hierher kam.

Ein Gefäß für die Liebe hat sich geformt. Wie schwer die Wahrheit als die innere Realisierung des kosmischen Gesetzes, des Absoluten, zu erreichen ist, habe ich begriffen. Die Brücke zwischen beiden Pfeilern, die Verknüpfung habe ich für mich noch nicht gefunden.

Irgendwo in meinem Unbewußten muß ich geahnt haben, wie schwer dieser Anspruch zu verwirklichen ist, sonst hätte ich nicht um eine Aufgabe gebeten, die mich erfüllt, die mir hilft, auf diesen beiden Wegen voranzuschreiten, und um einen Gefährten, mit dem ich an dieser Aufgabe arbeiten kann.

Der Seelengefährte

Die Weihnachtszeit nähert sich. Der Gefährte ist aus meinem Blickfeld entschwunden. Zu sehr beschäftigt mich die Auseinandersetzung mit Baba, zu sehr füllt der »göttliche« Gefährte meine Gedanken und mein Herz.

»Vielleicht ist Baba der gesuchte Herzkönig«, sage ich zu Sarah und Anna, »und der menschliche war nur der Köder. Von dem anderen wußte ich ja bisher nichts.«

»Und? Wärst du enttäuscht?« fragt Sarah.

»Nein. Langsam wächst in mir die Erkenntnis, daß die Illusion, die uns Frauen immer wieder fängt, darin liegt, zu meinen, den Seelengefährten, den *einen* gebe es doch und wir hätten nur die falsche Wahl getroffen. Also suchen wir weiter, denn alles, was uns als Lösung angeboten wird, ist der schale Kompromiß einer Durchschnittsehe, die sich auf den kleinsten gemeinsamen Nenner zubewegt. Diese Ehe ist der Tod jeder Entwicklung, der Tod jeder Spontaneität.«

Sarah hebt mißbilligend die Augenbrauen. Sie hat ihren Lebensgefährten vor vielen Jahren gefunden und sich mit ihm gemeinsam auf die Suche nach dem geistigen Lehrer begeben, der sie auf dem spirituellen Pfad führen könnte. Nach vielen Irrwegen durch den Markt der spirituellen Möglichkeiten fanden sie ihn schließlich in Baba.

»Sicher hat die Ehe ihre Schwächen«, sagt sie, »doch nur mit einem Partner kannst du dich in die Tiefe hinein entwickeln. Und Baba hat zur Ehe eine sehr traditionelle Einstellung. In einem Gruppeninterview, in dem Deutsche und Inder zusammen im Raum saßen, wies er auf die Deutschen hin und sagte zu den Indern: »Dies sind die Leute mit den vielen wechselnden Ehepartnern. Nehmt sie euch nicht zum Beispiel.«

»Ich rede nicht von denen, die von einem zum anderen springen, weil sie Angst davor haben, sich auf eine Beziehung einzulassen, sondern von dem Ideal, das vielen von uns vorschwebt und dem wir nachjagen.«

»Die Suche nach dem unerreichbaren Partner kann leicht in der Wiederholung des Immergleichen enden.«

In den Falten um Annas Lippen spielt ein unmerkliches Lächeln. Sie kennt meine Geschichte.

»Und kulturell vermischen sich beide Motive: die Beziehungsunfähigkeit und die Suche nach dem unerreichbaren Ideal. Im Verfall der Moral und der menschlichen Werte zeigen sie sich deutlich. Heute steht nicht der Mensch im Vordergrund der Begegnung, sondern das, was wir von ihm bekommen können. Und solch eine Haltung durchzieht unsere Kultur, weil die Menschen für das Verlangen, das sich hinter diesen Verhaltensweisen als Leiden verbirgt, keine andere Erfüllung sehen. Ihnen fehlt die Orientierung, wohin die menschliche Reise geht. Und darin liegt ja Babas Bedeutung für viele: daß er uns die Richtung weisen kann. Er verhilft uns zu der Erkenntnis, daß wir einer viel tieferen Sehnsucht folgen, die letztlich in Gott endet, denn was ist der Seelengefährte anderes als der Gefährte der Seele, das kosmische Bewußtsein selbst. Haben wir das erkannt, finden wir den Seelengefährten in jedem Menschen wieder.«

»So ist der Seelengefährte nicht gemeint. Er ist die Zwillingsseele, die uns ergänzt, wenn ich das richtig verstehe«, werfe ich ein.

»Aber nicht in dem romantischen Sinn, in dem er dir vorschwebt«, lacht Anna.

»Du meinst: ›Und von da an lebten sie glücklich und zufrieden‹?«

»Ja. Der Seelengefährte ist ein spiritueller Partner, ein Aspekt desselben Funkens kosmischen Bewußtseins, dem wir angehören. Und wir begegnen ihm hier, weil wir eine besondere Vereinbarung mit ihm getroffen haben: entweder das Karma zu bewältigen, oder an einer gemeinsamen planetarischen Aufgabe zu arbeiten.«

»Na, ob ich das attraktiv finde?« zweifle ich.

»Neuland« drängt in mein Bewußtsein, eine aufblühende Gemeinschaft in »Nirgendwo«. Auf einer meiner Reisen im vergangenen Jahr habe ich diese Gemeinschaft besucht und dort längere Zeit verbracht. Ein Mann schlug mich in seinen Bann, Jonathan. Ich wollte nichts mit ihm zu tun haben. Ich hatte mit keinem Mann etwas im Sinn, bevor ich nach Indien reiste. Ich wollte keine neuen Bindungen, keine Verpflichtungen eingehen, hatte ich mich ja eben erst von allem gelöst. Was sollte ich mit neuen Bindungen?

Und doch: Er war der dritte Mann in jenem Jahr, der mir auf einer tieferen Ebene als gewohnt begegnete. Meine klare Entscheidung, mich der sexuellen Lust zu enthalten, öffnete die Ebene der Herzen, der Seelen, brachte die Begegnung von Mensch zu Mensch.

Peter führte mich zu Sai Baba, mit Martin brach ich den Fluch deutsch-jüdischer Geschichte.

Und nun Jonathan. Der Sog ist stärker als mein Widerstand. Ich erkenne meinesgleichen, schreibe ihm einen Brief. Wir kommen ins Gespräch.

»Ich begreife nicht, was mit mir los ist. Ich will nicht, und doch kann ich nicht anders. Es ist so, als erlebte ich mit dir im Zeitraffer noch einmal die Geschichte meiner vergangenen zweijährigen Beziehung, die Geschichte, die ich mit Magdalenas Lesung gelöst glaubte: den Sog und den Widerstand, Anziehung und das Erzittern vor der Öffnung aus Angst vor der Vernichtung, die Fülle des Herzens und die Qual, sie mitzuteilen.«

»Vielleicht arbeiten wir uns durch ein archetypisches Muster der Geschlechter durch. Nehmen wir's als gemeinsame therapeutische Aufgabe.«

Wir teilen die Klarheit der Gedanken, die Verschlossenheit der Herzen, den spirituellen Pfad. Als ich abreise, haben wir unsere Füße aus dem Schlamm der Geschichte gezogen. Nun, fühlte ich, bin ich frei für den Mann, den ich erwarte: mein Gegenstück, den Mann mit dem weiten, offenen Herzen, in den ich hineinfließe, verschmelzende Hingebung erleben kann. Ich der Kopf, er das Herz, zusammen eine Einheit.

»Neuland« drängt in mein Bewußtsein, immer wieder. Eines Morgens, kurz vor Weihnachten, als ich in der ersten Reihe während des Darschans sitze, durchfährt mich der Schreck. Es wird doch nicht etwa ...

Auf einen Zettel meines Notizblocks schreibe ich rasch, was aus der Kugelschreibermine fließt.

Lieber Baba,
»Neuland« beschäftigt mich immer wieder. Lenkst Du meine Schritte dorthin zurück? Ist dies die Gemeinschaft, in der ich meine Aufgabe finden werde, in Deinem Sinne arbeiten soll? Und ist Jonathan der Gefährte, den Du für mich ausgesucht hast? Wenn das so sein soll, dann nimm, als ein Zeichen dafür, diesen Brief.
In Dankbarkeit für Deine Führung und Gnade.

Baba sieht den Brief, geht zielsicher auf ihn zu, ergreift ihn. Ein Versehen ist unmöglich.

Drei Stunden später treffe ich Charles auf meinem Felsen hinter dem Stein. Ich möchte mit ihm die Passagen meines Buches besprechen, in die unsere Gespräche eingeflossen sind. Aber wie üblich, wenn Baba mir durch seine »Stellvertreter« ein Interview gewährt, läuft das Gespräch anders, als ich es plante.

Ich berichte von meinem Brief. Ich kann nicht so recht glauben, daß Baba ihn genommen hat. »Hoffentlich ist das nicht wieder eines seiner Spiele, und wenn ich mich gerade an den Gedanken gewöhnt habe, nach ›Neuland‹ zu gehen, schickt er mich in die Prärie.«

»Es ist sein Spiel, und es läuft sowieso anders, als du denkst.«

»Ich denke mir, daß ich dort still und zurückgezogen als Hausfrau und Mutter leben werde, unberührt von allem, und durch mein Sein wirke.«

Charles lacht schallend, so herzerfrischend, daß ich nicht mal böse auf ihn sein kann.

»An diesem Punkt bist du noch lange nicht.«

»Du meinst, ich sähe so aus, als säße ich unbeteiligt im Hintergrund, aber in Wirklichkeit halte ich die Fäden nur um so effektiver in der Hand?« seufze ich.

»So ist es«, antwortet er mit liebenswürdigem Charme.

Es läuft mir kalt über den Rücken. Ich habe genug an Machtspielen in Instituten, Organisationen, Gruppen erlebt. Dem individuellen Ich, Ahamkara, ist jede Maske recht. Bei der Aussicht, daß es sich nun ein spirituelles Mäntelchen umhängt, um in diesem Gewand nur um so unerkannter und effektiver tätig zu sein, fährt mir der Schreck in die Glieder.

Die Lust an der Buchkorrektur ist mir vergangen. Mein Hals ist eng, der Kopf dumpf, ich fühle mich wie tiefgefroren. Swamis Handschrift ist unverkennbar.

Ich bin in Aufruhr. Schaufle ich mir mit »Neuland« mein eigenes Grab? Kann ich überhaupt anders entscheiden? Und wäre ich willens dazu?

Dieser Platz ist eine Atempause, Bedenkzeit, Neuorientierung, nicht das Ende der Schlacht für mich. Das habe ich begriffen. Begehre ich noch einen menschlichen Gefährten? Ist die Wahl Jonathans nicht eine karmische Wahl? Baba kann das Karma ändern. Will ich ihn darum bitten, oder umgehe ich damit eine notwendige Erfahrung? Muß ich nicht die weiblich-mütterliche Seite noch leben in diesem Lebenszyklus?

Und wie wichtig ist mir die göttliche Liebe? Hebt sie die Sehnsucht nach dem menschlichen Gefährten auf? Die Gedanken kreisen. Ich finde keine Antwort.

Ich sitze im nachmittäglichen Darschan. In der Regel läßt es mich ungerührt, ob Baba mich anschaut oder nicht. An diesem Nachmittag lerne ich eine neue Variante kennen. Gezielt blickt er den Kreis meiner Nachbarinnen an, zu meiner Linken, zu meiner Rechten, vorne, hinten. Ich falle durch die Mitte ins Nichts. Mich erfaßt die kalte Wut. So absichtlich ausgelassen zu werden, ist zuviel für meinen Gleichmut. Ich eile zu meinem Felsen, tobe, heule, wüte.

»Was plusterst du dich auf«, sagt Buddhi, »reine Zeitverschwendung. Deine Empörung rührt ihn nicht. Er spielt nicht dein Spiel. Diese Lektion wird er dir so oft erteilen, bis du sie begriffen hast.«

Der Sturm der Entrüstung verrauscht. Zurück bleiben Trauer und Verwirrung.

Mein Rettungsanker, daß die Stärke meines Widerstands der Ausdruck meiner Kraft ist, hält nicht. Ich bin zwischen meiner Sehnsucht nach der weltlichen und der göttlichen Liebe gefangen. Soll ich jetzt, wo die weltliche Liebe möglich scheint, diese Liebe aufgeben? Wie widersinnig. Ist das der Sinn des Spiels?

»Das verlangt er gar nicht von dir«, meint Buddhi.

»Eben, eben, das macht's nur schlimmer. Dann hätte ich wenigstens einen klaren Gegner. So sitze ich auf der Feuerkugel, und der Entscheidungskonflikt ist in mir.«

Ich blicke zum Himmel. Bussarde streichen über die Felsen, ziehen weite Kreise im Blau des Himmels, schießen senkrecht herab. Freiheit. Die Sehnsucht nach Freiheit bricht sich Bahn.

»Bist du wahnsinnig, dich an Mann und Kinder zu binden, jetzt, wo du zum erstenmal in deinem Leben frei bist, so frei wie die Vögel am Himmel. Du kannst gehen, wohin du willst. Die Welt steht dir offen, Tibet, Kalifornien, ein Land, in dem es warm ist, ein Land, in dem die Seele zu Hause ist. Mit deinem romantischen Getue verspielst du deine größte Chance!« wettert Ahamkara.

»Dieser Mann ist keine Romantik, sondern Arbeit«, sagt Buddhi. »In dieser Beziehung ist er der Kopf und du das Herz.«

»Ich das Herz? Wie soll das gehen?« frage ich erschöpft. Ich kann nicht mehr denken.

»Das wirst du daran lernen«, meint Buddhi.

»Der Schuh ist mir zu groß.«

Am nächsten Tag taucht Charles hie und da auf.

»Sonst ist er tagelang nicht zu sehen, und jetzt läuft er dir gleich zweimal über den Weg«, mault Ahamkara.

»Er sieht dich«, sagt Jivatman. »Freu dich, daß er nach dir schaut.«

»Na, bist du fertig?« fragt Charles am Nachmittag.

»Womit?« frage ich zurück. Er sieht mich nur an. »Ein elegantes Zusammenspiel. Herzlichen Glückwunsch. Im Morgendarshan werfe ich Swami den Ball zu, und drei Stunden später wirfst du ihn zurück. Du weißt, daß du mich vorgestern schockiert hast?«

»Ja?« Er tut unschuldig. »Ich kann dir auch den letzten Zahn ziehen, nur bist du dafür noch nicht reif.«

Ich lache. Es geht mir wieder besser.

Meine Dankbarkeit siegt über meine Wut. Zum Abschied kaufe ich ihm eine Karte mit Babas Füßen, die er so liebt.

»Es ist nett von dir«, sagt er, »aber ich nehme nichts. Das ist meine

Vereinbarung mit Baba. Ich tauche auf, wo ich gebraucht werde, und ich verschwinde, wenn meine Arbeit getan ist.«

»Selbst beim Abschied muß dir dieser Mensch noch eine Lehre verpassen«, murmelt Ahamkara zerknirscht.

Jivatman trauert. »Er war ein echtes Geschenk Babas. Wenn die Schläge auf den Hinterkopf auch schmerzhaft waren, so waren sie doch Goldes wert. An die Warnungen wirst du dich noch dankbar erinnern.«

»Na«, sagt Buddhi, »jetzt weißt du wenigstens, wo du stehst. Von dieser Art Ergebenheit bist du noch Lichtjahre entfernt.«

Am nächsten Morgen sitze ich beim Darschan in der ersten Reihe. Ohne lang zu überlegen, greife ich zum Kugelschreiber.

Lieber Swami,
die Erfüllung meines Herzenswunsches nach einer Gemeinschaft und einem Gefährten pflanzt zugleich den Zweifel in mir ein. Sind Heirat und Kinder ein unnötiger Umweg für meine spirituelle Entwicklung? Gibt es einen direkteren Weg zu Dir für mich? Soll ich besser ohne Gefährten bleiben und mich ausschließlich auf Dich konzentrieren?
Du kennst meine Vergangenheit, Gegenwart und Zukunft. Du weißt, was für meinen Weg zu Dir notwendig und sinnvoll ist. Wenn Deine Antwort auf diese Fragen ein »Ja« ist, dann nimm bitte diesen Brief.
Lenk' meine Schritte in Deinem und meinem besten Sinne und schütze mich vor den Fallstricken meiner eigenen Illusionen.

»Gib ihm den Brief nicht«, rät Ahamkara. »Du kennst doch das Spiel mittlerweile. Er sagt ›yes, yes‹ und nimmt ihn nicht. Und du bleibst auf dem Feuerball sitzen.«

»Nein, nein!« protestiert Jivatman. »Er spielt zwar gern, aber bösartig oder launisch ist er nicht. Er spielt zu deinem Besten.«

Baba geht vorbei, ohne den Brief zu nehmen, dreht sich um, schaut mich mit einem milden, gnädigen Lächeln an, schnalzt zweimal mit der Zunge. »Sorge dich nicht, kämpfe nicht, es ist alles in Ordnung so, du kannst mir trauen«, verstehe ich seinen Blick.

»Wie kann man nur...«, versteht Sarah. Es ist dasselbe. Ich fühle mich von dieser inneren Schlacht befreit, bin ihm dankbar für den Blick, die Gewißheit, daß er den Brief wahrgenommen, nicht übersehen hat. Weiterer Zweifel ist unmöglich.

Das Fest der Liebe

Meine Hallennachbarin, die erst vor ein paar Tagen in den Aschram kam, spricht mich an. »Ist Baba die Verkörperung der Liebe oder der Wahrheit?«

»Beides«, sage ich.

Sie wirkt skeptisch. »Als Verkörperung der Wahrheit kann ich ihn sehen. Ich spüre, wieviel in mir hochsteigt, und ich sehe, wie jeder nach innen taucht, wieviel jeder in sich verarbeitet. Aber von seiner Liebe spüre ich nichts. Jeder ist hier auf sich bezogen. Die Mitarbeiter sind hart und unfreundlich. Wäre er die Verkörperung der Liebe, müßte er die Menschen doch mit seiner Energie füllen, so daß die Liebe auf die anderen überströmt.«

»Wieviel strömt aus dir?«

»Gar nichts«, sagt sie trotzig. »Ich mißtraue ihm total.«

»Andern geht es ähnlich. Dies hier ist ein Trainingszentrum, Einzeltraining. Würde er die Menschen mit seiner Liebe füllen, ohne daß sie diese halten können, wäre nichts gewonnen. Baba erklärte einem Westler, daß die Energie, die er im Darschan verströme, im Anschluß zu ihm zurückkehre, weil die Menschen sie mit ihren Alltagstrivialitäten gleich wegredeten oder erst gar nicht in sich reinließen. Ich muß einen Kanal bauen, durch den die Energie fließen kann, und einen Behälter, in dem sie sich sammelt, sonst geht es uns wie den Motten mit dem Licht. Wir streben darauf zu und verbrennen.«

»Na ja«, überzeugt klingt sie nicht, »als Verkörperung der Wahrheit kann ich ihn akzeptieren. Die Verkörperung der Liebe bleibt für mich Jesus.«

»Die Wahrheit und die Liebe gehören zusammen. ›Ich bin der Weg, die Wahrheit und die Liebe‹, sagt auch Jesus. Liebe ist oft hart, nicht sentimental. Und Baba ist nicht die Verkörperung der Sentimentalität.«

Das Fest der Liebe steht vor der Tür, das Fest der Gäste aus dem Westen. Voll gespannter Erwartung sehe ich diesem Fest entgegen. Wird es mir gelingen, meinen eigenen Widerstand gegen die Hingabe zu schmelzen?

Jede freie Minute proben wir Chorsätze für die Weihnachtsfeier. Am ersten Tag der Chorproben überrascht Baba uns mit seinem Besuch. Die Inbrunst der »Westler«, die zu Zigtausenden zu diesem Fest der Liebe anreisten, rief ihn herbei. Voll Süße, spitzbübischem Charme und verspielter Anmut wandelt er durch die Reihen. Die Herzen der Versammelten fließen über.

Am Weihnachtsmorgen erstrahlt der Tempel in festlichem Prunk. Ein Kreuz ziert die Kuppe. Ein fünfeckiger, rosa leuchtender Stern weht im Wind, als wir in den Tempelinnenhof einziehen: zwei lange Züge Frauen und Männer in Sechserreihen, mit Kerzen in den Händen. Das Kerzenlicht flackert durch die Dunkelheit des festlichen Morgens: Es ist Weihnachten 1986. Wir singen englische Weihnachtslieder zur Verehrung des Herrn Jesus und Sai Babas — Sohn und Vater, Verkörperungen der Liebe.

»Jesus kündigte seinen Jüngern an, daß dieses Zeitalter, das Kali Juga, gottlos werden und der Mensch sich selbst stark gefährden würde. Daher müsse der, der ihn sandte, der Vater selber, auf die Erde herabkommen, um die Menschheit zu retten. Sein Name wird ›Wahrheit‹ sein. Er wird eine rote Robe und eine Krone aus schwarzem Haar tragen. Er wird Baba genannt werden... Mein Name ist Sathja, was ›Wahrheit‹ bedeutet. Dies ist meine Robe und dies ist mein Haar. Dies ist der Baba, den Jesus ankündigte.«

Mit jenen einfachen Worten offenbarte Baba 1981 seine Beziehung zu Jesus. Und über die Beziehung von Jesus zu den Menschen sagte er: *»Du bist auch der Messias. Du hast die Stärke, dich selber aus den Fesseln zu befreien und anderen zu helfen, desgleichen zu tun.«*

Jesus und Sai Baba: die Botschaften sind die gleichen, die Botschaften der Liebe und der Wahrheit. Jesus, der Menschensohn, der nach zwölfjähriger Lehrzeit seine Einheit mit Gott erkannte, die Wahrheit realisierte, und Baba, der ohne vorangegangenes Training die Wahrheit verkündet, die Liebe lebt.

Baba tritt durch die silberne Tür auf den Balkon des Tempels,

hebt segnend die Hände, lächelt hinunter. Der Anblick trägt den
Mann mit dem Megaphon, der auf der Männerseite die Lieder an-
stimmt, davon. Wir hasten hinterher, singen »Freude für die Welt,
der Herr ist erschienen« und »Stille Nacht, heilige Nacht«. Für die
tiefe Innigkeit, mit der die Deutschen dieses Lied zu singen pflegen,
bleibt bei diesem davongaloppierenden Rhythmus kein Raum. Der
süße Nektar Babas strömt vom Balkon. Die Herzen heben sich der
Empore entgegen. Die Kerzen schwingen im Takt des Arati. Wir
summen »Stille Nacht«, während wir den Tempelinnenhof verlassen.

Am Nachmittag des ersten Weihnachtstages finden wir uns früh
in der Poornachandra-Halle ein. Die »Westler« gestalten den Festakt,
das Rahmenprogramm für Babas Rede. Der Chor sitzt in den ersten
Reihen. Mir fällt der privilegierte Eckplatz in der ersten Reihe neben
dem roten Teppich zu. Doch statt zu schmelzen, schlägt auf diesem
Spitzenplatz mein professionelles Training durch. Ich fühle mich zu
korrektem Verhalten aufgerufen — gegenüber der Männerfront zu
meiner Linken, gegenüber Baba auf der Bühne vor mir, gegenüber
dem Alt im Chor hinter mir. Ich beneide die Mitarbeiter nicht. In
die Pflicht genommen, bleibt kein Raum für Sentimentalitäten.

Baba hält seinen Vortrag und wirkt dabei kühl und distanziert. Ich
konzentriere mich auf den Inhalt der Rede statt auf den Schmelz der
Seele, doch schneidet die Konzentration die Spur des Herzens nicht
ab. Liebe und Klarheit schließen einander nicht aus.

»Sei froh, daß er dich nicht auf sich fixiert«, sagt Buddhi. »Schließlich willst du nicht seine äußere Form, sondern das, was er repräsen-
tiert, den Mann in der Tür, über den und durch den hindurch die
Kraft des Herzens fließt.«

Dennoch bin ich, wie viele andere auch, enttäuscht. Ein kühles,
sachliches Weihnachten, kein Raum für wehmütige Erinnerungen
an kindliche Aufregung draußen vor der Tür, bevor der Tannen-
baum im Lichterglanz erstrahlt und der glitzernde Blick auf die Geschenke unter dem Baum fällt. Nein, Baba ist kein Christkind für
kindliche Gemüter.

Beim Darschan sitze ich in der beruhigenden Gewißheit, daß
mich Babas Form nicht fängt, neben Sarah unter der »Löwinnen-Ar-

kade«. Während der vergangenen Tage hat sie mir immer wieder von seinen Blicken vorgeschwärmt, die ihr Herz füllten, von den Träumen erzählt, in denen er ihr erschiene. Solche Schilderungen kann ich mit Gelassenheit anhören. In diesem Punkte habe ich Geduld mit mir. Ich bin zufrieden, wenn ich mein Herz sich weiten spüre, gleichgültig aus welchem Anlaß.

»Ach, war das wieder ein Darschan!« Beseelt sieht sie mich an. Ihre Hand zieht eine Spur von den Augen zum Herzen. Etwas Merkwürdiges, Unerwartetes geschieht in mir. An meinem Herzen nagt es. Ich begebe mich auf den Felsen hinter dem Stein, der mich vor den Blicken aller schützt. Wie eine Prozession längst beerdigt geglaubter und wieder auferstandener Gestalten ziehen die Gefühle der niederen Chakren an mir vorbei: Geschwisterneid, Eifersucht, Ärger.

»Wieso schaut er immer nur sie an und mich nicht?« fragt das beleidigte Kind in mir. »Wieso erscheint er ihr im Traum und mir nicht?«

Zerreißproben

Eine Lebensmittelvergiftung streckt mich für anderthalb Tage auf mein Lager. Die Tomaten aus dem Korb vor den Toren des Aschrams waren überreif. Ich rolle mich zusammen und schlafe mich gesund. Je weniger ich den Körper durch andere Aktivitäten belaste, um so eher wirft er das Gift hinaus.

Am Nachmittag des zweiten Tages fühle ich mich gesund genug, um an der *Sadhu*-Konferenz teilzunehmen, auf die ich mich schon so lange freute. Die Weisen des Landes, die dem weltlichen Leben entsagt haben und sich der Suche nach Gott widmen, halten ihre Jahreskonferenz in Praschanti Nilajam ab. In ihren orangefarbenen Gewändern füllen sie die Bühne der Poornachandra-Halle. In ihren Reden auf Telugu zum Lobe des Herrn wechseln sie einander ab.

Baba hat sie am ersten Abend mit einer orangebraunen Tasche, einem orangeroten Gewand und einem Regenschirm beschenkt, der praktischen Ausstattung für die Wandermönche. »Die Sadhus«, erklärte uns einer der ortsansässigen »Westler«, »haben Gott gerufen. Ohne ihre beständigen Gebete, ihre Konzentration auf ihn über die Jahrhunderte hätten die Menschen einander schon umgebracht. Nur ihretwegen hat sich Gott auf die Erde begeben.«

Baba nimmt auf dem Boden im Schneidersitz Platz unter ihnen — der Meister und seine Schüler. Aber er findet auch kritische Worte. Der Stand der Sadhus werde von weltlichen Wünschen nach Besitz und Anerkennung unterhöhlt. Konkurrenz und Neid unter ihnen seien keine Seltenheit. Das Ich habe sich eingeschlichen. Viele priesen die Weisheit der *Bhagavad-Gita*, des göttlichen Gesangs, doch es ginge darum, ihre Weisheit zu leben, sie in die heutigen Lebenszusammenhänge zu stellen. Der eine Gott müsse den Menschen in der Vielfalt seiner Erscheinungsformen auf der Ebene ihrer Alltagserfahrung nahegebracht werden. Von der Lobpreisung der Delikatessen werde der Bauch nicht satt. Die Arbeit der Sadhus müsse heute innerhalb der Gesellschaft stattfinden, nicht im privaten Rückzug in die Höhlen. Die Befreiung könne nur eine soziale sein.

Die Sadhus reisen ab, die ersten westlichen Gäste ebenfalls. Meine »östliche« Mutter kommt auf mich zu, fragt, ob ich mit ihr erneut die Wohnung teilen will. Ich zögere. Zu Beginn meines Aufenthalts im Aschram haben wir sechs Wochen lang gemeinsam gewohnt: sie, die Lady aus Sri Lanka, die zehn Kindern das Leben schenkte, Faye, die amerikanische Mutter, die zwölf Kinder großzog, und ich, die »Tochter« beider. Sechs Wochen lang habe ich die gemeinsame Stille genossen, die ich dem gebrochenen Englisch meiner »östlichen« Mutter verdanke. An ihr erlebte ich eine neue, mir fremde Qualität von Süße. Es ist nicht das falsche Süßliche, hinter dem sich Neid, Mißgunst und Konkurrenz verstecken, die höfliche Freundlichkeit, die kaum die Bosheit zu verdecken vermag, sondern eine schwere Anmut, eine wache Bestimmtheit, eine hingebungsvolle Süße, die der Dankbarkeit für ein erfülltes Leben entspringt.

Die Aussicht, meine Zeit im Aschram mit ihr zu beschließen, lockt mich. Doch ahne ich zugleich, daß ich mich gegen ihre liebevolle Sorge abgrenzen, meinen eigenen Raum gegen ihren Wunsch, mich zu »bekochen« und mir damit ihre Zuneigung auszudrücken, so wie meine Mutter ihre Liebe für mich bekundet hat, verteidigen muß. Nach kurzem Zögern entscheide ich mich, diese Herausforderung anzunehmen.

Als Dritte im Bunde lädt sie Sabine ein, eine junge Deutsche, die sich seit vier Monaten im Aschram aufhält. Bei meinem ersten Besuch der deutschen Gruppe gerieten wir aneinander. Die gemeinsamen Gebete und die kirchlichen Gesänge, die die Gruppe zelebrierte, lösten in mir einen unüberwindlichen Widerstand aus, riefen Erinnerungen an die Scheinheiligkeit christlicher Gepflogenheiten wach. Nun teilen wir die gemeinsame Wohnung.

Ich treffe Rainer. »Der Aschram wird entleert«, verkündet er fröhlich. »Sechs Leute haben sie wegen Übertretung der Regeln rausgeworfen. Alle, die unter fünfunddreißig und länger als vier Wochen hier sind, müssen abreisen.«

Ich bin über fünfunddreißig. Ich kann nicht gemeint sein. Und doch befällt mich ein Gefühl unerklärlicher Bedrohung. Die Abreise wäre zu früh. Das spüre ich deutlich. Antworten zu den Fragen, wo ich meine nächste Aufgabe finden werde, wer mein Gefährte sein könnte, deuten sich an, aber die Fragen sind noch nicht geklärt. Das Band der Liebe ist nicht gefestigt. Die Wahrheit liegt im Dunkeln.

Sarahs Abreise steht bevor. Sie hat mich während der zwei Monate mit einer Fülle an Informationen versorgt und Kontakte zu Mitarbeitern hergestellt, die ich zu Einzelheiten befragen konnte. Die Tage füllen sich mit Arbeit. Ich fertige Auszüge aus ihren Abschriften von Bändern mit Babas Reden an und schreibe Sanskrit-Übersetzungen aus der Computerkartei ab, die Sarah und Rainer mit sich führen. Ich überarbeite die ersten beiden Kapitel meines Buches. Mein Schriftstellerfreund schreibt nach der Lektüre der ersten Fassung: »Lebst du auch in Indien oder nur im Tempel des Meisters? Lebst du von Luft, oder ißt du auch mal was? Sprichst du mit Menschen, schaust du, wie die Inder leben, oder bringt es eine Frau aus dem Westen fertig, nur narzißtisch um sich zu kreisen?«

»Er hat recht«, stelle ich verblüfft fest. Denke ich an die ersten Tage im Aschram und das Dassarafest zurück, muß ich erkennen, daß ich während der vergangenen drei Monate ganz in der Atmosphäre dieses heiligen Ortes aufging. Nur selten setzte ich den Fuß vor seine Mauern. Die Gefühle der Verlorenheit, der Fremdheit zu

Beginn meines Aufenthalts sind heimatlichen Gefühlen gewichen, einer Empfindung von Vertrautheit. Die Unannehmlichkeiten des Äußeren verloren angesichts der Fülle dessen, was mir auf der inneren Reise begegnete, der seelischen, für das physische Auge unsichtbaren Abenteuer, an Bedeutung. Der Augenschein nimmt nur die Bühne, den Szenenwechsel wahr. Das Äußere habe ich schon hundertfach erlebt, auf etlichen Reisen auf der Suche nach Wahrheit. So versank ich nach innen, und das reale Leben im Aschram hatte keine Gestalt, keine Farben angenommen. Ich brachte es fertig, mit Genuß und Vergnügen um mich selbst zu kreisen, allerdings nicht um das narzißtische, falsche, sondern das wahre göttliche Selbst.

Die Perlen, die ich schon nach den ersten Unterweisungen im Tiefseetauchen auf den Felsen knapp unterhalb der Meeresoberfläche fand, weckten meine Neugier darauf, was sich tiefer unten wohl an Schätzen verbergen mochte. Doch ließen die Anfangslektionen auch die Erkenntnis reifen, daß diese Kunst ein viel sorgfältigeres Training, viel mehr an steter Übung erforderte, als ich dachte. Zu unergründlich war das Meer, zu viele unbekannte Tiefen lauerten, als daß ich mich dort hineinfallen lassen könnte und wollte. Baba erwies sich jedoch als vorzüglicher Lehrgangsleiter. Die einzelnen Übungen waren sorgfältig aufeinander aufgebaut, und wenn sie auch oft an die Grenze der eigenen Belastbarkeit gingen, so überschritten sie sie nicht.

Der Brief meines Schriftstellerfreundes schreckt mich auf.

»Es stimmt«, sage ich zu Sarah. »Es wird Zeit, daß ich die Augen öffne und wieder nach außen blicke, nachdem ich sie drei Monate lang nach innen gerichtet habe. Und weißt du, worum es geht? Daß ich die Schönheit sehe, die in allem ist, wie in deinem Traum: die Schönheit in dem Elend, die Schönheit in der Armut um uns herum, die Schönheit in den Gesichtern der Menschen, die Schönheit in dieser Welt, die seine Schöpfung ist. Plötzlich erkenne ich den Sinn der Engelkarte ›Schönheit‹, die ich als Antwort auf die Frage gezogen habe, was mir helfe, Liebe und Wahrheit zu verbinden.«

Ist es nicht einen Versuch wert, die Wahrheit so zu schildern, daß sie unseren Geist und unsere Herzen füllt? Kehren die Worte, die wir aussenden, nicht zu uns zurück, graben sie sich nicht in unser eigenes Bewußtsein ein, werden sie nicht, da sie die Quelle nicht verlassen, in unseren Herzen aufgezeichnet?

Ist es nicht einen Versuch wert, die Wahrheit so zu schildern, daß sie nicht verletzt, daß die Liebe sie erhellt, durch sie hindurchscheint, so daß ihre Schönheit sichtbar wird?

Es ist einen Versuch wert.

Pflichtbewußt laufe ich mit dem Schreibblock durch den Aschram und vor seine Tore, fertige Skizzen an, fange Bilder, Szenen ein, gestalte sie. Ich fülle Seiten, Hefte, schreibe, als ginge es um mein nacktes Leben.

Ich rechne täglich mit Babas Abreise. Für Mitte Januar ist seine traditionelle Fahrt nach Madras und Bombay geplant. Gerüchte sagen, er führe nicht. Doch Baba ist nicht berechenbar. Seine Handlungen fließen spontan, geboren aus den Notwendigkeiten der Situationen. Und die kennt nur er. Ich will unabhängig vom Aschram sein, das Buch auch außerhalb beenden können.

Wie Warnlichter blinken unter dem Schleier des geschäftigen Äußeren Gefühle auf, die nicht in das arbeitsame Bild passen: Gefühle des Abschieds, der Trauer, der Verlorenheit, der Verlassenheit. Anna ist für einige Wochen abgereist und hat sich auf eine Fahrt zu den Heiligen am Fuße des Himalaja begeben.

»Vielleicht nähert sich auch meine Zeit dem Ende, und ich gehe eher fort als erwartet«, sage ich zu Sarah beim Frühstück.

»Es ergeht vielen so. Die Darschans sind kurz angebunden. Baba wirkt lustlos und distanziert.«

»Na, ja, tagaus, tagein in dieselben wartenden, flehenden Gesichter zu blicken, dieselben Bitten und Fragen zu hören, dieselben Forderungen: ›Interview, Interview, Swami!‹, das muß ihn langsam anöden. Als Vergnügen stelle ich mir das nicht vor.«

»Er ist die Liebe. Ihm macht das nichts aus.«

»Selbst wenn ... es ist seine Schöpfung. Dann muß er für sein Werk büßen.«

Sarah lacht. »Darum geht es, glaube ich, nicht. Er leert den Aschram. Jetzt teilt sich die Spreu vom Weizen.«

»Das Ausländerbüro trägt kräftig dazu bei. Dort fertigen sie Listen von allen Angehörigen an, die unter fünfunddreißig Jahre alt und bereits länger als vier Wochen hier sind. Die Betreffenden sollen den Aschram verlassen.«

»Ja, aber auf Babas Auftrag hin.« Sarah sinnt vor sich hin. »Ich bin froh, daß ich abfahre. Seit dem ›Schiwa-Blick‹ fühle ich mich so abgetrennt. Ich glaube, das war der Abschied.«

Zwei Tage zuvor hat Babas Blick sie erreicht, der Blick, die Einladung für einen »Gang durch die Waschmaschine«: Reinigung. Sie ist verwirrt.

»Hat er mich zum Interview gerufen?«

»In einem gewissen Sinne ja. Er gibt dir die Ehre, dich zur Arbeit zuzulassen. Die vierjährigen Flitterwochen sind vorbei. Jetzt beginnt das Erziehungsprogramm.«

»So habe ich den Blick auch empfunden, nämlich wie die Frage: ›Was machst du eigentlich?‹«

»Ist das neu für dich?«

»Ja, denn all die Jahre hat er mich mit viel Liebe verwöhnt.«

»Dann bist du gut genug genährt, um dich auf den Pfad der Selbsterforschung zu begeben«, schmunzle ich in Erinnerung an meine Klienten, mit denen ich diesen Prozeß oft durchlief. »Ich verstehe seinen Blick als Anerkennung. Er läßt dich wissen, daß du nun größeren Aufgaben gewachsen bist als der, von ihm mütterlich versorgt zu werden.«

»Dann muß ich mich wohl von seiner Form verabschieden, die ich so sehr liebe und an der ich so hänge«, seufzt sie entsagend.

Am nächsten Morgen winkt sie mir mit einem Papier zu.

»Schau, was ich gestern bekommen habe!«

Ich blättere durch. Welche Überraschung! Baranowskis Bericht über seine Auraforschung. Rainer erzählte mir von ihm und berichtete, daß Babas Aura von Horizont zu Horizont reiche.

»Ich würde seine Ergebnisse gern in das Kapitel über die göttliche Liebe hineinnehmen«, sagte ich Sarah am Tage zuvor, »doch dafür brauche ich einen wissenschaftlichen Nachweis.«

Nun halte ich ihn in der Hand. Prompte Arbeit. Ich bin beeindruckt.

»Wie hast du den Bericht bekommen?«

Sarah lächelt geheimnisvoll, schweigt einen Moment, dann erzählt sie triumphierend: »Als ich gestern nachmittag ganz traurig beim Bhajansingen saß, hielt mir eine Inderin ein Blatt Papier hin und bat um meinen Namen. ›Warum?‹ Ich sah sie erstaunt an. ›Weil ich dich liebe‹, sagte sie ganz einfach. Und nachdem ich ihr meinen Namen aufgeschrieben hatte, gab sie mir diesen Bericht als Zeichen ihrer Zuneigung.«

»Und du beklagst dich, daß er dich nicht liebt«, rüge ich Sarah sanft.

»Ja, vielleicht sollte ich lernen, ihn auch in anderen zu sehen.«

»Das ist doch ein Geniestreich: zwei Fliegen mit einer Klappe. Dich läßt er seine Liebe über andere erfahren, und ich erhalte den wissenschaftlichen Nachweis. Wenn das nicht effektive Arbeit ist.«

Sarahs Augen strahlen. »Ja, ein schönes Abschiedsgeschenk.«

Ihr Blick kehrt sich nach innen. Sie wird nachdenklich.

»Weißt du, es war ein merkwürdiger Aufenthalt, die zwei Monate in diesem Jahr.«

»Anders als sonst?«

»Völlig anders, und es geht nicht nur mir so. Diese Einfachheit und Nüchternheit der Feierlichkeiten zu seinem Geburtstag und zu Weihnachten sind kein Vergleich zum Pomp der früheren Jahre.«

»Und wie erklärst du dir das?«

»Wenn ich ihn recht verstehe, geht es ihm um die wahre und nicht die gewöhnliche Hingabe, um den Charakter, die wirkliche Liebe zu Gott, nicht die Rituale. Er möchte die Blumen des Herzens, das Wasser der Freudentränen, die aus dem Herzen aufsteigen, das Blatt des Körpers, der sich guten Taten weiht, und die Frucht des Geistes, der sich ihm zuwendet, und nicht die äußeren Blumen, Blätter, Früchte, Wasser.«

»Hmm . . ., ein schönes Bild.«

»Der Prozeß geht stärker nach innen, schon wegen der vielen Menschen, die hierher strömen. Und es sollen so viele werden, daß wir ihn in der Menge nur noch an seinem schwarzen Lockenkranz erkennen können. Aber es gibt auch soziale Gründe. Er will nicht, daß hier Millionen an Rupien für die Dekoration ausgegeben werden, während das Land hungert. Und er will seine Mitarbeiter lehren, daß es auf die Erfüllung der Pflicht und nicht auf die Erfüllung weltlicher Rituale ankommt. Die wahre Hingabe liegt in der gewissenhaften Ausführung dessen, was zu tun verlangt wird, ohne daß wir uns um die Früchte kümmern. Das Sportfest vor einer Woche war in dieser Hinsicht eine deutliche Lehre.«

Die Verlängerung meiner Aufenthaltsgenehmigung ist nötig. Ich gehe zum Ausländerbüro, um nachzufragen, ob ich meinen Paß erneut vorlegen muß. Dort sitzt ein neuer Mitarbeiter. Mit rotem Kopf hat er sich hinter seinem Schreibtisch verbarrikadiert. Nervös reiben seine Füße aneinander, während er im Paß eines Schweizers blättert.

»Zehn Tage sind genug. Dann hat man Baba gesehen, hat ihn im Herzen. Baba ist überall«, sagt er.

Ich schaue ihn verdutzt an. Zehn Tage? Gut drei Monate sind mittlerweile ins Land gezogen, und ich bin noch immer nicht sicher, ob das geknüpfte Band der Liebe Zerreißproben überstehen würde.

»Wie lange sind Sie schon hier?« Der rüde Ton trifft mich unerwartet.

»Zehn Tage«, gebe ich überrascht an. Seit zehn Tagen wohne ich in der Wohnung meiner »östlichen« Mutter.

»Na, dann können Sie noch zehn Tage bleiben. Aber es geht ja nicht an, daß die Leute sich hier festsetzen und den Neuankömmlingen die Plätze wegnehmen.« Seine Stimme ist freundlicher, bittet um Verständnis.

»Ich komme heute nachmittag wieder. Ich habe meinen Paß jetzt nicht dabei«, sage ich.

Am Nachmittag treffe ich auf ein vertrautes Gesicht. Die sensible, ruhige Art dieses Mannes ist von der Aufforderung des Meisters, die Bewohner des Aschrams zu überprüfen und gegebenenfalls auszuweisen, unangefochten.

»Wie lange möchten Sie noch bleiben?«

»Ich fahre, sobald Swami fährt«, antworte ich.

Er verlängert die Genehmigung um fünf Tage.

Sarah reist ab, Baba ist immer noch da. Ich bereite eine Reise nach Auroville vor, zu den Tempeln Südindiens und zur Ma Amritananda May in Kerala, die eine Inkarnation der »göttlichen Mutter« sein soll.

»Wenn die Leute, die schon länger hier sind, abreisen, fragen sie Baba vorher um Erlaubnis«, klärte Sarah mich vor ihrer Abreise noch auf.

»Wie bitte?« fragte ich erstaunt. »Wozu denn das?«

»Er weiß, ob der Zeitpunkt günstig ist oder nicht. Vergangenes Jahr flog ein Ehepaar trotz seines Neins mit der Pan Am ab und wurde in Karatschi in Pakistan gekidnappt. Du erinnerst dich?«

»Ja, September 86, kurz vor meinem Abflug hierher.«

»Die Frau und eine Stewardeß waren die beiden ersten, die die Kidnapper griffen und mit einer Maschinenpistole bedrohten. Sie hob ganz ruhig die Hände und sagte fünfmal voller Würde ›OM SAI RAM‹. Da war der Kidnapper so verwirrt, daß er sie nach hinten ins Flugzeug schickte.«

»Und was ist ihnen passiert?«

»Sie sind dem Massaker entkommen.«

Später hörte ich von einem ortsansässigen Europäer, daß Baba entschieden habe, als er ihn in Voraussicht der Ereignisse blutüberströmt im Flugzeug liegen sah, das Karma des Mannes zu ändern. Zuvor hätte Baba ihn bei der letzten Begegnung sehr warm und freundlich aufgefordert, alles zu fragen, was er wissen wollte. Es wäre seine letzte Chance. Baba hätte gewußt, daß beide trotz seines Neins fliegen würden.

»Na, das sind ja schlechte Aussichten«, meint Buddhi.

»Warum willst du ihn mit solch einer Lapalie wie deinen Reiseplänen behelligen?« sagt Ahamkara. »Er hat doch, weiß Gott, Wichtigeres zu tun.«

»Aber wenn das die Regeln des Hauses sind ...«, wendet Jivatman ein.

»Womöglich sagt er noch nein, und dann fährst du mit schlechtem Gewissen«, mahnt Ahamkara.

Ich zögere und zögere, hoffe täglich, daß er abfährt, aber er fährt nicht.

»Warum wartest du auf seine Abfahrt?« nörgelt Ahamkara. »Du kannst doch auch ohne ihn fahren.«

»Das stimmt«, sagt Buddhi langsam, »aber fragen müssen wir ihn ...«

»Na gut«, willigt Ahamkara ein, »eh nur Routine. Er ist ja froh um jeden, der den Aschram räumt.«

Ich halte ihm den Brief mit meinen Reiseplänen hin, mit der Bitte um Genehmigung und Segen. Eine Frau vor mir fragt etwas, das ich nicht verstehe.

»Wann fährst du?« höre ich erstaunt seine Stimme. Er sieht sie an.

»Na, Ende der Woche, weißt du doch«, antworte ich innerlich.

Ich verstehe ihre Antwort nicht. Das »Nein« peitscht über mich dahin, scharf, klar, bestimmt. Ich zucke zusammen. Er nimmt meinen Brief nicht.

»Du bist nicht gemeint«, sagt Ahamkara. »Er hat mit der Frau vor dir gesprochen. Dich hat er gar nicht angesehen.«

»Du bist gemeint«, sagt Jivatman bestimmt.

»Erfahrungsgemäß sind mehrere angesprochen«, wirft Buddhi ein, »aber frage besser noch, worüber sie geredet haben.«

»Ich habe ihn um Padnamaskar gebeten, darum, seine Füße berühren zu dürfen«, erhalte ich von der Frau vor mir die bereitwillige Auskunft.

»Ja und? Reist du ab?«

»Nein, erst im März, ich war ganz überrascht über die Frage.«
»Ich auch.«

Das Nein ist unumgänglich. Ich bin gemeint. Ich reagiere gereizt, trotzig wie ein kleines Kind, dann wieder voll Schmerz und Trauer. »Was ist nur los?« frage ich mich verstört. So lange habe ich bisher noch nie auf meiner Leitung gestanden. Etwas läuft falsch, seit zehn Tagen schon, das spüre ich deutlich, aber ich finde keinen Ansatz. Im Beschreiben des Äußeren habe ich den Kontakt zum Inneren verloren, den Kontakt zu Baba. Ich bin innerlich längst abgereist, stelle ich fest. Seit meinem Besuch im Ausländerbüro vor zwei Tagen habe ich keine Lust aufzustehen, der Aschram ödet mich an. Ich bin unlustig und rege mich über Kleinigkeiten auf — ungewöhnliche Reaktionen bei dem Gleichmut, über den ich hier in der Regel verfüge. Ein Gefühl unerklärlicher Bedrohung schwelt im Untergrund, doch empfinde ich eine unüberwindbare Hemmung hinzuschauen. Der Hals beginnt sich zu entzünden, ein Warnzeichen. Ich muß mir ansehen, was im Verborgenen glimmt.

Im Darschan schenkt Baba mir einen Blick, einen raschen wachen Blick, Energie für die notwendige Arbeit.

Am nächsten Morgen erwache ich aus einem Traum von Baba, meinem ersten Traum von ihm:

In vielen geschickten Wendungen weicht er den Leuten aus, die seine Füße berühren wollen, auch mir. Er wird krank. Ich helfe ihm. Währenddessen frage ich mich, warum ich ihm helfen soll. Wenn er Gott ist, kann er sich doch selber helfen. Aber darauf kommt es nicht an. Wenn er meine Hilfe braucht, helfe ich ihm.

»Merkwürdig«, sagt Buddhi, »Sarah hat in ihren Träumen doch immer etwas von ihm bekommen. Ist das nicht eine Verkehrung der Rollen?«

»Vielleicht«, überlegt Jivatman. »Vielleicht auch nicht, braucht er doch Instrumente, auf denen er spielen kann.«

Ich suche *Ganescha* unter seinem weißen Baldachin auf, bitte darum, die Hindernisse zu entfernen, die mein Verständnis der Situation blockieren. »Die Macht der Entscheidung ist deine«, erinnere ich mich an eine Lektion im »Kurs in Wundern«. Es ist meine Wahl, verloren oder geborgen zu sein. Seine Hand ist da.

Ich muß mich nur hineinfallen lassen. »Ergebung«, seufze ich demütig. Ich ziehe mich unter den Meditationsbaum zurück, zum erstenmal seit Wochen, schließe meinen inneren Baba in meine inneren Arme, entscheide, so lange dort sitzen zu bleiben, bis ich weiß, was im Verborgenen glüht.

Als ich die Panik in mir hochkriechen fühle, übersiedle ich auf meinen Felsen. Die alte tiefe Wunde, die in der Psychoanalyse nicht ganz vernarbte, platzt auf: die Vertreibung aus dem Paradies. Erinnerungen der Kindheit, Phantasie oder Wirklichkeit? Das Zurückrufen früherer Leben, archetypische Motive? Der Schmerz, die Panik sind von diesen Fragen unberührt, die Panik, ob ich ins Heim abgeschoben werde, weil ich für die Familie so untragbar bin in all meiner Widerborstigkeit, die sich dem »man tut . . .« nicht fügen will, die bange Frage, ob mein Vater dem Drängen meiner Mutter widerstehen kann, erneuern sich an der »bösen Mutter« Ausländerbüro und dem zwar liebenden, aber unberechenbaren Vater Baba. Bevor ich abgeschoben werde, gehe ich. Ich brauche niemanden. Ich bin auf

Baba nicht angewiesen. Es gibt andere, zum Beispiel die göttliche Mutter in Kerala.

Ich begrüße ein vertrautes Muster in meinem Leben.

Die Verzweiflung überrollt mich, das Gefühl der Verlassenheit, der Schreck, aus meiner letzten Heimat ausgestoßen zu werden. »O Gott, verlasse mich nicht, verlasse mich nicht!« schreie ich in tiefster Qual. Als ich auftauche aus der Pein, sehe ich ein loderndes Feuer in der Ferne, das sich in kurzer Zeit in dicke Rauchwolken auflöst und zum Himmel hin entschwindet. Gott im brennenden Dornbusch. Ich weiß, er ist überall.

»Du verwechselst die Täter«, meldet sich Buddhi, kühl und unberührt wie immer. »*Er* verläßt dich gar nicht. *Du* verläßt ihn.«

»Wirklich?« frage ich überrascht. Ich schreibe den Traum um: In vielen geschickten Wendungen weiche ich Baba aus. Ich werde krank. Er hilft mir, denkt währenddessen: »Sie ist doch Gott und kann sich selber helfen.« Doch darauf kommt es nicht an. Wenn ich Hilfe brauche, hilft er mir.

»Auch nicht schlecht, diese Fassung, nicht wahr?« sagt Buddhi. »Er hat dich davor bewahrt, nach deiner Abreise in ein dickes Loch zu fallen, und wer weiß, wovor sonst noch.«

»In der Tat«, bestätige ich. »Mit soviel Ungeklärtem im Bauch hätte ich alle möglichen dunklen Kräfte angezogen.«

Meinen Dankesbrief am nächsten Morgen werde ich nicht los. Baba ist abgereist.

Ich folge nach Whitefield und nehme wenig Gepäck mit, damit ich nach Auroville weiterreisen kann, sobald Baba nach Madras oder Bombay fährt. Nach längerem Warten bekommen wir in dem überfüllten Gästehaus zu dritt ein Zimmer. Ich traue meinen Augen nicht. Die Tür öffnet sich zu einer kleinen, mit Teppichen ausgelegten Kapelle. Sie ist mit einem Altar, gerahmten Bildern von Baba an der Wand, einem richtigen Bett, das ich seit dreieinhalb Monaten nicht mehr gesehen habe, einem Bücherbord voll mit Büchern und den Jahrgängen der »*Sanathana Sarathi*«, der grundlegenden philosophischen Zeitschrift, die im Aschram herausgegeben wird, ausgestattet. Alles, was ich an Geschirr und Mobiliar bei meiner »östli-

chen Mutter« in Puttaparthi gelassen habe, um ungehindert reisen zu
können, ist vorhanden. Ich bin überwältigt vor Dankbarkeit.

»Sieht so aus, als solltest du hier länger bleiben, statt zu reisen«,
sagt Sabine, die zweite erwählte »Tochter« meiner »östlichen Mutter«.

Ich ströme über vor Glück und tiefer Dankbarkeit für die Fülle,
mit der er mich beschenkt. Statt des Rauswurfs die Kapelle, statt seines Entzugs die Vielfalt seines Ausdrucks an der Wand. Und doch:
Der Schreck über die mögliche Austreibung aus dem Paradies sitzt
tief. Ich halte Baba einen Brief hin mit der Bitte, so lange bleiben zu
können, wie ich für den Abschluß des Prozesses brauche. Jeden Tag
versuche ich es erneut, drei Tage lang. Er nimmt ihn nicht.

»Er läßt sich auf keinen Trick ein«, sagt Jivatman sanft. »Wann
wirst du das begreifen?«

»Wieso Trick?« protestiert Ahamkara. »Er ist der Chef des Hauses. Ich muß ihn fragen.«

»Ja, ja, mit der rechten Hand fragst du und mit der linken bereitest
du deine Abreise vor.«

»Er ist froh um jeden, der fährt«, erwidert Ahamkara.

»Wann erkennst du endlich, daß die Vertreibung sich nur auf deiner inneren Bühne abspielt?« fragt Buddhi. »Alle Fakten sprechen
dagegen.«

»Die Schatten der Vergangenheit sind zäh. Sie lösen sich erst auf,
wenn sie vom Licht vollständig durchdrungen sind«, murmle ich.
»Und das Licht reicht noch nicht überall hin.«

»Unsinn, laß die Sprüche«, sagt Buddhi. »Du drückst dich vor der
Ergebung. Du behältst einen Fuß in der Tür.«

Es kostet mich zwei weitere Tage, um mich von meinen Plänen
vorläufig zu verabschieden. Dein Wille geschehe.

Ich genieße meine Tempelresidenz. Zu dritt gestalten wir das mor-
gendliche Omkara, die Meditation, die Jogaübungen. Mizzi, die
Dritte im Bunde, eine Jogalehrerin, überprüft die Korrektheit unse-
rer Bewegungen. Unter ihrem kritischen Blick stelle ich fest, daß ich
Routine in der Vermeidung meiner Problemzonen entwickelt habe.
Sie zeigt mir Übungen, die diese Bereiche dehnen und lockern. Die

Leisten öffnen sich, setzen Aggressionen und sexuelle Lust frei. Ich lasse sie abfließen. Der Muskel auf der Rückseite des Herzens vibriert, lockert sich, füllt sich mit Leben. Die Kiefergelenke schmerzen, vertraute Zonen aus der bioenergetischen Arbeit.

Die Tempelresidenz entschädigt mich für den Entzug im Darschan. Drei Tage hintereinander läßt Baba den Block aus, in dem ich sitze. Ein Zeichen oder Zufall? Ich habe mittlerweile gelernt, seine Reaktionen als Botschaften oder Spiegel für mich zu nutzen. Aber bin ich gemeint? Schalte ich etwas aus meiner Selbstwahrnehmung aus? Ich bin mir dessen nicht bewußt.

Als ich unter dem Wellblechdach an dem riesigen Darschanbaum irritiert nach innen tauche, um bei meinem inneren Wissen nachzulauschen, als ich Baba gerade um ein Zeichen der Klärung bitte, ruft Sabine mich aus der Versenkung hoch. Die rote Mercedes-Limousine rollt unter dem Torbogen hervor, der Babas Lotoshaus vom Collegegelände trennt. Ich laufe auf die Limousine zu. Baba winkt.

»Alles in Ordnung«, sagt Buddhi erleichtert. »Er ist mit anderen Dingen beschäftigt.«

Sabine und ich gehen hinüber in den Ort zu einem weißen Haus mit einem kleinen Altarraum, in dem sich auf Babas Bildern graue Asche, Vibhuti, sammelt. Jeden Morgen wird der Altarraum gesäubert, geweiht. Zahlreiche Gäste warten auf die Hausherren, ein einfaches indisches Ehepaar um die fünfzig — sie klein und rund, voll indischer Süße, er groß und kräftig —, um an der Zeremonie teilzunehmen. Beeindruckt schaue ich auf den roten Sessel, der auf dem schwarzen Terrazzo unter einem Bild mit Babas Gesicht im Großformat steht. Die Umrisse des Gesichts sind kaum zu erkennen. Das Glas ist mit Asche bedeckt, die sich zu ansehnlicher Höhe auf dem roten Sessel aufhäuft. Ehrfurcht erfaßt mich, während ich den Mantras lausche, die beide mit einigen indischen Gästen gemeinsam rezitieren. Die Andacht vor diesem Wunder, das ihnen seit Jahren zuteil wird, die Inbrunst schwingen in ihren Stimmen mit. Meine schnodderige Art, mit der ich auf solche Wundergeschichten bisher reagierte, weicht einem kindlichen Staunen. Mir wird heiß, als ich auf diese ansehnliche graue Masse starre. Ich blicke über die Köpfe hinweg. In diesem Raum ist noch jemand. Ich spüre ihn, auch wenn ich ihn nicht sehe. »Ich lege meine Zukunft in deine Hände«, ist die Lektion des »Kurses in Wundern« für diesen Tag. Der Satz dringt in mein Bewußtsein. Ohne Widerspruch, ohne Einschränkungen übergebe ich ihn dem, den ich in diesem Raum spüre. »Sorge für mich.« Die Asche vom roten Sessel und das geweihte Wasser vom Altar schmekken süßlich, leicht nach Pfefferminze.

In mir wandelt sich etwas, das ich nicht fassen kann. Der Schmerz der linken Brustseite dehnt sich aus auf die rechte. Der Brustraum weitet sich. Der See der Liebe fließt über.

Zwei Tage später verwöhnt Baba mich im sonntäglichen Darschan mit Blicken. Er sprüht mir eine Fülle zu, die ich in meinem Herzen nicht mehr auffangen kann. Der ganze Brustraum, die Kehle dehnen sich, formen ein Gefäß, das groß genug ist, die Energie zu halten, die er mir herüberschickt.

»Er entschädigt dich für die trockene Woche«, erklärt Ahamkara es.

»Wer weiß«, wendet Buddhi ein, »Entschädigungen sind nicht seine Art. Die Blickesgaben waren bisher der Auftakt für die ›Waschmaschine‹ oder die Arbeit im Dienst am Nächsten.«

»Nein, nein«, sagt Ahamkara, »es ist nichts mehr ausständig. Du fährst bald ab.«

Zu meiner Überraschung kommt er zu einem zweiten Rundgang vorbei. Ich sehe ihn an, sinnend, prüfend.

»Ich werde deine Herrlichkeit schauen . . . eines Tages.«

Er schaut zurück, mit einem langen prüfenden Blick, *dem* Blick. Ich halte dem Blick stand, ich laufe leer unter diesem Blick, dann öffnet sich die ganze Weite des Brustraums.

»Ja, ich bin sicher. Eines Tages werde ich deine Herrlichkeit schauen.«

Die mitfühlende Liebe

Ich habe mich für die Möglichkeit geöffnet, meine Aktivitäten ihm zu widmen, meine Zukunft in seine Hand zu legen. Die Zukunft beginnt am nächsten Tag. Mein erster Traum von Baba erhält eine praktische Bedeutung.

Sabines Fuß entzündet sich so stark, daß sie nicht mehr auftreten kann. Eine Woche zuvor half ich ihr in einer morgendlichen Sitzung, ihre Wut darüber auszudrücken, daß Baba sie nicht ansieht. Danach färbte sich eine kleine Stelle unter dem Knöchel rot, gerade groß genug, um Sabine in Alarmbereitschaft zu versetzen, nicht groß genug, um Mizzi und mich zu beunruhigen. Zwei Monate zuvor war Sabine aus dem Krankenhaus entlassen worden. Eine kleine Wunde am Fuß hatte zu einer Blutvergiftung geführt, die das ganze Bein hatte anschwellen lassen. Zehn Tage lang hatten die Antibiotika dagegen angekämpft, dann war die Entzündung abgeheilt.

»Ich will nicht wieder ins Krankenhaus«, jammerte sie. »Immer habe ich was mit den Beinen. Seit Jahren schon.«

Sabine hat den »Kurs in Wundern« von mir übernommen.

»Ich bin der Geist«, sagt die Lektion, in der sie steckenbleibt.

»Gut«, meint sie tapfer, »mit der Entzündung habe ich nichts zu tun. Schließlich bin ich nicht mein Körper.«

Doch so einfach läßt er sich nicht abschieben oder verdrängen.

»So ist die Lektion nicht gemeint«, erkläre ich ihr. »Sie will dir vermitteln, daß dein Bewußtsein stärker ist als dein Körper, daß er das ausführt, was du im Innersten willst, gleichgültig, ob dir das bewußt ist oder nicht. Damit du von der Bindung an ihn frei wirst, mußt du dir über deine Schattenseiten klarwerden, ihnen den Zugang zu deinem Bewußtsein eröffnen.«

»Das verstehe ich nicht«, seufzt sie. »Der Kurs ist mir zu hoch.«

Ich nicke zustimmend.

»Ja, ich beginne zu begreifen, daß Jnana-Joga, der Weg der Unterscheidung, nicht für jeden gangbar ist. Offensichtlich setzt er eine bestimmte Bewußtseinsstruktur voraus, ein bestimmtes Wissen oder ein bestimmtes Training. Die meisten können eher auf dem Weg der Hingabe entlangwandern.«

Sabine leidet in klagloser Auffälligkeit. Mal lehnt sie wie ein sterbender Schwan an der Tür zum Bad, das entzündete Bein in stillem Vorwurf in die Luft gestreckt, mal liegt sie blaß und bleich auf der Lagerstatt, mal sitzt sie zusammengekauert wie ein kleines Mädchen in der Ecke.

»In welchem Bühnenstück spielst du gerade?« provoziere ich sie.

»Du bist gemein«, wirft sie mir mit sanft klagender Stimme vor. »Deshalb habe ich die Schauspielerei ja an den Nagel gehängt, weil ich keine Rollen mehr spielen, sondern ich selbst sein will.«

Am Montag nach meinem sonntäglichen Darschan schwellen ihr der Knöchel, Fuß und Unterschenkel an. Freunde bringen sie zur Überprüfung ins Krankenhaus. Die Ärzte verordnen Antibiotika. »Nicht schon wieder«, entscheidet Sabine. Sie bringen sie zur Heilpraktikerin.

»Da kommen die Antibiotika vom letzten Mal 'raus«, sagt diese. Sie gibt ihr homöopathische Mittel zum Abschwellen der Entzündung. Die Lymphen verdicken sich. Fieber setzt ein. Die Abwehr arbeitet.

»Verdiene dir die Gnade Gottes, indem du den Schwachen und Armen hilfst, den Kranken und Behinderten, den Leidenden und Unterdrückten. Lache nicht über andere und erfreue dich nicht daran, sie zu verletzen. Es gibt keine größere Sünde, als die Gefühle anderer zu verletzen. Der Mensch muß zwei Qualitäten entwickeln: Angst vor der Sünde und Hingabe zu Gott«, lese ich auf der schwarzen Tafel im Büro des College-Campus.

»O Baba«, denke ich voll Schreck. »Ist das die gelbe Karte für meine lästerlichen Bemerkungen zu Sabine? Dann steht mir einiges bevor.«

Das Fieber steigt. Wir richten das Bett als Krankenlager her. Das Zimmer ist mit allem ausgestattet, was wir zur Pflege brauchen: Kissen, Decken, Schüsseln, einem Eimer. Sabine möchte die Entzündung in Babas Tempelresidenz bekämpfen. Ich verwandle mich in eine Pflegerin. Dienst rund um die Uhr. Ich zeige ihr die Möglichkeiten, den Schmerz über Konzentration und Visualisierung zu steuern und abzustellen.

Am Donnerstag morgen hat sich die Entzündung über dem Knöchel bläulich gefärbt. Eiter sammelt sich unter der Haut. Mizzi und ich schauen einander an. Die Wunde schneidet uns ins Herz. Ich wünschte, Anna wäre hier. Doch ich bin alleine. Vor dem Altar versinke ich nach innen, spreche mit dem inneren Baba.

»Besteht Gefahr für ihr Leben? Für das Bein? Muß sie ins Krankenhaus? Muß sie mit Antibiotika behandelt werden?«

»Nein«, ist die konstante Antwort.

»Gibt es Komplikationen?«

»Ja.«

»Welcher Art?«

»Verdauung.«

»Hast du Stuhlgang?« frage ich Sabine.

»Nein.« Mit großen unschuldigen Augen sieht sie mich an.

»Seit wann nicht mehr?«

»Seit vier Tagen.«

Ich zucke zusammen. »Kein Wunder, daß das Fieber so hoch steigt. Du mußt die Giftstoffe abführen.« Nur wie? Wir haben kein Einlaufgerät. »Ja, Baba, wie? Mach was. Das geht so nicht«, hadere ich innerlich mit ihm. Irmgard kommt herein. »Nimm Seifenzäpfchen«, empfiehlt sie. Es funktioniert.

In geduldiger Stille liegt Sabine auf dem Bett, so als würde das Schreckliche an ihr vorübergehen, wenn sie sich möglichst wenig bewegte.

»Sabine, du verhältst dich wie eine Antibiotika-Patientin«, stöhne ich. »So kann man über Naturheilverfahren keine Entzündung abwehren. Du mußt mitarbeiten.«

Ihre großen staunenden Augen sagen: »Ich halte die Schmerzen schon tapfer durch. Was soll ich noch tun?«

»Viel Wasser trinken, Seifenzäpfchen einführen, die Medikamente regelmäßig einnehmen, zu Baba beten.«

Ich erzähle ihr von meinem fünfjährigen Kampf, mein Immunsystem, das nach einer größeren Dosis Antibiotika seinen Dienst gekündigt hatte, wieder zur Arbeit zu bewegen. Ich berichte ihr von den Irrfahrten durch die traditionelle und alternative Medizin auf der Suche nach einem Mittel, das die Schleimhäute gegen chronische Infektionen hätte schützen, die Anfälligkeit hätte herabsetzen können. Seit der Antibiotikabehandlung waren sie chronisch entzündet. In der Hölle der Schmerzen, gegen die es kein Mittel mehr gab, weil der Körper auf jede Art Chemie allergisch reagierte, lernte ich die Ergebung. Über eine Umstellung der Ernährung und über Shiatsu gelang es schließlich, die Abwehrkräfte zu mobilisieren. Ich lernte, die Entzündungsherde mit Hilfe von Naturheilverfahren auszustoßen. Der Körper befreite sich von den unterdrückten, schlecht ausgeheilten Krankheiten der Kinderjahre.

»Du überforderst sie«, mahnt Buddhi. »Sie ist nicht in deiner Situation. Siehst du nicht, wie unerfahren sie mit solchen Methoden ist?«

»Bist du wahnsinnig, die Verantwortung für solch eine Entzündung zu übernehmen?« fragt Ahamkara. »Bringe sie ins Krankenhaus.«

»Wenn du sie gegen ihren Willen ins Krankenhaus bringst, kannst du dir nicht mehr in die Augen sehen«, sagt Jivatman. »Du weißt genau, daß hinter dieser Entzündung ein chronischer Prozeß steht und daß unbewältigte Konflikte zu bearbeiten sind, die dem chronischen Geschehen zugrunde liegen. Noch funktioniert die Abwehr, auch wenn sie geschwächt ist. Drücke dich nicht vor der Verantwortung. Wenn du Sabine nicht stützt, hat sie keine andere Wahl, als ihren Kampf aufzugeben.«

Ich verbringe eine schlaflose Nacht. Ich prüfe meine Motive, bin mir aber keines Eigeninteresses bewußt. Ich habe nichts zu verteidigen, keine Naturheilverfahren, keine Antibiotika, sondern bin für beide Wege offen, je nach Notwendigkeit. Meine Tendenz auszusteigen spüre ich. Aber ich weiß zu genau, daß es um eine viel tiefere innere Wunde geht, die sich hinter der äußeren verbirgt. Das Wissen verpflichtet. Ich nehme die Aufgabe an. Ich habe ein Kind, für das ich verantwortlich bin. Und ich trete in ein konstantes inneres Gespräch mit Baba ein.

»Soll sie diesen Prozeß in dieser Form durchlaufen?«

»Ja.«

»Besteht Gefahr für das Bein, das Leben?«

»Nein.«

»Kann ich dieser inneren Stimme trauen?«

»Ja.«

Das Fieber steigt auf 39,5 Grad und sinkt in der folgenden Nacht auf 38,6 Grad ab. Ein bläulichrotes Monstrum wölbt sich über dem Knöchel hervor. Besorgt betrachte ich dieses Ungetüm. So einen Abszeß habe ich noch nicht gesehen.

»Dies ist meine Grenze«, sagt Mizzi. »Ich steige aus.«

Ich sitze vor dem Altar, hadere mit Baba.

»Warum schickst du mir niemanden von meinen ärztlichen Kollegen vorbei. Dieser Abszeß geht über meine Kompetenz. Ich brauche eine ärztliche Begleitung.«

Am Morgen höre ich, daß unter den Bewohnern im Haus eine argentinische Ärztin sei. Ich bitte sie um eine Diagnose des wachsenden Abszesses. »Ist es Eiter oder ein Blutgerinnsel?« möchte ich wissen. »Ist das Gewebe entzündet, das Fleisch, der Knochen?« Ich erfahre nichts davon. Entsetzt sieht sie auf das blaurote Monstrum, das sich über dem Knöchel erhebt.

»Was würdest du in Deutschland in einem solchen Fall tun?« fragt sie Sabine mit sanfter Nachdringlichkeit.

»Wenn ich niemanden zur Verfügung hätte, würde ich ins Krankenhaus gehen«, antwortet Sabine.

»So, und jetzt fährst du ins Krankenhaus. Du mußt mit Antibiotika behandelt werden, wenn du auf zwei Beinen nach Deutschland zurückkehren willst. Der Knochen muß geröntgt werden, um zu überprüfen, ob er entzündet ist.«

Der Blick, die apodiktische Stimme dulden keinen Widerspruch, keine Diskussion. Ich kann zwei der anwesenden Frauen gerade noch daran hindern loszustürzen, um ein Taxi zu besorgen.

»Jede von uns nimmt sich fünf Minuten Zeit, um in sich nachzuforschen, was wir tun«, schlage ich vor.

Wir kommen alle zum gleichen Ergebnis: den Arzt hinzuzuziehen, den uns die Heilpraktikerin empfohlen hat. Er kommt mittags, ein indischer Arzt, ausgebildet in Allopathie, Homöopathie und ajurwedischer Medizin. Aus seiner Tasche holt er Empfehlungsschreiben, Dankschreiben von Klienten. Ich schaue in die Gesichter der versammelten Frauen. »Wer Empfehlungsschreiben braucht, kann nichts sein.«

»Das ist ein normaler Abszeß, der Knochen ist nicht entzündet«, meint er. »Aber der Eiter ist noch nicht reif. Wir müssen warten. Morgen bricht die Beule vermutlich auf. Dann stößt der Körper den Eiter ab. Andernfalls kann ich schneiden.«

Er bietet an, täglich nach der Wunde zu sehen, auch zweimal täglich, wenn nötig. Ich bin erleichtert. Er erläutert den chronischen Prozeß des Geschehens. Was er sagt, deckt sich mit meinen Informationen, mit meinem Wissen. Ich traue ihm. Ich bin die einzige, die ihm traut.

»Empfehlungsschreiben sind Ausdruck der Kolonialzeit, nicht der Kompetenz«, beruhige ich die anderen. Doch Sabine muß ihre Entscheidung alleine treffen. Sie ist in Alarmbereitschaft. »Ich habe Angst, das Bein zu verlieren, Angst vor einer Knochenhautentzündung.« Sie bittet Baba um klare Zeichen, wem sie trauen kann. Zwei Bilder erscheinen. Im ersten Bild sitzt sie als kleines Kind auf seinem Schoß. Er lächelt ihr zu. »Kann ich dem indischen Arzt trauen?« fragt sie. »Yes, yes«, hört sie, noch bevor sie die Frage zu Ende formuliert hat. Im zweiten steht sie als Erwachsene an einem Wasserfall. »Kann ich dem indischen Arzt trauen?« fragt sie. »Nein«, hört sie.

Verzweifelt wendet sie sich an mich.

»Das erste Bild kommt aus deinem inneren Wissen, das zweite von deinem Verstand«, beruhige ich sie. Sie ist nicht beruhigt.

»Ich glaube, ich gebe auf und gehe ins Krankenhaus, es sei denn, Baba schickt mir klare äußere Zeichen.«

Die Heilpraktikerin, die ich am Nachmittag aufgesucht habe, kommt. Noch nie sah sie solch einen Abszeß. Sie erklärt Sabine den Unterschied zwischen dem Schmerz einer Gewebe- und einer Knochenhautentzündung. Sabine faßt sich.

Ein Osteopath, ein Knochenspezialist, stellt sich ein.

»Der Knochen ist nicht entzündet«, konstatiert er. »Laß deine Furcht los, das Bein zu verlieren.«

Das mittlerweile blauviolette Ungetüm mit der Entzündung, die sich die halbe Wade hochzieht und den Fuß in einen heißen Klumpen verwandelt hat, spricht sich im Haus herum.

Ein indischer Arzt tritt auf. »Du mußt sofort ins Krankenhaus. Die ziehen mit einer Nadel den Eiter raus. Mit einer guten Dosis Antibiotika kannst du übermorgen schon wieder laufen.«

Sabine winkt ab.

Eine hellsehende Heilerin beschließt den Reigen an diesem Tag. »Die Seite der weiblichen Identität ist ungeklärt. Du mußt jemandem vergeben.«

Sabine verabschiedet innerlich ihre Mutter, die sie bis zu deren Tod kurz vor ihrer Abfahrt nach Indien gepflegt hat.

Wie jeden Morgen befrage ich anderntags mein inneres Wissen, den inneren Baba.

»Ist alles getan, was zu tun ist? Verläuft der Prozeß gut, oder gibt es Komplikationen?«

Wie schon zwei Tage zuvor, als das Fieber unaufhörlich stieg, deuten sich Komplikationen an.

»Du mußt die Dynamik klären, die bei Sabine seit Jahren Verletzungen an den Beinen hervorruft«, rät das innere Wissen.

»Seit wann genau treten die Verletzungen auf?« frage ich Sabine.

»Seitdem ich den sicheren Rahmen des Kunststudiums verließ und Schauspielerin wurde.«

»Und was bedeuten deine Beine für dich?«

»Ich habe Angst, sie zu verlieren, schon lange.«

Mein drittes Ohr hört den Wunsch.

»Was wäre, wenn du sie verlörst?«

»Dann wäre ich vom Leben ausgeschlossen«, antwortet sie zögernd.

»Und wie wäre das?«

Wir sprechen die Situationen durch, in denen sie sich draußen, außerhalb, in ihrem Leben ausgeschlossen gefühlt hat.

»Fallen dir Sätze aus dem Volksmund ein, die mit Beinen in Zusammenhang stehen?« frage ich sie.

»Nein.«

»Mit beiden Beinen im Leben stehen, zum Beispiel«, schlage ich vor.

»Auweia, stehe ich nicht?«

»Stehst du?« frage ich zurück.

»Ich bin immer hinter Glas.« Und dann fällt ihr ein vertrautes Bild ein:

> »Die alte Sabine sitzt im Rollstuhl am Fenster und guckt dem Leben hinter den Scheiben zu. Sie ist mager, hat ein verbittertes, zusammengekniffenes Gesicht, graues Haar, streng zum Knoten zurückgekämmt, eine flache Brust, trägt nur dunkle, altmodische Kleidung mit Röcken bis zum Boden. Ihr fehlt ein Bein. Ihre stechenden Augen versteckt sie hinter Brillengläsern. Sie wohnt in einem Heim, in einem kalten Raum, Bett, Tisch, Schrank und ein

Kreuz über der Tür sind die ganze Ausstattung. Von den Schwestern wird sie unfreundlich behandelt, weil sie ihre Verbitterung über ihr verpatztes Leben an ihnen ausläßt.«

»Gibt es eine andere Sabine?«

»Ich kenne keine andere. Nur die. So endet sie.« Die Worte sind ganz selbstverständlich.

»Versetze dich in deine Jugendzeit zurück. Wer wolltest du sein?«

»Urwaldforscherin«, kommt nach kurzer Bedenkzeit.

»Ach, und was verbindest du damit?«

»Schlangen, Feuchtigkeit, Wärme.«

Die Verbindung zum Dschungel der sexuellen Lust fällt dem geübten psychoanalytischen Ohr nicht schwer.

»Ein schwieriger Bereich«, seufzt sie.

»Suche nach der Sabine, die leben will«, trage ich ihr auf, während ich zum Darschan gehe. »Beschreibe sie, so gut du kannst.« Im Darschan befrage ich den äußeren Baba. Er reagiert nicht. Ich bin auf den inneren zurückgeworfen.

»Bist du dir darüber im klaren, was du hier tust?« fragen mich die Frauen, die den Entscheidungsprozeß miterlebt haben.

»Ich bin mir darüber im klaren«, sage ich. »Besser die Wucherung nach draußen als die Wucherung nach innen in den Körper.«

»In deiner Haut möchte ich nicht stecken«, meint Mizzi.

»Ich auch nicht«, erwidere ich, »aber ich stecke drin.«

Mittags ist eine neue Sabine geboren:

»Sie steht mit nackten Füßen im saftigen grünen Gras und hängt Kinder- und Babywäsche auf eine Wäschespinne. Sie hat einen verblichenen beigen Rock an, der weit und bequem ist und bis zu den Waden reicht. Die sind rund und fest und leicht gebräunt. Dazu trägt sie ein abgetragenes T-Shirt mit kurzen Armen. Auch was man von den Armen sieht, ist rund und fest und leicht gebräunt. Sie hat einen geraden Rücken, wenig Busen, verhältnismäßig breite Hüften, ist groß und schlank, aber keineswegs dünn, hat einen langen Hals, ein längliches Gesicht mit gesunder Gesichtsfarbe. Sie strahlt. Sie verrichtet ihre Arbeit gerne. Es ist ein schöner Morgen, die Sonne scheint ihr ins Gesicht. Die Haare sind hochgesteckt, das ist praktischer. Sie singt beim Wäscheaufhängen. Manchmal ruft sie einem Kind im Haus etwas zu. Sie hat zwei Kinder im Alter von neun und vier Jahren. Sie ist Anfang vierzig. Sie strahlt Wärme, Weiblichkeit, Lebensfreude, Zuversicht, Herzlichkeit aus. Sie ist großzügig und voller Mitgefühl. Mit ihrem Mann und den Kindern und anderen Paaren wohnt sie auf einem Landstück, zu dem mehrere Häuser gehören. Alle verstehen sich als Gemeinschaft, obwohl die Familien für sich wohnen.

In diesem Zeitabschnitt identifiziert sie sich mit dem Familien- und Gemeinschaftsleben, ohne daß sie den Beruf besonders vermißt. Es gibt immer wieder Gelegenheit, in kleineren Konzerten zu singen. Vielleicht unterrichtet sie auch.«

Die Entscheidung zwischen den beiden Frauenleben fällt nicht schwer.

»Möchtest du meine beiden Frauenbilder kennenlernen?« frage ich sie.

»O ja.« Mit Hilfe der Kissen richtet sie sich im Bett auf. Ich suche nach meinem Schreibblock, blättere durch die Seiten. Der Finger hält inne.

»Aha, hier«, sage ich befriedigt und lese vor.

»In meinen schlimmsten Träumen bin ich die Graumaus, alt und gebrechlich, vereinsamt hinter der verschlossenen Tür. Das Ohr an der Wand, lausche ich auf die Nachbarn oder tripple durch die Wohnung auf der Suche nach Sinn. Verängstigt bei dem Gedanken, auf die Straße zu gehen, bin ich die Graumaus in den abgetragenen Kleidern vergangener Träume. Unbeholfene Stiche halten die Kleider mühsam zusammen, verblichene Flicken auf verblichenem Stoff, Muster verblichener Zeit.

In meinen besten Träumen bin ich die große alte Dame, sitze im Lehnstuhl, weich und sanft, mit weißem, festem Haar, das ein lebhaftes, offenes Gesicht umrundet, mit aufmerksamen Augen, die den Besuchern zugewandt sind, ruhig und gelassen, voll innerer Fröhlichkeit, lausche dem Lachen der Kinder, dem Lachen meiner Enkelkinder, dem Lachen der Kinder der zahlreichen Besucher, die zum Tee erscheinen, zu intensiven Gesprächen, die den lebhaften Geist anregen, Gesprächen, in denen die Weisheit des Alters sich mit der Neugier der Jugend mischt, das Vergangene in die neue Zeit fließt, sie formt, befruchtet, genieße die Erfüllung eines erfüllten Lebens.«

»Die alte Dame erinnert mich an Anna«, sagt Sabine.

Ich bin überrascht, sinne einen Augenblick nach.

»Ja, vielleicht . . .«, lächle ich, »ich hätte nichts dagegen, so zu werden wie sie.«

Am Morgen erfahre ich, daß wir einen Tag nach Babas Abreise das Gästehaus räumen müssen. Babas Abfahrt ist für den nächsten Tag angekündigt.

Der Arzt überprüft die Wunde. Das blauviolette Monstrum hat sich noch nicht geöffnet. Ohne daß der Eiter abgeflossen ist, können wir nicht fahren. Der Arzt streut ein eiterziehendes Kraut auf die Beule.

Ich setze Sabine unter Druck.

»Entweder du bist übermorgen reisefähig, oder ich muß dich ins Krankenhaus bringen. Mit dieser Wunde können wir nicht in eine Dorfwohnung umsiedeln, ohne reines Wasser, ohne einwandfreie Nahrung, ohne Babas ›Tempelschutz‹.«

»Was soll ich tun?«

»Überlege dir Schritte, wie du an deiner Gesundung mitwirken kannst.«

Am Spätnachmittag empfängt sie mich voller Empörung. Zorn blitzt ihr aus den Augen.

»Das Leben kehrt ein«, denke ich erleichtert.

»Du verlangst zuviel von mir. Heute rennst du den ganzen Tag geschäftig durch die Gegend, statt dich um mich zu kümmern. Während der vergangenen Tage warst du so lieb und geduldig, und jetzt bist du so kurz angebunden und schroff«, sagt sie mit lieber Stimme, durch die die Empörung hindurchzittert.

»Spürst du deinen Zorn?«

Zögernd kann sie ihn annehmen.

»Du hast recht«, stimme ich ihr zu. »Ich verlange viel mehr von dir. Du bist fieberfrei, und ich brauche deine Mitarbeit für den inneren Prozeß.«

Wir klären die Ebenen. Mittlerweile bin ich Mutter, Therapeutin, Krankenschwester und Pflegerin. Ich wasche sie, stütze sie zur Toilette, verbinde die Wunde, überprüfe die Einnahme der Medikamente, Wasserzufuhr, Stuhlgang, wache nachts während der Fieberphase, verarbeite mit ihr den inneren Prozeß. Ich bin erschöpft. Ich habe die Liebe verloren. Wir klären die Übertragung. Ich habe mich in die böse Mutter verwandelt. An diese erinnert sie sich nicht. Wir forschen in ihrer frühen Kinderzeit. Ein Bild drängt sich mir auf: Ich sehe einen Säugling, der voller Empörung auf den Armen der Mutter strampelt und schreit: »Wenn du mich nicht so versorgst, wie ich das will, räche ich mich an dir, indem ich nicht auf meine eigenen Beine komme.«

Sabine ist verblüfft. »Ich war immer so ein braves Kind.«

»Eben.«

Ich gelobe Besserung in meiner liebenden Zuwendung, wenn sie sich Mühe gibt, mich zu entlasten, ihren Anteil zu leisten.

Die äußere Wunde bricht auf, der Eiter füllt einen Teller.

Während der äußere Schmerz verrinnt, bricht die innere Wunde auf. »Die Welt ist nicht mehr dieselbe«, sagt Sabine im Taxi auf dem Weg nach Puttaparthi. »Ich habe den Eindruck, ich weiß überhaupt nichts mehr.«

»Ein guter Startpunkt, um neu zu beginnen.«

Wir kehren zur Wohnung unserer »östlichen« Mutter zurück, in die mittlerweile eine weitere Frau eingezogen ist aus Delhi. Ihr Gesicht trägt die Spuren des gelebten Lebens. Ich versorge die Wunde, aus der der Eiter weiter hervorquillt. Noch sind Bein und Fuß entzündet. Der Arzt hat mich vor unserer Abfahrt mit Medikamenten und Anweisungen versorgt. Während ich den Verband wechsle, spüre ich den Blick unserer neuen Mitbewohnerin auf meinem Rücken, spüre das Entsetzen in ihrem Blick.

»Die nächste Ärztin«, denke ich.

»Sind Sie Ärztin?« fragt sie.

»Nein«, antworte ich. »Und Sie?«

»Ich bin Ärztin.«

»Ich weiß, und ich weiß auch, was Sie jetzt denken und empfinden.«

»Ich denke an den Schmerz, den Sie durchlitten haben müssen«, wendet sie sich an Sabine.

»Ach, der Schmerz war es wert. Er ist harmlos im Vergleich zum inneren Schmerz, der aufgebrochen ist.«

Ich bitte die Ärztin um ihre Mithilfe, darum, die tote Haut zu schneiden, den Heilungsprozeß zu beurteilen.

»Eine solche Wunde gehört ins Krankenhaus.«

»Ich weiß.«

Wir kommen ins Gespräch. »Merkwürdig«, sagt sie, »meine Bekannten in der anderen Wohnung streiten ständig, während ihr trotz all der Schmerzen viel lacht und eher glücklich wirkt.«

Sie überprüft die Wunde. Die Wunde verheilt gut.

Zum erstenmal kann ich loslassen. An beiden Zeigefingern hat sich eine winzige Schnittwunde entzündet. Die Hände versagen den Dienst. Nach fünf Tagen und vier Nächten Dauereinsatz bin ich an meine Grenze gelangt.

»In Einheit mit dem göttlichen Willen hast du die Stärke von tausend Elefanten«, sagt Baba.

Die Elefanten sind müde. Zwar habe ich jeden Morgen und jeden Abend Baba die Ergebnisse der Arbeit übergeben, im ständigen Dialog mit ihm die Schritte überprüft, konnte mich von der Last der Verantwortung jedoch nicht ganz befreien.

»Und wenn dein Kanal nicht frei ist? Und wenn du dich irrst? Und wenn das Bein abgenommen werden muß?«

Ganz konnte ich den Zweifel nicht abstellen, obwohl keine Zeit blieb, ihn zu nähren.

Ich schließe die Türen, ziehe mich vor Babas Bild zurück, zu *dem* Blick. Ich schaue ihn an, lasse der Wut und der Verzweiflung freien Lauf.

»Warum läßt du mich mit einer so schweren Aufgabe allein? Warum erscheinst du nicht mal im Traum wie bei anderen oder gibst mir einen aufmunternden Blick im Darschan?«

Die Jahre der Arbeit kochen in mir hoch: schwierige Situationen mit Menschen, die der Verzweiflung am Leben durch den Tod zu entrinnen suchten, unter dem Haß die Liebe nicht mehr finden konnten, das Leiden in Alkohol ertränkten; Menschen, die ich in ihren Wahnsinn hinein- und wieder hinausbegleitet habe, die ich durch das Entsetzen des Todes in ein anderes Leben geführt habe; Situationen, in denen ich darauf angewiesen war, daß meine Wahrnehmung und meine Intuition stimmen, ich mich auf mein Können verlassen kann, zu hundert Prozent. Ich erinnere mich an den Neid, der mich erfaßte, als ich in einem psychiatrischen Großkrankenhaus arbeitete: den Neid gegenüber dem Schutz der Einrichtung, den Neid gegenüber der Möglichkeit, unliebsame Verantwortung und Arbeit an die Pfleger, den Oberarzt, den Stationspsychologen, die Sozialarbeiter zu delegieren. Bei meiner Arbeit war ich oft die letzte in der Kette, nur noch *er*, der hinter mir stand, wenn es darauf ankam, keine Zeit, mich zu sorgen, mir Gedanken zu machen, nur Zeit zum Handeln, Zeit für ein Stoßgebet: »Steh mir zur Seite, laß mich keinen Fehler machen!«

Mir fällt ein Buch in die Hände, das Rainer mir zum Abschied gab. Es enthält Worte von Jesus und von Sathya Sai Baba. Ich suche Trost, schlage »zufällig« eine Stelle auf.

»Glücklich sind jene, deren größtes Bedürfnis darin liegt zu tun, was Gott verlangt. Er wird ihre Bedürfnisse ganz befriedigen.«

»Ach Gott«, denke ich. »Das ist zuviel. Ich kann nicht mehr.«

Erschöpft bette ich mich zur Ruhe. Im Traum erscheint Baba. Vergnügt schäkert er mit Leuten, voll verspielten Charmes, spitzbübisch, so wie ich ihn am liebsten mag. Ich bin allein mit ihm. »Was bringt die Zukunft?« frage ich ihn. Er antwortet nicht. »Warte, warte . . .«, sagt er im Darschan.

Ich ziehe mich zurück unter den Meditationsbaum. Fast drei Monate sind verstrichen, seitdem ich mich regelmäßig unter seiner schattigen Krone aufhielt. Nun trägt er rote Beeren, an denen die Krähen knabbern. Sie haben ihren Versammlungsort über meinem Kopf eingerichtet, im Strahl der verglühenden Sonne, die die rote Erde auf dem gegenüberliegenden Hügel noch röter färbt. Die Tage werden heiß. Der Wollpullover liegt zum erstenmal seit zwei Monaten zu warm auf der Haut beim morgendlichen Omkara. Der Kalender verzeichnet Mitte Februar. Ich bin an den Ort des höchsten Friedens zurückgekehrt.

Wo war ich nur während der vergangenen drei Monate?

Über die Dächer des Aschrams und das Grün der Bäume schaue ich auf das rötliche Grau der Felsen. Die, die schaut, ist eine andere als die, die herkam. Eine tiefe Trauer erfaßt mich, kein Gefühl von Trennung oder Abschied, sondern Trauer um etwas, das gegangen ist. Mein Wunsch nach Kindern, mein Wunsch nach einem menschlichen Gefährten sind erloschen. Mir ist, als genese ich von langer Krankheit. Mir ist, als wäre ich lange, lange fort gewesen.

Ich besorge Krücken und eine Rikscha. Wir fahren zum Darschan, meine »Tochter« Sabine und ich. In den vergangenen Tagen habe ich sie ihrem Heilungsprozeß allein überlassen, mich auf meinen zurückgezogen. Meine morgendliche Baba-Befragung kündigt neue Komplikationen an.

Im Darschan schickt er mir, dann ihr, den bekannten direkten langen Blick.

»Was das wohl heißen mag?« sinniert Sabine.

»Wir haben noch eine Runde frei«, lache ich. »Der Prozeß ist noch nicht zu Ende.

Ich erkundige mich nach dem Stand ihrer Bemühungen, gesund zu werden. »Nichts Besonderes«, sagt sie. »Ich warte darauf, daß die Wunde heilt.«

»Oh«, sage ich erschrocken. »Das klingt nach Stillstand.

Die Entzündung, die zu Beginn der Woche nachgelassen hatte, flammt gegen Abend erneut auf. Mir wird klar, daß in der ersten Runde meine Energie Sabine getragen hat und daß Sabine in passives Warten versunken ist, als ich mich wieder mir selber zugewandt habe. Ihr Bedürfnis nach Versorgung ist unübersehbar.

»Die zweite Runde geht an dich, Sabine«, sage ich. »Prüfe, ob du sie durchstehen willst. Du hast jetzt genügend Erfahrung mit beiden Methoden, um selber zu entscheiden.«

Ich verbringe eine weitere lange Nacht, schlage die Worte von Jesus und Sai Baba auf. »Die Fähigkeit der Unterscheidung ist zweifellos mehr wert als Buchwissen, Reichtum und physische Stärke. Die Übereinstimmung von Gedanken, Wort und Tat ist der erste Schritt im spirituellen Wachstum.«

Ich überprüfe meine Motive.

»Entziehe ich mich der Verantwortung? Schiebe ich Sabine ins Krankenhaus ab?«

»Nein«, ist die Antwort.

»Habe ich in bezug auf die Naturheilverfahren ein Prinzip zu verteidigen?«

»Nein«, ist die Antwort. Ich bin offen für beide Wege.

»Welcher Weg ist zu diesem Zeitpunkt angemessen?«

»Antibiotika.«

Am nächsten Tag erzählt mir Sabine einen Traum:

»Ein Kind hat sich an Süßigkeiten den Magen verdorben. Die Mutter läßt ihm nicht den Magen auspumpen, was normal wäre, sondern versucht es mit anderen Methoden. Zu meiner Verblüffung ist die Mutter gar nicht verzweifelt, sondern erzählt leicht und locker davon. Ich denke, das Kind müsse längst tot sein. Doch es liegt im Himmelbett und hat Geschwüre im Gesicht. Das Kind ist gereift. Es sieht erwachsen aus, wie ein junges Mädchen.«

Der Traum sagt mir nur allzu deutlich, daß sie die Verantwortung für den Prozeß nicht übernehmen will und kann. Ich fordere sie auf, den äußeren Baba um eine Entscheidung zu bitten. Sie schreibt ihm einen Brief.

»Wenn du diesen Brief nimmst, heißt dies: Naturheilverfahren. Nimmst du ihn nicht: Antibiotika.«

Er nimmt ihn nicht. Ich bestelle eine Rikscha zum Hospital. Unsere »wohnungseigene« Ärztin ist am Morgen abgereist.

Gemeinsam stehen wir noch einmal das mittlerweile bekannte Entsetzen der Ärzte durch, die Fragen. Erstaunt bemerke ich, mit welch heiterer Gelassenheit ich inzwischen auf die mich festnagelnden Blicke reagiere. »Ich bin unberührt davon«, denke ich verwundert. Sabine hat recht in ihrem Traum.

Sabine bricht weinend auf dem Stuhl zusammen. »Ich will nicht ins Krankenhaus!«

»Dann müssen Sie in die Klinik nach Bangalore.«

»Dann bleibe ich hier.«

Der Schock bringt die Verzweiflung hoch, die Verlassenheit, die

Erschöpfung. Der Stolz ist angeknackt. Die Sehnsucht nach Mama, nach Baba bricht hervor. Wir pflügen täglich ein Stück der Geschichte um. Sabines Augen beginnen zu strahlen. Wunderschöne Kinderaugen leuchten mich an. Eine andere Sabine taucht aus der Gruft auf, in die hinein sie verbannt war.

»Was ist mit Sabine geschehen?« fragt mich eine gemeinsame Bekannte. »Vorher war sie weder Fisch noch Fleisch. Jetzt wirkt sie ganz frisch und offen, ja geradezu herzlich.«

»Sie beginnt zu leben.«

Ich schreibe einen Brief an Baba. War dieser Prozeß in dieser Form dein Wille, oder habe ich deinen Willen an irgendeinem Punkt mißverstanden und einen Fehler gemacht, der Sabine ins Krankenhaus brachte? Diesmal reagiert der äußere Baba sofort, kommt gezielt auf den Brief zu, nimmt ihn. Ich bin entlastet, dankbar für die Rückkopplung des äußeren an den inneren Baba.

»Ich verstehe nicht, warum der äußere Baba mich in den kritischen Phasen des Prozesses so allein gelassen hat«, beklage ich mich bei Mizzi.

»Möglicherweise wollte er dich lehren, deiner inneren Stimme ganz zu trauen. Hast du ihn um etwas Ähnliches gebeten?«

»Ja, ich habe um eine ständige innere Verbindung mit ihm gebeten«, sage ich.

»Na, dann beschwere dich nicht.«

»Worum hast du ihn gebeten, als du vor fünf Monaten herkamst?« frage ich Sabine.

»Mein Ich zu zerstören«, sagt sie.

»Na, dann beschwere dich nicht.«

»Du wolltest doch sein Instrument sein«, erinnert Jivatman.

»Schon, aber so drastisch habe ich mir das nicht vorgestellt.«

»Du weißt, daß er alle Wünsche erfüllt«, sagt Jivatman.

»Wirklich? Mit der Realisierung der Wahrheit ist er sehr zurückhaltend.«

»Kommt Zeit, kommt Rat. Starte früh, fahre vorsichtig, erreiche dein Ziel sicher.«

Entlastet von den täglichen Verpflichtungen der Versorgung widme ich mich mit Begeisterung dem Buchmanuskript. Ich atme erleichtert auf.

Gut, daß sie eine große Tochter ist, die in drei Wochen selbständig wird. Diese Zeit entschädigt mich für zwanzig Jahre Kinderdienst.

Ich tippe die Szene mit den Lotosfüßen, die vor meinem inneren Auge neu entsteht. Die Sehnsucht bricht auf. »Ach Swami, du weißt doch . . . ich möchte so gerne mal wieder deine Füße berühren. Es ist schon zwei Monate her.«

Ich weiß, er hört mich, ist er doch seit jenen kritischen Tagen stets bei mir. Ich erwache mit ihm, ich schlafe mit ihm ein, ich verbringe den Tag mit ihm, mühelos, ohne Anstrengungen.

Die Verbindung ist klar, fraglos, Herz zu Herz, ohne Zweifel, ohne Widerstand.

Zu meiner Überraschung sitze ich am nächsten Morgen beim Darschan in der ersten Reihe. Baba erscheint auf der Veranda. »Ach Swami«, denke ich, »du weißt . . .« Spitzbübisch lacht er in meine Richtung. Ich weiß, daß er weiß. Er schreitet halb zur Seitengalerie, wendet sich zur Längsgalerie und kommt direkt auf mich zu. Ich starre fasziniert auf die Füße, die sich auf mich zubewegen, als sähe ich sie zum erstenmal sich heben, schreiten, schweben. Kurz vor mir halten sie. Er nimmt Briefe an. Sein rechter Fuß weist in meine Richtung. Es zieht mich nach vorne, unwiderstehlich. Meine Hände umfassen den Fuß, der Kopf berührt die Erde. Ich schließe die Augen. Der innere und der äußere Baba. Es ist kein Unterschied. Ich bin glücklich.

Sechstes Kapitel

Jenseits des Regenbogens

*Wenn du es wagst, meine Wahrheit zu suchen,
dann komme und ergebe dich mir.*

*Das Spiel ist seins.
Die Rolle ist seine Gabe.
Das Stück schreibt er.
Er führt Regie.
Er bestimmt Kostüme und Dekoration.
Er bestimmt die Gestik und den Ton.
Er bestimmt Anfang und Ende.
Ihr müßt eure Rolle gut spielen
und seine Anerkennung finden,
wenn der Vorhang fällt.
Verdient euch durch eure Leistung
und Einsatzbereitschaft das Recht,
immer höhere Rollen zu spielen.
Das ist Sinn und Zweck des Lebens.*

Das Manuskript ist fertig. Der Gedanke, es Baba je überreichen zu müssen, erfüllte mich zu Beginn aus unerklärlichen Gründen mit tiefer Panik und blockierte das Schreiben.

»Du mußt ihm das Manuskript nicht persönlich vorlegen. Wenn es publiziert wird, hat es seinen Segen. Gott wirkt überall«, versicherte mir Professor Kasturi im ersten Gespräch.

»Wirklich?« fragte ich zweifelnd, dann aufatmend. »Wenn das so ist, fange ich an zu schreiben.«

Im Januar entschied ich mich abzureisen, das Kapitel über das »Band der Liebe« an einem schönen Badestrand zu verfassen. Babas Nein hinderte mich. Ich vergaß die Panik. Nun ist das Manuskript fertig.

In der Nacht, bevor ich es ihm zeigen will, habe ich einen Traum:
Ich stehe am Strand, wende mich intuitiv dem Meer zu und sehe, wie sich eine Welle haushoch auftürmt, bereit, mich einzusaugen, zu verschlingen. Ich springe auf einen Sandhügel rechts von mir. Die Welle schlägt krachend auf den Strand. Sprüher durchnässen mich völlig, aber ich bin unversehrt.

Ich erwache, in kalten Schweiß gebadet. Die Gefahr ist nicht gebannt. Aus einem weiteren Traum dieser Nacht erwache ich mit der Erinnerung, daß nur die Ergebung mich vor den verschlingenden Fluten retten wird. Am nächsten Morgen dröhnt mir der Kopf, mir ist übel, ich fühle mich zerschlagen. Der Traum ist eine Warnung, aber wovor?

Wieder einmal wälze ich Reisepläne. Mein Visum läuft Anfang April aus. Ich möchte den Strand, ich möchte Indien erleben.

»Ich fahre nach Goa«, sage ich zu Sabine.

»Oh, tu dir das nicht an!« meint sie. »Die Sex- und Drogenszene dort wird dich schockieren nach einem halben Jahr im Aschram.«

»Vielleicht ist der Traum eine Warnung vor Goa . . .«

»Oder vor etwas Innerem«, überlegt Sabine.

Ich bekomme eine der letzten Reihen am Mittwoch morgen, keine Chance, ihm das Manuskript vorzulegen. Am Nachmittag sitze ich in der Außenreihe. Ich könnte, wenn ich wollte. Während er seine Runde an der Seitengalerie beginnt, ziehen gefahrvolle Phantasien auf.

»Er wird dich vor allen lächerlich machen. Er wird dich kalt ab-
fahren lassen.«

Mein Herz jagt vor Panik, als er in meine Nähe kommt, einen Seitenblick auf die drei dicken Papierordner wirft, die ich in der Hand
halte. Ich bringe kein Wort hervor.

»O Gott, ich dachte, ich hätte alles hinter mir, dabei habe ich noch
alles vor mir«, stöhne ich, als ich meine Hilflosigkeit registriere.

Ich ziehe mich zurück auf den vertrauten Felsen, der schon so viele Szenen der Wut, der Erbitterung, des Heulens und Zähneklap-
perns miterlebt hat.

»Wenn du ihm das Manuskript hinreichst, macht er dich in aller
Öffentlichkeit lächerlich«, sagt Ahamkara.

»Nein, nein«, widerspricht Jivatman, »so etwas tut er nicht.«

»Das hast du schon mal geglaubt und bist damit reingefallen«, gibt
Ahamkara zu bedenken.

»Er ist die Liebe«, versucht es Jivatman erneut. »Er hat kein Ich,
das er befriedigen muß.«

»Schau hin«, sagt Buddhi, »beobachte. Was macht es so schwer,
ihm das Manuskript vorzulegen?«

»Es ist der Ausdruck meiner Liebe«, stelle ich verwundert fest,
»mein Herzblut. Die Rose war nur die Generalprobe, das Manuskript
ist die Premiere. Das Manuskript bin ich selbst, mein Leben. Die
Rose ist nur ein Symbol.«

»Er wird das Kapitel über das ›Band der Liebe‹ in den Boden
stampfen«, sagt Ahamkara. »Es wird ihm nicht genügen. Er wird es
kitschig finden.«

»Ich werde es ihm mit den Worten geben: ›Hier ist dein Manuskript‹«, sage ich tapfer.

»Er wird es dir kaltlächelnd zurückgeben, sagen, daß es nicht seines ist, daß er damit nichts zu tun hat.« Ahamkara gibt nicht nach.

»Es ist nicht mein Manuskript. Ich bin nur der Schreiber dieses
Bühnenstücks, dessen Szenen er gefügt, dessen Dialoge er auf dem
Schlachtfeld zwischen Ahamkara, Jivatman und Buddhi geformt hat.
Ich bin nur der Protokollant, der Reporter.«

»Das interessiert ihn doch nicht, wie du dir das Buch erklärst«,
sagt Ahamkara erbarmungslos. »Mitgegangen, mitgefangen.«

»Wenn er sein Werk nicht haben will, schmeiße ich ihm die Blätter einzeln in den Tempelinnenhof«, sage ich in aufkeimender Wut. Die Szene entsteht plastisch vor meinen Augen: Die Tausende Menschen? Sie interessieren mich nicht. Ich werfe ihm das Manuskript vor die Füße. Ende, für mich ist der Mann gestorben. Ich reise ab. Das war's.

»Ach«, sagt Buddhi. »Trotzkopf auf der Bühne? Ein abgegriffenes Stück, langweilig, vom Sommerprogramm abgesetzt. Probier' was Neues. Mach dich frei davon. Mach dich von ihm nicht abhängig.«

»Aber das ist ja des Pudels Kern. In seinem Falle geht das nicht. Wäre er ein Mensch, nichts einfacher als das. Aber er ist der Kern selber. Lehnt er mich ab, ist der Kern vernichtet.«

»Das kann er nicht tun«, sagt Jivatman. »Der Kern ist die Liebe. Er kann sich nicht gegen sich selber wenden.«

Doch zerstäubt das Wissen unter den aufwallenden Wogen der Gefühle, die vom Beckenboden hochsteigen und wie eine Brandung gegen das fünfte Chakra schlagen.

»Du mußt öffnen, du mußt öffnen«, drängt Buddhi, »sonst erstickst du an der Brandung.« Ich öffne. Die Zähne schlagen aneinander, in schierem Entsetzen. Das Wimmern löst das tiefe Schluchzen ab, das sich Bahn gebrochen hat.

Ich tauche aus der Qual der Hilflosigkeit, der Verzweiflung, die über mich hinwegbrandet, wieder auf, setze mich aufrecht hin, doch löst dies nur das nächste Wellenbad aus, das vom Beckenboden nach oben flutet. Ich öffne das fünfte Chakra, drücke mit den Händen gegen die Stirn. Rotglühende Funken verlängern sich zu sprühenden Strahlen, gefolgt von dunkler werdenden violetten Strahlenbündeln, die ins Blaue tauchen. In der Mitte des tiefblauen Farbenmeeres, in weiter Ferne, brennt ein lichter Punkt. »Das ist er. Dahin will ich. Ich darf die Richtung nicht aus den Augen verlieren«, freue ich mich. Das Blau wandelt sich in die grünschimmernden Wellen des Meeres, die in gleichmäßigem Auf und Ab dahingleiten. Ein Auge kommt auf mich zu, ein Auge in einem auf die Spitze gestellten Dreieck, wie ich es auf einem Buchdeckel einmal sah. Ich weiß, daß dieses Auge über mir wacht. Zum erstenmal gehe ich durch die Brandung des tödlichen Entsetzens ohne einen Therapeuten an meiner Seite. Das

Auge wacht als Therapeut, hüllt mich in einen Kokon ein, der mich für die aufdringlichen Männerblicke des Dorfes unsichtbar macht. In diesen acht Stunden des zweitägigen Kampfes, in denen ich innerlich nackt und bloß in aller Öffentlichkeit auf dem Felsen liege, bin ich mir dieser Schutzhülle gewiß. Das Auge löst sich in weißglühendes Licht auf.

Als ich wieder zu mir komme, steht die Mondsichel über dem Felsen. Der Mond nimmt zu seit *Schiwaratri*, jener Nacht, die, wenn der Mensch sie in voller Konzentration auf Gott durchwacht, eine glückverheißende Nacht sein soll, die Neumondnacht, in der das individuelle Ich mit dem Mond sein Licht verliert, entschwindet, sich auflöst.

Fast vier Stunden sind vergangen, seitdem ich mich auf den Felsen zurückgezogen habe. Ich weiß, der Prozeß ist noch nicht abgeschlossen. Es ist ein Grundzug meines Lebens, daß es nicht genügt, die Szenen in der Phantasie zu durchleben oder in Worten auszudrücken, um sie aufzulösen. Ich muß sie handelnd durchleben, um ihnen die Energie zu entziehen, die sie speist. Dieser Zug hat mir bisher spannende und gefährliche Situationen beschert, mich von armen zu reichen Kreisen geführt, in soziales und psychisches Elend, in Orgien körperlicher und sexueller Lust, in klösterliche Einsamkeit. Ich muß ihm das Manuskript vorlegen, ein Schritt, der an die Grenze meines Mutes reicht, mein uneingeschränktes Vertrauen fordert. Es ruft die alte Angst vor Vernichtung hervor, wenn ich mein Innerstes offenbare.

Anderntags bringt mich das Spiel der Nummern in die zweite Reihe, zu weit hinten, um ihm das Manuskript anzubieten, weit genug vorne, ihm einen Brief zu geben. Ich brauche Hilfe, um den Prozeß durchzustehen. Ich schreibe ihm:

Lieber Swami,
Du weißt, wie schwer es für mich ist, Dir das Manuskript vorzulegen, das Du mich hier hast schreiben lassen. Bitte gib mir den Mut, die Worte und die Gelegenheit, Dir die Liebe auszudrücken, die in diesem Buch ihren Niederschlag gefunden hat.
Hilf mir, die traumatische Situation durchzustehen, die diese Hand-

lung, Dir das Manuskript zu überreichen, blockiert, und hilf mir, mich von ihr zu befreien.

Baba nimmt den Brief.

Während ich noch darum ringe, den Korken auf die Flasche zu drücken, in dem sich das nächste aufbrausende Wellenbad ankündigt, erheben sich die Frauen mit den weißen Tüchern um mich herum. Das schiere Entsetzen erfaßt mich. »Interview für die deutsche Gruppe.« Dem bin ich nicht gewachsen, nicht jetzt, wo ich kaum weiß, wie ich den Korken auf der Flasche halten soll, während ich noch im Darschan sitze. Mein Nein ist eindeutig. Aber »Dein Wille geschehe«. Ich gehe vor zur Veranda. »Nur die Münchner Gruppe«, höre ich erleichtert. Ich gehe zurück. Die anderen bleiben sitzen. Kaum habe ich meinen Platz eingenommen, sehe ich Baba auf der Veranda stehen. Er winkt. Ich erhebe mich zum zweitenmal, gehe auf die Veranda zu. Seine erhobene Hand signalisiert ein Nein. Erleichtert kehre ich zum zweitenmal zurück. Die Tausende von Menschen, die das Schauspiel im Tempelinnenhof beobachten, sind mir gleichgültig. Die Angst vor der Lächerlichkeit ist abgefallen. Es geht um eine ganz andere Schlacht.

Ich ziehe mich auf den Felsen zurück. Wellen tiefen Schluchzens lösen sich aus dem unteren Rücken, drängen durch das weitgewordene Tal des Brustraums gegen die Pforte des Kehlkopfes, meinem kritischen Punkt. »Durchlassen, nicht blockieren, laufen lassen«, sagt Buddhi. Ich verlasse mich voll auf ihn und das Auge, das über mir wacht.

»Worum geht's?« frage ich, während ich die Wellen der Verzweiflung, der Ohnmacht, der Hilflosigkeit über meinen Körper hinwegbranden sehe.

Das erste Mal, sechs Jahre zuvor, habe ich den nahenden Tod bei der Geburt erlebt, nach zwei Monaten täglicher, intensiver Arbeit mit einem Therapeuten der Bioenergetik, von dem ich wußte, daß er mich in diesen Bereich begleiten konnte. Zweieinhalb Jahre ist es her, daß ich die Schrecken der Geburt zusammen mit einem reichianischen Therapeuten nach einer Woche Annäherung an das Grauen noch einmal durchgestanden habe. Hier, auf dem Felsen, haben sich die Szenen des Familienromans erschöpft. Diese Dimension liegt jenseits des Regenbogens. Ich kann sie nicht greifen. Aber was immer es ist, ich weiß: Ich komme durch. Die Kraft über mir leitet diesen Prozeß. Die Erinnerung an die Nacht in New York drängt in mein Bewußtsein, jene Nacht vor drei Jahren, als ich erkannte, daß ich alleine nicht den Knopf finden würde, um die Programme abzuschalten, die mein Leben bestimmen, es bestimmen, obgleich ich sie während ihres Ablaufens klar sehe und erkenne.

Während die Wogen über mich hinwegbranden, ist mir so, als schlösse sich ein Kreis. Ich liege in den Armen der Kraft, der ich mich drei Jahre zuvor um der Wahrheit willen anvertraut habe. Der Wind braust auf, als das Schluchzen stärker wird. Als es in der Qual des beginnenden Todeskampfs in Schreie des Entsetzens mündet, dringt vom Straßenladen dröhnende Musik herüber. Trotz der Hitze der glühenden Sonne auf dem Felsen hüllen Kälteschauer mich ein. Die Zähne schlagen aufeinander. Die Angst vor Vernichtung brandet über mich dahin. »Was habe ich nur getan, mein Gott, was habe ich nur getan? Was immer es war, vergib mir, vergib mir«, schluchze ich in den aufheulenden Wind. Ich habe keine Erinnerung. Es ist dunkel. Ich weiß: Ich weiß nichts. Mein Leben liegt in seinen Händen.

Eine Szene aus der Biographie eines Jogi drängt sich in mein Bewußtsein. Ein Mann, der Babaji über Monate gesucht hat, fleht ihn um seine Führung zu Gott an. Babaji schweigt. »Wenn du mich nicht als Schüler akzeptierst, springe ich vom Felsen!« ruft der Mann in seiner Verzweiflung aus. »Spring!« sagt Babaji ungerührt. Ohne zu zögern springt er. Babajis Schüler betten den toten Körper vor ihm auf. Er erweckt ihn zu neuem Leben, nimmt ihn als Schüler an. Ja, wenn Baba mich auffordern würde, vom Felsen zu springen, ich würde keinen Moment zögern. Nichts einfacher als das. Ich weiß, ich fiele in seine Hände. Ich falle in seine Hände. Es gibt keinen Willen mehr. Es geschieht. Die Sehnsucht schlägt über mir zusammen. Die Wellen ebben ab. Zwei Stunden sind verstrichen.

Ich gehe zum Nachmittagsdarschan. Reihe eins. Ich werde blaß. »Swami, das ist zu früh, ich bin nicht bereit.« Der Eckplatz ist frei, den ich morgens anvisiert, den ich im Kopf hatte, als ich ihm schrieb: »Gib mir die Gelegenheit, dir das Manuskript zu überreichen.« Die Gelegenheit ist da. Während er sich langsam meinem Platz nähert, sammle ich jedes Quentchen Mut, das ich auftreiben kann, bewege mich langsam auf die Knie, fasse das Manuskript mit beiden Händen. Noch zwei Schritte...

Mein Körper strebt nach oben auf die Knie, die Hände strecken ihm die schweren Ordner entgegen, in denen mein bisheriges Leben ruht. »Swami, bitte, darf ich dieses Stück seinem Regisseur überreichen?« Die Stimme klingt schwach, aber deutlich. Der Satz fließt mir von den Lippen. Sai Baba steht vor mir, ist mir ganz zugewandt. Ich weiß, daß er weiß. Für eine winzige Ewigkeit bleibt die Zeit stehen. »Yes, yes, yes.« Schwer sinkt seine Hand auf das Manuskript, als schlüge sie den Takt zum dreifachen Ja. »Very, very happy« (sehr, sehr glücklich). Schwer und süß dringt seine Stimme durch meine bleierne Erschöpfung. Langsam weicht die betäubende Schwere, die die Schlacht der beiden Tage hinterlassen hat.

»Wer ist glücklich?« fragt Ahamkara in alter Vitalität.

»Er ist vermutlich genauso erleichtert wie du, wenn du jemandem über die Schwelle des tödlichen Risikos zu neuem Leben verholfen hast«, sinniert Buddhi. »Schließlich hast du ihn über zwei Tage und Nächte beschäftigt.«

Die nächsten Tage sind erfüllt von ihm, von der sehnsüchtigen Liebe des kleinen Mädchens. Es möchte zu seinen Füßen sitzen, seine Hand halten, den Kopf auf seine Knie legen.

Die Sehnsucht hat eine unerwartete Wandlung erfahren. Zwei Jahre zuvor schrieb ich noch in der Einleitung zum Zyklus »Wege zum Leben«, daß sich die tiefste Sehnsucht auf den Mann, den Seelengefährten richtet. Ein Jahr später korrigiere ich mich: Der Sehnsucht nach dem Mann liegt die Sehnsucht nach der Mutter zugrunde, die unser erstes Liebesobjekt ist. Jetzt erkenne ich: Der Sehnsucht nach der Mutter liegt die Sehnsucht nach der göttlichen Mutter zugrunde, die sich an die leibliche Mutter als der ersten Gestalt heftet, der wir in der Hülle von Fleisch und Blut begegnen. Doch treibt die Sehnsucht die Seele zurück zu der Quelle, der sie ursprünglich entstammt, sucht die Vereinigung mit der kosmischen Energie, dem kosmischen Bewußtsein, der göttlichen Mutter und dem göttlichen

Vater, von dem sie ein Teil ist, sucht die Pforte zur Rückkehr ins
Paradies.

Schon den dritten Tag sitze ich in der ersten Reihe. Zu meiner Überraschung zieht es mich unwiderstehlich nach vorn, als Baba vorbei-
schwebt. Ich berühre seinen nackten Fuß, wie, ist mir unerklärlich.
Die Berührung zuckt wie ein Stromstoß durch mein Herz, setzt einen unvertrauten Wechsel von Aufs und Abs in Gang, der mich fünf
Tage lang in Atem hält. Hitzewellen steigen vom unteren Rücken
nach oben, verbrennen mich von innen her. Der kalte Schweiß
bricht aus. Das Thermometer zeigt 37,2 Grad Körpertemperatur.
Mein Repertoire an Atem-, Entspannungs- und Beruhigungstechni-
ken reicht gerade aus, um die auf- und abschwellende Panik unter
Kontrolle zu halten. Die innere und die äußere Uhr brechen auseinander. Während ich innerlich ein Jahr durcheile, ist der Zeiger der
Uhr um eine Stunde vorgerückt. Das dritte Auge ist dumpf, neblig,
schwindlig. Übelkeit, Rastlosigkeit, hochziehende Schmerzen begleiten die Hitzewellen. Kurzfristig klare ich auf, kehre zum »normalen« Zustand zurück, atme erleichtert durch, bis mich die nächste
Welle ereilt.

Der Prozeß ist meiner Willenskontrolle entzogen. Mir ist, als würde er von einer inneren Instanz gesteuert, die ihren Sitz im dritten
Auge hat. Ich spüre den sicheren Griff, sobald ich die Augen schließe.
Ohne mein Zutun, ohne meine Willensanstrengung gleitet die Konzentration zum sechsten Chakra, zur Mitte zwischen den Augenbrauen.

Die Schatten der Vergangenheit spülen hoch, drängen ans Licht.
Beklommen sitze ich in den Darschans, über Tage in der ersten Reihe, die ich fürchte und zugleich suche. Der äußere Baba schwebt auf
mich zu. Sein Griff und der Griff der inneren Instanz sind der gleiche. Der Dualismus zwischen innen und außen löst sich auf. Inneres
und Äußeres verschmelzen. Es gibt niemanden, der sich ausliefert,
niemanden, der die Auslieferung annimmt. Es ist eins.

Die Kommunikation läuft ungetrübt von Ahamkaras Störungen
in diesen Tagen. Ahamkara ist mit der Frage nach einem Interview
beschäftigt. Zum erstenmal seit meiner Ankunft nimmt mich dieses

Thema mit heftiger Entschiedenheit gefangen. Ich möchte ein persönliches Interview, kein Gruppengespräch.

Als eine kleine Gruppe der Deutschen aufsteht, zieht es mich zur Veranda und zugleich nagelt es mich auf meinem Platz fest. Statt in Babas Interviewraum lande ich auf meinem Seufzerfelsen, voller Wut und Erbitterung über meine Handlungsunfähigkeit. Anziehung und Furcht halten einander die Waage. Wie gelähmt bleibe ich sitzen. Dein Wille? Mein Wille? Ich kann es nicht unterscheiden.

Dieselbe Hemmung ereilt mich zwei Tage später noch einmal. Ich möchte seine Füße berühren. Er steht zu meiner Rechten, zu meiner Linken. Die Arme sind gelähmt. Ich kann nicht ausgreifen. Erbittert ziehe ich mich zurück auf meinen Felsen.

Ein Traum, Wochen zuvor geträumt, erhält Bedeutung:

> Energie wird verteilt. Die Menschen sitzen mit Rucksäcken um einen Tisch herum. Jeder füllt seinen Rucksack. Auch mein Rucksack füllt sich, doch in ganz anderer Weise, als ich das möchte und geplant habe.

Der Wunsch nach einem Interview bindet mich an die äußere Form, nicht anders als bei jedem »irdischen« Mann. Diese Bindung will ich nicht. Die Freiheit, erkenne ich, liegt jenseits der Bindung an die körperliche Form, in der Bindung an das göttliche, kosmische, universelle Prinzip. Jede Form bindet, auch die Verkörperung eines kosmischen Prinzips. Diese Bindung will ich nicht. Kann ich ohne die Bindung jedoch ein persönliches Gespräch mit Baba erreichen? Die Erfahrung lehrt, daß er nur auf die Botschaften und Fragen reagiert, die vom Herzen kommen, nicht vom Verstand. Der Konflikt verwirrt mich.

»Halte den Wunsch im Herzen fest und lasse den Willen los«, rät mir eine der Deutschen. Ich bin überrascht. So einfach soll die Lösung sein? Ich gebe Baba den Konflikt zurück, brieflich, mündlich.

»Ja, ja, ich werde sehen«, sagt er.

»Das ist so gut wie eine Zusage«, sagt eine der Deutschen.

Die Aussage bedrückt mich. Es ist mir so, als spürte ich zum erstenmal etwas von dem erschreckenden Ausmaß der Kraft, die sich in ihm verkörpert, ein Ausmaß, das mich erzittern läßt, ein Ausmaß, dem ich mich in der Enge des kleinen Interviewraums nicht gewach-

sen fühle. Die Zigtausende in dem Tempelinnenhof sind mir gerade
Schutz genug, die erste Reihe die Grenze dessen, was ich zur Zeit
verkrafte. Ich ertappe mich, wie ich jedesmal bei dem Gedanken, er
könnte mich ins Interview rufen, wenn er zum Darschan auf der
Veranda erscheint, vor Schreck erblasse. Ich merke, wie ich meine
Fragen beschwörend vor mich hinmurmle, als müßte ich mich an ihnen festhalten, als könnte ich aus ihnen den Boden gewinnen, den
mir diese Kraft wegzieht. Ich fühle mich an mein erstes Jahr bei meiner psychoanalytischen Mutter erinnert, in dem ich die Bedrohung
ihrer Nähe durch Träume, die ich ihr jede Sitzung präsentierte, in
Schach hielt. Ich bekomme kein Interview. Ich bin erleichtert und
traurig zugleich.

Die Wellen werden länger im Zyklus der Aufs und Abs. »Durch welchen merkwürdigen Zustand eile ich?« frage ich Baba per Brief.
»Hast du den *Kundalini*-Prozeß in Gang gesetzt, oder phantasiere
ich, weil ich gerade B. S. GOELS Buch darüber lese?«

»Der Kundalini-Prozeß läuft«, bestätigt Baba.

»Werde ich am Freitag reisefähig sein?« frage ich ihn während des
Darschans.

»Yes, yes«, lächelt er wissend.

Nach langem Hin und Her habe ich für den 20. März einen Flug
nach Kalkutta gebucht und mich für eine Tempelfahrt entschieden,
nachdem meine Strandpläne mit Goa und Mamallapuram auf uner-
klärbare Hindernisse stießen. Statt dessen sprechen mich verschiedene Deutsche an: »Warum fährst du nicht nach Benares und Rischi-
kesch? Warum triffst du nicht Doktor Goel in Delhi?«

Nach einigem Widerstand höre ich die Botschaft, gebe meine
Badepläne auf, schreibe am Donnerstag an Doktor Goel:

»Ihre Ausführungen über den Kundalini-Prozeß sind mir unvertraut. Liegt dies an unserem unterschiedlichen östlichen und westlichen wissenschaftlichen Hintergrund oder an der Unterschiedlich-
keit der Prozesse, die wir durchlebt haben?«

Am Freitag weiß ich, wovon er schreibt.

Im Gespräch, das zwei Wochen später in seiner Wohnung in
Delhi stattfindet, zeigen sich mehr Gemeinsamkeiten als Unterschie-

de, auch wenn er für sich den inneren Frieden schon gefunden hat und ausstrahlt, den ich noch suche. Nur von kurzen Anweisungen an seine Schüler unterbrochen, die ihn als erleuchteten Meister verehren, fließt der Dialog aus der gemeinsamen Stille.

Fünf Tage, nachdem der Kundalini-Prozeß begann, kommt Baba im Nachmittagsdarschan am Dienstag direkt auf mich zu. Noch immer sitze ich in der ersten Reihe unter den wohlwollenden, lächelnden Blicken des Meisters. Zwei nackte Füße ziehen meine Hände unwiderstehlich nach vorne. Plötzlich wendet sich der eine Fuß, weist direkt auf mich. Ich greife mit beiden Händen zu, und: o Überraschung, der Fuß bleibt stehen, rührt sich nicht vom Fleck. In regloser Ehrfurcht verharre ich, starr vor Ergriffenheit und kindlichem Staunen über das unerwartete Geschenk. Mit einer letzten Welle, die den Körper erfaßt und durchschüttelt, ebbt der Prozeß ab. Ich kehre zum »normalen« Zustand zurück. Die innere und die äußere Uhr vereinen sich.

Ein langer, schmelzender, verschmitzter Blick voll inneren Vergnügens aus den halb zusammengekniffenen Augen, der auf mich zuschwebt, verabschiedet mich am Mittwoch morgen. Die »Aufgabe« ist bewältigt.

»Reise mit mir«, bitte ich ihn in meinem Abschiedsbrief.

Die Reise führt mich entlang des Ganges in Richtung auf seine Quelle zu, nach Hardwar. Zu Zeiten der *Kumbha Malas*, religiöser Jahrmärkte, steigen hier Millionen von Indern zur Reinigung in seine Fluten. Voll tiefer Dankbarkeit für die Fülle dieses halben Jahres schaue ich auf die Sichel des zunehmenden Mondes, die hinter Wolkenfetzen hervorschimmert und die Häuserfassaden der ehrwürdigen Aschrams von Hardwar in geheimnisvolles Dämmerlicht taucht. Zeitloser Friede, der die Mannigfaltigkeit der äußeren Bilder durchdringt, strömt aus den schwach beleuchteten Fenstern, den ehrwürdigen Mauern, die bis in den Fluß hinunterreichen. Sie bergen die Rufe nach der Befreiung der Seelen jener in sich, die in ihren Räumen Unterkunft gefunden haben: die endlose Flut der Pilger, die hinter der Welt der Erscheinungen nach der Wahrheit forschten, das Licht suchten, das die Farben des Regenbogens speist, den wir zu leicht für die Wirklichkeit halten.

In heftiger Eile strebt der Ganges hier vom Himalaja auf seinem Weg durch den Norden Indiens dem Meer zu. Er ist am Anfang einer Reise, die ihn durch viele Windungen, durch verschiedene Landschaften zurückführen wird zu seinem Ursprung, dem Ozean. Doch so weit der Weg auch ist: Nichts kann die Leidenschaft hemmen, mit der er über Abgründe schnellt, sich durch Buschwerk schlängelt, Hügel umfließt, durch den Sand dahinsickert, bis er sein Ziel erreicht und mit den Wassern, denen er entsprungen ist, verschmilzt.

In seiner Strömung erkenne ich die eigene Sehnsucht wieder, die Sehnsucht, die den Fluß zum Ozean treibt, unerbittlich, unabwendbar: ein Weg ohne Umkehr, ein Weg, dessen Ende den neuen Anfang in sich birgt.

Es gibt keinen Rastplatz auf dieser Pilgerfahrt.
Die Reise findet ohne Unterbrechung statt —
Tag und Nacht,
durch Täler und Wüsten,
durch Tränen und Lachen,
durch Tod und Geburt.
Wenn der Pfad zu Ende und das Ziel erreicht ist,
merkt der Reisende,
daß er nur von sich selbst zu sich selbst gereist ist,
daß der Weg lang und einsam war,
aber daß Gott, der ihn dahin geführt hat, die ganze
Zeit
in ihm, um ihn, mit ihm und neben ihm war.
Er selbst war immer göttlich.
Seine Sehnsucht, in Gott aufzugehen,
war nur die See, die das Meer rief.
Der Mensch liebt, weil er die Liebe ist.
Er begehrt Harmonie, weil er Harmonie ist.
Er sucht die Freude, weil er selbst Gott ist.
Er dürstet nach Gott,
weil er aus Gott besteht,
und er kann nicht ohne ihn existieren.

Literaturverzeichnis

Werke von Sri Sathja Sai Baba
erschienen bei und erhältlich über
Sri Sathja Sai Baba Buchzentrum Deutschland, Limesstr. 22, D-6057
Dietzenbach.

Deutschsprachige Übersetzungen
Githa Vahini. 1983.
Sathja Sai Vahini. 1984.
Prasanthi Vahini. 1984.
Sutra Vahini — Quellen der Weisheit. 1986.
Vidja Vahini — Erziehung zur Selbsterkenntnis. 1986.
Sathja Sai Baba spricht. Band IX. 1984.
Sommersegen in Brindavan. Band I. 1982.
Sadhana — Der Weg nach Innen. 1981.
Meditation. 1986.

Deutschsprachige Zusammenstellungen von Aussagen von Sri Sathja Sai Baba
Einheit ist Göttlichkeit. 1986.
Sathja Sai Baba — Der Avatar unserer Zeit. 1986.
Es gibt nur einen Gott. 1985.
Hingabe — Wesen der Liebe. 1986.
Liebe — Wesen und Botschaft eines Avatars. 1983.

Weitere Literatur

Faribunda, Eruch B.:   Vision of the Divine. Sri Sathya Sai Books & Publ. Prashanti Nilayam 1976.

Goel, B. S.:   Third Eye and Kundalini. Third Eye Foundation of India. New Delhi 1985. Zu beziehen über: Regd. Off. House Nr. 33, New Colony, Kurukshetra (Haryana).

Ders.: Psychoanalyse und Meditation — Theorie und Praxis. Ariston Verlag. Genf/München 1989.

Grof, Stanislav: Topographie des Unbewußten. Klett-Cotta. Stuttgart 1978.
Ders.: Geburt, Tod und Transzendenz. Kösel Verlag. München 1985.

Haraldsson, Erlendur Sai Baba — ein modernes Wunder. Bauer Verlag. Freiburg 1986.

Hislop, John B.: My Baba and I. Sri Sathya Sai Books & Publ. Prashanti Nilayam 1985.
Ders.: Gespräche mit Sathja Sai Baba. Sri Sathja Sai Baba Buchzentrum Deutschland. Dietzenbach 1983.

Kasturi, N.: Loving God. Sri Sathya Sai Books & Publ. Prashanti Nilayam 1982.
Ders.: Prashanti. Sri Sathya Sai Books & Publ. Prashanti Nilayam o. J.

Malina, Heinrich: Sai Bhajans. Sri Sathja Sai Baba Buchzentrum Deutschland. Dietzenbach 1985.

Murphet, Howard: Sai Baba — der indische Psi-Meister. Bauer Verlag, Freiburg 1985.
Ders.: Sai Baba Avatar. Sri Sathja Sai Baba Buchzentrum Deutschland. Dietzenbach 1986.
Ders.: Sai Baba: Invitation to Glory. Macmillan. Delhi 1982.

Sandweiss, Samuel: Sai Baba, der Heilige und der Psychotherapeut. Sri Sathja Sai Baba Buchzentrum Deutschland. Dietzenbach 1984.

Sebastian, Ulla:	Wege zum Leben. Erlebniswelt, Krankheit und Heilung. 3 Bände. Alternativverlag für Wissenschaft, Literatur und Praxis Dr. Burkhard Bierhoff. Dortmund 1986.
Dies.:	Die heimliche Gleichung Leiblichkeit, Sexualität und Weiblichkeit. Alternativverlag für Wissenschaft, Literatur und Praxis Dr. Burkhard Bierhoff. Dortmund 1987.

Glossar

Ahamkara
: Das soziale Selbst, das Ich, der Teil der Psyche, der sich auf Stolz und die Identifikation mit dem Körper gründet

Ahimsa
: Gewaltlosigkeit (wörtlich: »Nichtverletzen«)

Ajurwedische Medizin
: Indisches Naturheilverfahren, das auf der Einheit des menschlichen Geistes mit dem Universum beruht und mit energetischen Prinzipien arbeitet

Ananda
: Göttliche Glückseligkeit

Anantapur
: Kreisstadt im Staat Andhra Pradesch, Südindien; der Ort, an dem sich das Sri-Sathja-Sai-Frauen-College für Kunst und Wissenschaften befindet

Arati
: Die Anbetung Gottes durch das Schwenken einer Flamme (nach indischer Tradition wird dazu Kampfer verwendet, der beim Verbrennen keine Asche hinterläßt. Dies ist ein Symbol für das völlige Aufgehen in Gott, ohne daß eine Spur vom Ich hinterlassen würde)

Arjuna
: Der Jünger *Krischnas*, dem dieser unmittelbar vor Beginn des Eröffnungskampfes im *Mahabharata*-Krieg die Wahrheit der menschlichen Existenz erklärt. Diese Unterweisung ist als *Bhagavad-Gita* bekannt

Aschram
: (Wörtlich: »ohne Arbeit und Mühen«) Zentrum und Versammlungsort für religiöse Studien, Meditation, Beschäftigung mit spirituellen Zielen; ein Ort, an dem der Mensch Ruhe findet; Wirkungsstätte heiliger Persönlichkeiten

Atman
: Das wahre, unsterbliche Selbst, der göttliche Kern; das, was unveränderlich, unberührt und zeitlos ist, das absolute Bewußtsein

AUM (OM)	Der Urton, aus dem die Schöpfung hervorgegangen ist
Avatar	»Herabsteigen« — Gott, der aus dem Formlosen ins Formhafte herabgestiegen ist, der menschliche Form angenommen hat, um die Menschen zu ihrem wahren Ursprung zurückzuführen
Baba	Vater
Bangalore	Stadt in Südindien, etwa zwanzig Kilometer vom Sri-Sathja-Sai-Männer-College für Kunst, Wissenschaft und Handel in Whitefield entfernt
Bhagavad-Gita	Das Lied Gottes. Es umfaßt achtzehn Gesänge und ist in das sechste Buch des indischen Epos *Mahabharata* eingeflochten. Die *Bhagavad-Gita* lehrt, die Anhänglichkeit an die Welt aufzugeben, um die Wirklichkeit der Seele kennenzulernen
Bhagavan	Ein Name für Gott (wörtlich: »erhaben, heilig«)
Bhajans	Loblieder zu Ehren Gottes oder eines Avatars
Bhakti	Gläubige, reine Hingabe; Liebe
Bioenergetische Analyse	Ein von ALEXANDER LOWEN entwickeltes therapeutisches Verfahren, das auf der Einheit von Körper und Psyche basiert und psychosomatische und seelische Leiden von beiden Seiten zu heilen versucht
Brahma	Gott in seinem absoluten Aspekt: unwandelbar, ewig, jenseits jeglicher Beschreibung; Gott in seinem Aspekt als Schöpfer; Teil der hinduistischen Dreieinheit: *Brahma, Wischnu* (der Erhalter) und *Schiwa* (der Zerstörer)
Brindavan	Name der Residenz Sri Sathja Sai Babas in Whitefield

Buddhi	Verstand, Weisheit, Unterscheidungsvermögen
Chakren	(Wörtlich: »Rad« oder »Kreis«) kreisartige Energiezentren, in denen die vitale Energie des Organismus, die *Kundalini,* auf eine besondere, dem Chakra innewohnende Schwingungsebene transformiert wird
Darschan	Anblick; das kostbare Geschenk, einen Heiligen zu sehen und seinen Segen zu empfangen
Dassara	Fest zu Ehren der göttlichen Mutter und ihrer vielfältigen Aspekte
Dharma	Die göttliche Ordnung; Gesetz, Recht, Sitte, Pflicht, Tugend, Befolgung der göttlichen Weisung; im engeren Sinne: Redlichkeit
Ganescha	Der Gott, der alle Hindernisse und Unwissenheit beseitigt
Gopis	Kuhhirtinnen, die *Krischna* in Brindavan anbeteten
Guru	Lehrer, geistiger Führer
Japa	Wiederholung des Namens Gottes, eines heiligen Namens oder einer heiligen Formel (eines Mantras) als meditative Disziplin
Jivatman	Das individuelle Selbst; Teil des universellen Bewußtseins; Verkörperung des *Atman*
Jnana	Weisheit, Wissen, Unterscheidung; intellektuelle Erkenntnis Gottes
Joga	(wörtlich: »Joch«, gemeint ist das »Anjochen an Gott«) Konzentration, Selbstbeherrschung und andere Techniken, um die Einheit mit Gott zu erfahren
Karma	Aktivität, Arbeit, Bestimmung; die Folge früheren Handelns

Krischna	Krischna gilt als die achte Inkarnation von Wischnu. Er bezauberte die Herzen der *Gopis* mit seinem Flötenspiel und seinem Charme. Er belehrte *Arjuna* in der *Bhagavad-Gita* über die Unsterblichkeit der Seele
Kundalini	Die Urkraft, die auf dem Grunde des ersten Chakra in jedem Menschen schlummert und über Übungen oder die Gnade Gottes zum Leben erweckt werden kann
Lakschmi	Göttin des Wohlstands und des Glücks
Lila	Göttliches Spiel (insbesondere das eines Avatars); das Relative
Linga	(Zumeist eiförmiges oder ellipsoides) Symbol des Formlosen; Symbol Gottes, der jenseits aller Formen ist (wörtlich: »Kennzeichen«)
Mahabharata	Nationalepos der Inder, das von den Kämpfen der beiden Zweige einer Dynastie, der Pandavas und der Kauravas, um die Herrschaft erzählt; die *Bhagavad-Gita* bildet einen Teil dieses umfangreichsten indischen Heldenepos
Maja	Ein Aspekt des Göttlichen; Täuschung, Illusion, die Macht der Verwirrung, die uns das, was unwirklich ist, als wirklich erscheinen läßt, und uns hindert, das Wirkliche zu erkennen
Mandir	Gebetshalle, Tempel
Mantra	»Das Wort, das errettet«: heilige Silbe, Wort oder eine Reihe von Worten, meist in Sanskrit, die benutzt werden, um mit ihren Tonschwingungen eine Wirkung zu erzielen
Nagar Sankirtan	Prozession von Frauen und Männern, die mit heiligen Gesängen in den Morgenstunden den Aschram zum Leben erwecken

Narajana	Gott, der in allen Wesen wohnt (auch: das Göttliche im Menschen), der gnadenvolle Beschützer und Erhalter des Universums; auch anderer Name für *Wischnu*
Nilajam	Wohnsitz, Haus, Ort
OM	Siehe AUM
Padnamaskar	»Begrüßung der Füße«, ehrerbietige Berührung der Füße eines Heiligen
Parthi	Siehe Puttaparthi
Praschanti	Höchster Friede
Praschanti Nilajam	Wohnsitz von Sri Sathya Sai Baba, nördlich von Bangalore, bei dem Dorf Puttaparthi
Prema	Reine, selbstlose, göttliche Liebe
Pundit	Priester, Schriftgelehrter
Punjabi	Beinkleid
Puttaparthi	Geburtsort Sri Sathja Sai Babas, ein Dorf im Staate Andhra Pradesch in Südindien
Rama	Ein Avatar, der vor dem Avatar *Krischna*, vor 200.000 Jahren, auf Erden lebte; er, der Glückseligkeit verleiht, die reine Freude des Herzens
Sadguru	Wahrer Lehrer; der vollkommene, bereits erleuchtete Guru
Sadhana	Spirituelle Praxis; täglich durchgeführte Übungen, wie Meditation oder die Wiederholung des Namens Gottes
Sadhu	»Gut, gerecht, heilig«; Verkörperung reiner und heiliger Ideen; heute allgemein Wandermönch
Sai	Die göttliche Mutter aller Wesen
Sai Baba von Schirdi	Name der vorangegangenen Inkarnation von Sathja Sai Baba; »Schirdi« ist der Name des Ortes, wo dieser Sai Baba lebte
Sai Ram	Das göttliche Prinzip, das als reine Freude in jedem Herzen wohnt; Begrüßungsformel im Aschram Praschanti Nilajam

Sanatana Dharma	Die Wahrheit, die in allen Religionen enthalten ist; die ewige Ordnung; der Hinduismus als ewige Religion
Saraswati	Die Göttin des Lernens, der Weisheit, der Sprache, der Künste und der Wissenschaften
Sathja	Wahrheit
Schakti	Alles durchdringende, schöpferische, weibliche Energie des Universums; die polare Ergänzung zu *Schiwa*, dem alldurchdringenden statischen Geist (Bewußtsein)
Schanti	»Friede«; innerer Friede als Ergebnis der Erkenntnis vom unvergänglichen Bewußtsein
Schiatsu	Japanische Methode der Akupressur: Druckpunktmassage; über diese Technik werden blockierte Energien freigesetzt, Energien harmonisiert und das allgemeine Wohlbefinden wiederhergestellt und erhalten
Schiwa	»Friedensbringer« — der göttliche Aspekt der Auflösung und Zerstörung in der hinduistischen Trinität *Brahma — Wischnu — Schiwa;* er zerstört die Mauern und Schranken des menschlichen Geistes und befreit ihn von Bindungen; er enthebt die Seele dem Kreislauf von Geburt und Tod
Schiwaratri	Hinduistisches Fest zu Ehren *Schiwas;* die Neumondnacht im Februar, in der das Ich verlöscht und die Seele sich mit dem kosmischen Bewußtsein verbindet
Seva Dal	Seva = »Dienst im Namen Gottes«; allgemein: freiwilliger Mitarbeiter in Sai Babas Organisation
Swami	Meister (wörtlich: »Herr«); respektvoller Titel für geistige Lehrer; Anrede für Mönche
Swarupa	»Die eigene Form«, Verkörperung
Telugu	Landessprache von Andhra Pradesch, die Muttersprache von Sri Sathja Sai Baba

Vibhuti

Heilige Asche; erinnert uns an die Vergänglichkeit der irdischen Welt und an das Wahre, Unvergängliche

Weda

»Wissen«; die älteste religiöse Literatur der
arischen Inder (um 1500 bis 400 v. Chr.), be-
stehend aus vier großen Sammlungen (Rig-
weda, Samaweda, Jadschurweda, Atharwa-
weda); die Weden gelten als Offenbarung
Gottes, sie enthalten höchste philosophische
Einsichten und werden als Erklärungsprinzi-
pien betrachtet

Wischnu

Der zweite Gott der indischen Dreieinheit
Brahma — Wischnu — Schiwa; er ist der Er-
halter des Universums, der sich von Zeitalter
zu Zeitalter inkarniert, um *Dharma* wiederherzustellen; Sai Baba wird auch als die zehn-
te Inkarnation Wischnus verehrt.